Baedeker

Allianz Reiseführer

Korfu
Ionische Inseln

www.baedeker.com

Verlag Karl Baedeker

TOP-REISEZIELE ★★

Auch wenn die Liste der Sehenswürdigkeiten auf den Ionischen Inseln nicht allzu lang ist, es wäre schade, eine zu »übersehen«. Ob Naturschönheiten wie dramatische Steilküsten, besonders attraktive Strände und aussichtsreiche Berge, ob Orte mit Atmosphäre oder geschichtsträchtige Stätten: Hier haben wir zusammengestellt, was Sie nicht versäumen dürfen.

1 ★★ Korfu-Stadt
Die Hauptstadt von Korfu besitzt ein einzigartiges Flair. ► **Seite 180**

2 ★★ Kloster Vlachérna
Das berühmteste »Postkartenbild« von Korfu ► **Seite 195**

3 ★★ Achilleion
Steingewordene Sehnsucht einer unglücklichen Kaiserin ► **Seite 196**

4 ★★ Kap Asprokávos
Malerisch verfallenes Kloster und herrlich gelegener Strand ► **Seite 204**

5 ★★ Korissía-Lagune
Kilometerlange Naturstrände liegen vor dem flachen See mit seiner interessanten Vogelwelt ► **Seite 205**

6 ★★ Pélekas
Hier hat schon Wilhelm II. den Sonnenuntergang genossen. ► **Seite 210**

7 ★★ Paleokastrítsa
Schöne Badebuchten am Vorgebirge mit altehrwürdigem Kloster ► **Seite 207**

8 ★★ Angelokástro
Dramatisch aufragendes Vorgebirge und einstiger Militärstützpunkt ► **Seite 208**

9 ★★ Kap Drástis
Pittoreske Sandsteinklippen bilden das Nordwesteck Korfus ► **Seite 211**

10 ★★ Pantokrator
Der über 900 m hohe »Allherrscher« dominiert den Nordteil Korfus ► **Seite 213**

11 ★★ Lefkáda-Stadt
Heimelige Wohnzimmeratmosphäre im Hauptort von Lefkáda ► **Seite 224**

12 ★★ Karyà
Stattliches Bergdorf im grünen Inneren der Insel ► **Seite 235**

13 ★★ Eláti
Raue, einsame Gebirgsszenerie auf der höchsten Erhebung der Insel ► **Seite 237**

14 ★★ Nydrí
Unbestritten einer der hübschesten und einer

der lebhaftesten Punkte auf Lefkáda
► **Seite 234**

15 ✶✶ **Pórto Katsíki**
Atemberaubender Badeplatz unter senkrechter Felswand ► **Seite 231**

16 ✶✶ **Kap Lefkáta**
Sagenumwobene weiße Kalkklippen an der Südspitze der Insel ► **Seite 231**

17 ✶✶ **Fiskárdo**
Nicht nur Segler schätzen den charmanten einstigen Fischerort. ► **Seite 160**

18 ✶✶ **Ásos**
Zauberhafte kleine Bucht, geschützt von einem Vorgebirge mit den Resten der venezianischen Festung ► **Seite 160**

19 ✶✶ **Mýrtos-Bucht**
Fast naturbelassener Strand mit weißem Sand und blau leuchtendem Wasser
► **Seite 159**

20 ✶✶ **Argostóli**
Flanieren und shoppen in Kafallonias Hauptort ► **Seite 152**

21 ✶✶ **Énos**
Mächtige Kefalloniatannen auf Kefallonias höchstem Berg ► **Seite 164**

22 ✶✶ **Vathý**
Beschaulicher Hauptort und guter Standort zur Erkundung der Insel. ► **Seite 135**

23 ✶✶ **Blaue Grotte**
Nicht nur auf Capri sind faszinierende Farbenspiele zu bestaunen ► **Seite 266**

24 ✶✶ **Schiffswrack-Strand**
Nur mit Boot zu erreichen ist der großartigste Strand der Insel ► **Seite 268**

25 ✶✶ **Kambí**
300 m hohe Steilküste, am schönsten zum Sonnenuntergang ► **Seite 269**

26 ✶✶ **Kap Kerí**
Gemütlich tafeln mit Blick auf senkrecht abfallende Klippen ► **Seite 264**

27 ✶✶ **Zákynthos-Stadt**
»Griechische« Atmosphäre und besuchenswerte Museen ► **Seite 254**

DIE BESTEN BAEDEKER-TIPPS

Aus den vielen Tipps in diesem Führer haben wir hier einige besonders interessante für Sie ausgesucht, von schönen Plätzen zum Nächtigen über hübsche, qualitätsvolle Souvenirs bis zu prächtigen Festen. Erleben und genießen Sie die Ionischen Inseln von ihrer schönsten Seite.

! Perantzada 1811
Himmelblauer Traum: ein kleines, feines, gemütliches Hotel an der Hafenbucht von Vathý auf Itháki

▸ **Seite 136**

Stadt Korfu
»Grande Dame« der Ionischen Inseln

! Corellis Mandoline
Ein spannender Urlaubsschmöker mit Lokalbezug und betroffen machendem realem Hintergrund

▸ **Seite 149**

! Schildkröten schauen gehen
Die interessanten Tiere kann man sich in Argostóli auf Kefalloniá ansehen, ohne sie beim Nisten zu stören.

▸ **Seite 155**

! Ostern auf Kefalloniá
Das wichtigste orthodoxe Fest wird überall groß gefeiert, auf Kefalloniá jedoch besonders eindrücklich.

▸ **Seite 163**

! Platýs Gialós
Auf der Suche nach einem eindrucksvollen, abgeschiedenen und nicht leicht zugänglichen Strand auf Kefalloniá?

▸ **Seite 159**

! Metaxás
Moderner Weinbau auf Kefalloniá: Lernen Sie ihn und seine Produkte bei Martine und Yannikostas Metaxás kennen.

▸ **Seite 167**

Antípaxi
Auch auf der kleinsten Insel gibt es schöne Strände.

Kalámi auf Korfu
Eine der malerischen Buchten an Korfus Nordostküste

Schöne Plätze
… sind nicht gerade Mangelware in Korfu-Stadt. Diese aber sollte man auf keinen Fall »übersehen«.
▸ **Seite 185**

Nicht nur Nippes
Auf den Ionischen Inseln ist noch altes Kunsthandwerk lebendig. Wunderschöne Erzeugnisse wie Stickereien sind selbst in Korfu-Stadt zu finden. ▸ **Seite 190**

Altes Strandbad
Nostalgisches Badevergnügen, das so richtig zur alten Stadt Korfu passt.
▸ **Seite 194**

Über allem
Refugium im Süden von Korfu, abseits des Strandtrubels, dafür mit herrlichem Ausblick ▸ **Seite 202**

Fundana Villas
Lassen Sie sich von quakenden Fröschen aus ungestörtem Schlaf aufwecken, bevor Sie im Grünen das Frühstück genießen.
▸ **Seite 209**

White House Kalámi
Lawrence Durrell wusste, warum er hier das Leben genoss. Sie können es ihm ohne Probleme (außer dem, einen freien Termin zu erwischen) gleich tun.
▸ **Seite 212**

Paxí zu Fuß
Der schönste Zeitvertreib (neben dem Faulenzen am Strand) auf Paxí ist, die Insel mit ihren uralten Olivenbäumen zu Fuß zu durchstreifen.
▸ **Seite 243**

Villas Cavo Marathias
Im Süden von Zákynthos sind schöne Plätze für Individualurlauber Mangelware – hier jedoch kann man sich wohlfühlen.
▸ **Seite 264**

Zakynthische Keramik
Ein wirklich hübsches Souvenir von Zákynthos ist in der Töpferei Sigouros Golemis sicher zu finden. ▸ **Seite 270**

Die Fährtörns gehören zum Spaß einfach dazu
▸ Seite 81

HINTERGRUND

10 **Griechenland einmal anders**

14 **Fakten**

15 Naturraum

16 Klima

18 Pflanzen und Tiere

21 Bevölkerung

25 Wirtschaft

28 **Geschichte**

29 Vor- und Frühgeschichte

29 Geometrische und archaische Zeit

31 Klassische Zeit

32 Hellenismus und römische Herrschaft

34 Oströmisches und Byzantinisches Reich

35 Venezianische Herrschaft

36 *Special: Prinz Eugen sei's gedankt!*

38 Von 1797 bis zum Wiener Kongress

39 Britisches Protektorat 1815 – 1864

41 Von 1864 bis zum Zweiten Weltkrieg

42 Zweiter Weltkrieg

42 Von 1945 bis heute

44 **Kunst und Kultur**

45 Kunstgeschichte

49 Musik und Volkstanz

52 **Berühmte Persönlichkeiten**

PRAKTISCHE INFORMATIONEN VON A BIS Z

64 Anreise · Reiseplanung

68 Auskunft

69 Badestrände

72 Mit Behinderung unterwegs

73 Elektrizität

73 Essen und Trinken

78 *Special: Das Erbe des Kephalos*

81 Fähren

84 Feiertage, Feste und Events

87 Geld

87 Gesundheit

88 Kleiner Knigge

89 Landkarten

90 Literaturempfehlungen

91 Medien

92 Nachtleben

93 Notrufe

94 Öffnungszeiten

94 Post und Telekommunikation

95 Preise und Vergünstigungen

96 Reisezeit

97 Shopping

98 Sprache

108 Übernachten

110 Urlaub aktiv

112 Verkehr

115 Zeit

Grünes Griechenland: Petalia am Pantokrator auf Korfu
▸ Seite 213

TOUREN

120 Unterwegs auf den Ionischen Inseln
120 Tour 1: Korfu
122 Tour 2: Lefkáda
124 Tour 3: Kefalloniá
127 Tour 4: Zákynthos

REISEZIELE VON A BIS Z

130 Itháki
135 Vathý
136 Der Süden von Itháki
139 Der Norden von Itháki
140 *Special: Auf Odysseus' Spuren*
145 Nachbarinseln von Itháki

146 Kefalloniá
152 Argostóli
157 Palikí-Halbinsel
159 Der Norden von Kefalloniá
163 Der Süden von Kefalloniá

170 Korfu
180 Korfu-Stadt
193 Análipsi-Halbinsel · Kanóni
195 Der Süden Korfus
198 *Special: Hier möchte ich begraben sein!*
206 Das Zentrum Korfus
210 Der Norden Korfus
215 Nachbarinseln von Korfu
216 Ausflüge aufs Festland

220 Lefkáda
224 Lefkáda-Stadt
230 Westküste von Lefkáda
232 Süd- und Ostküste von Lefkáda
235 Das Zenturm von Lefkáda
237 Nachbarinseln von Lefkáda
239 Ausflug aufs Festland

239 Paxí · Antípaxi
239 Paxí
244 *Special: Der Herrscher der Inseln*
247 Antípaxi

248 Zákynthos
254 Záknthos-Stadt
258 Skopós-Halbinsel
260 *Special: Vom Aussterben bedroht*
263 Um die Bucht von Laganás
265 Der Norden von Zákynthos
270 Nachbarinseln von Zákynthos
271 Ausflug aufs Festland

274 Register
278 Bildnachweis
278 Verzeichnis der Karten und grafischen Darstellungen
279 Impressum

Hintergrund

EINST VORPOSTEN VENEDIGS
UND BRITISCHES PROTEKTORAT
HEUTE BELIEBTES URLAUBS-
ZIEL: EIN KLEINES PORTRÄT
DER GRIECHISCHEN INSELN
IN DER SÜDLICHEN ADRIA

DAS ANDERE GRIECHENLAND

Griechische Inseln – da denkt man zunächst an die Ägäis, an Mykonos oder Santorini mit ihrer abweisend-kargen Szenerie, den weißgekalkten Kapellen vor dem knallblauen Hintergrund von Meer und Himmel. Aber der Archipel vor der Westküste Griechenlands ist anders: Hier dominiert Grün das Land. Was nicht heißt, das man auf herrliche Küstenszenerien und Strände verzichten müsste.

Mit den Ionischen Inseln ging die Natur verschwenderisch um: Eine üppige Vegetation vereint Mitteleuropäisches und Subtropisches. Uralte knorrige Olivenbäume bilden riesige grün-silberne Teppiche, schlanke Zypressen setzen die Akzente, Pinien verströmen ihren warm-harzigen Duft. Stille Buchten, ein türkis leuchtendes Mees und verträumte Orte machen die Idylle komplett.

Blaues Meer *und herrliche Strände für geruhsame Tage*

Die Ionischen Inseln begleiten die Westküste Griechenlands von der albanischen Grenze im Norden bis zur Nordpeloponnes. Historisch zählt auch das an der Südostspitze der Peloponnes liegende Kýthira, das verwaltungsmäßig zu Attika gehört, zu dieser Inselgruppe; aufgrund der völlig anderen touristischen Situation wurde es in diesen Reiseführer nicht aufgenommen. Die Ionischen – genauer also: Westgriechischen – Inseln, die sechs große und eine Reihe kleiner Inseln umfassen, bestehen aus zwei Gruppen: im Norden Korfu (griechisch Kérkyra), das sich bis auf knapp 2 km der albanischen Küste nähert, sowie Paxí und Antípaxi; im Süden der Inselbogen von Lefkáda – das über eine Brücke vom Festland zu erreichen ist – über Itháki und Kefalloniá bis Zákynthos (und den Strofaden, die knapp 50 km südlich von Zákynthos einsam aus dem Meer ragen). Nordwestlich von Korfu, am Übergang des Ionischen Meers zur Adria, liegen die Othonischen Inseln sowie zwischen Kefalloniá / Itháki und der akarnanischen Festlandsküste die Echinaden.

Nicht nur aufgrund der natürlichen Gegebenheiten wirken die Ionischen Inseln nicht sehr griechisch, sondern auch aufgrund des jahrhundertelangen westlichen Einflusses; Korfu und Paxí sind die einzigen Bereiche Griechenlands, die nie unter türkischer Herrschaft standen. Wegen ihrer strategisch wichtigen Lage in der Adria, zwi-

Kühne Klippen
Hohe, senkrecht abfallende Kalkwände geben den Westküsten der Ionischen Inseln ihr besonderes Bild. Seit der Antike berühmt sind die Leukadischen Felsen auf Lefkáda.

Italienisch
muten bis heute viele Städte – insbesondere Korfu – und Dörfer an.

Grüne Landschaften
Ländliche Idylle prägt das Innere der Ionischen Inseln: Drimónas auf Lefkáda im Frühling.

Genussreiche Ausflüge
Wer sich in einem Ferienhotel niederlässt, sollte nicht versäumen, die schönen Plätze auf den Inseln zu erkunden: z. B. Ásos auf Kefalloniá

Orthodoxe Kirchen
Prächtiger Schmuck wie in der Ágios-Minás-Kirche in Lefkáda ist Ausdruck der immer noch tief verankerten Frömmigkeit.

Surfen, tauchen und so weiter
Ob auf dem oder unter Wasser, die Ionischen Inseln bieten eine Fülle von Möglichkeiten zu sportlicher Betätigung.

schen dem westlichen und dem östlichen Mittelmeer, waren die Inseln für wechselnde Herrscher begehrt. Am stärksten haben die Venezianer, die 400 Jahre über den Archipel herrschten, die Inseln geprägt. Später kamen Franzosen und Briten, die ebenfalls ihre Spuren hinterließen und den Inseln kosmopolitischen Charme verliehen. Besonders in der malerischen Altstadt von Korfu mit ihren hübschen Palazzi und Arkaden ist er heute noch spürbar.

Vom Fremdenverkehr unberührt ist natürlich keine der Ionischen Inseln. Um es deutlich zu sagen: Einige Plätze, v. a. auf Korfu und Zákynthos, gehören zum Horrorkabinett des modernen Massentourismus. Aber dem kann man ohne Weiteres (und mit Hilfe dieses Führers) entgehen. Auf Korfu machte die österreichische Kaiserin Elisabeth, die berühmte Sisi, den Auftakt, die sich hier ihr Traumschloss einrichtete, das Achilleion, das Kaiser Wilhelm II. später übernahm; heute gehört Korfu zu den beliebtesten Ferienzielen im Mittelmeer. Auch die Sandstrände von Zákynthos ziehen viele (Pauschal-)Urlauber an. Auf den anderen Inseln ist jedoch immer noch Platz. Das kleine Paxí ist fest in der Hand britischer Reiseveranstalter. Lefkáda wird trotz seiner schönen langen Sandstrände vergleichsweise wenig besucht, Pauschalurlauber sind hier die Ausnahme. Erstaunlicherweise gilt dies auch für Kefalloniá, obwohl die größte der Ionischen Inseln mit einer besonders abwechslungsreichen Palette von Landschaften aufwartet. Itháki, die reizvolle Insel des Odysseus, liegt im »Windschatten« der großen Nachbarinseln. Mit ihren abgeschiedenen Kiesbuchten erscheint sie vielleicht als nicht so attraktiv, ist aber ideal für Menschen, die ausspannen wollen. Bedeutende kunsthistorische Monumente sind auf keiner Insel zu verzeichnen; dafür kann man die Tage am Strand durch Ausflüge in herrliche Berglandschaften und entlegene Dörfer bereichern.

Gekrönte Häupter *erwählten sich Korfu als Zufluchtsort.*

Seinen Namen trägt das Ionische Meer – dem Dramatiker Aischylos zufolge – nach den Irrfahrten der Io, gemäß späteren Quellen nach dem illyrischen Heros Ionios (mit Omikron geschrieben). Sie haben also nichts mit den ionischen Griechen zu tun, die sich von Ion (mit Omega) ableiteten und im 11. Jh. v. Chr. die anatolische Küste kolonisierten, so dass dieser ostgriechische Raum später Ionien genannt wurde. Von Ende des 18. Jh.s stammt die Bezeichnung der Ionischen Inseln als »Eptánisa«, »Sieben Inseln«, womit Korfu, Paxí, Lefkáda, Itháki, Kefalloniá, Zákynthos und Kýthira gemeint sind.

Fakten

Die Ionischen Inseln sind »anders«, in Klima und Natur unterscheiden sie sich ebenso vom »Rest« des Landes wie in Kultur und Geschichte – trotzdem ist man hier natürlich und unverkennbar in Griechenland. Wissenswertes über Land und Leute, Gesellschaft und Alltagsleben.

Naturraum

Geologische Verhältnisse

Die der Westküste Griechenlands vorgelagerten Ionischen Inseln sind Teil der in nordwestlich-südöstlicher Richtung verlaufenden Gebirgszüge der Balkanhalbinsel und liegen noch innerhalb des Festlandssockels, der Meerestiefen von ca. 100 – 600 m aufweist. Westlich der Inseln bricht der Sockel scharf zum sog. Inussa-Graben ab, der bis zu 4150 m tief ist. Das zerklüftete Profil weist darauf hin, dass wir uns hier in einem labilen Bruchschollensystem befinden. Bei der Auffaltung der Alpen und des Balkans im Tertiär zerbrachen Randbereiche in Schollen, deren Nahtstellen immer noch in Bewegung sind. Davon zeugen die vielen schweren Erdbeben im Lauf der Geschichte (seit dem 15. Jh. sind über 30 dokumentiert, so etwa 1704, 1722, 1723, 1742, 1747, 1762, 1767, 1769, 1783!); der Bereich der Ionischen Inseln ist das Erdbebenzentrum der Balkanhalbinsel. Das große Beben 1953 erschütterte die Ionischen Inseln vom 9. bis zum 12. August und richtete vor allem auf Zákynthos, Kefalloniá, Lefkáda und Itháki schwerste Schäden an; Kefalloniá wurde dabei um 30 cm bis 1 m angehoben, so dass die berühmten Meeresmühlen bei Argostóli (► S. 155) teilweise trockenfielen. In der Bibliothek von Zákynthos und im Volkskundemuseum Argostóli sind historische Fotos zu sehen, die den Zustand vorher und nachher vor Augen führen.

Landschaften

Das lebhafte Profil des aus Kalk und Flysch (einem Tiefsee-Sedimentgestein mit Sandstein und Mergel-Tonschiefer) bestehenden Balkangebirges prägt auch die Ionischen Inseln. Der Énos auf Kefalloniá ist 1628 m hoch, der Pantokrátor auf Korfu 906 m, der Stavrótas auf Lefkáda 1158 m, und Zákynthos steigt immerhin noch bis 756 m ü. d. M. an. Meist ist der Ostteil der Inseln sanft geneigt, während die Westseite hoch ansteigt und in spektakulären, bis zu 500 m hohen Steilküsten zum Meer hin abbricht. Das relativ regenreiche Klima sorgt dafür, dass die kahlen Karstgebirge von üppiger Vegetation in Tälern und Hoch- bzw. Küstenebenen kontrastiert werden.

Korfu verfügt im Südteil über sanfte, grüne Hügel und über schroffe Karstberge im Norden. Der Großteil von Lefkáda wird vom hohen Bergzug des Stavrótas eingenommen, der an der 35 km langen Westküste die berühmten, bis zu 500 m hoch aufragenden weißen Klippen ausbildet, denen die Insel ihren Namen verdankt. Itháki besteht aus zwei Bergmassiven im Norden und Süden, die durch einen nur 600 m breiten Isthmus miteinander verbunden sind. Das stark gegliederte Kefalloniá stellt ein ganzes Puzzle verschiedener Landschaftstypen dar: fruchtbare Küstenebenen, »toskanische« Hügellandschaften mit Olivenbäumen und Zypressen im Norden, zerfurchte Steppen – die mit ihren Ockerfarben mittelitalienisch wirken – im Süden der Halbinsel Palikí und das hoch aufragende, von Kefal-

← Malerischer Lebensmittelladen am Südrand von Korfu-Stadt

Zypressen prägen das Landschaftsbild der Ionischen Inseln. Blick von Póros auf Lefkáda hinüber nach Atháki und Kefalloniá

lonia-Tannen bestandene Gebirge des Énos im Südosten (als Nationalpark geschützt). Die liebliche Landschaft von Zákynthos schließlich ist dreigeteilt: Den Westteil der Insel nimmt ein bis 756 m hoch ansteigendes Karstplateau ein, den Südosten bildet die hügelige Halbinsel Skopós, dazwischen liegt eine fruchtbare Schwemmlandebene.

Karstphänomene

Der Niederschlagsreichtum sorgt im Kalk- und Flyschgestein der Ionischen Inseln für die typischen Phänomene einer Karstlandschaft. An der Oberfläche zeigen sie sich in der Schroffheit der Felsen und im scharfkantigen Gestein. Das von Natur aus leicht saure Regenwasser, das in die Risse des wasserdurchlässigen Kalks eintritt, löst ihn langsam auf; mit der Zeit können große Höhlen entstehen, wobei der gelöste Kalk wieder abgeschieden wird und sich in Form von Tropfsteinen ablagert. Besonders spektakulär sind die Katavóthres (Klüfte, »Schlucklöcher«) von Argostóli auf Kefalloniá, wo ins Land (!) fließendes Meerwasser einst Mühlen antrieb; es verschwindet in einem Höhlensystem und tritt auf der anderen Seite der Insel wieder zutage. Beeindruckend sind die schon erwähnten Steilküsten (z. B. bei Pórto Katsíki auf Lefkáda) oder der Schiffwrackstrand auf Zákynthos) und die vielen Grotten und Höhlen (z. B. Melissáni-Höhle auf Kefalloniá, Blaue Grotte auf Zákynthos).

Klima

Klimatyp und Jahreszeiten

Griechenland besitzt im Allgemeinen ein **ausgeprägt mediterranes Klima** mit heißen und trockenen Sommern (Mitte Mai bis Oktober), regenreichen Wintern mit relativ milden Temperaturen (November bis März) und einem kurzen, frühen Frühling (März bis Mitte Mai).

Jedoch sind die Klimaverhältnisse regional recht unterschiedlich; die Westgriechischen Inseln verfügen aufgrund ihrer westlichen Lage und des Meereseinflusses über ausgeglichenere Temperaturen, d. h. etwas wärmere Winter und nicht so heiße Sommer, v. a. sind sie für griechische Verhältnisse sehr regenreich. Das »schlechte« Wetter konzentriert sich jedoch auf wenige Tage mit dementsprechend heftigen Niederschlägen, so dass die Ionischen Inseln sich über **mehr Sonnentage und geringere Bewölkung** freuen können als Ostgriechenland!

Verhältnisse auf den einzelnen Inseln

Diese Charakteristik gilt insbesondere für **Korfu**. Nach Süden hin, bis Kefalloniá, nehmen die Niederschläge ab, ebenso verlängert sich die regenarme Zeit. **Zákynthos** hingegen weist wieder fast die Werte von Korfu auf. Auf Korfu fällt mit 1137 mm Niederschlag etwa soviel Regen wie im bayerischen Voralpenland, wodurch die Insel trotz der vier Monate mit wenig oder ohne Regen »ungriechisch« grün ist.
Das südlichere **Lefkada** hat 100 mm Niederschläge und 16 Regentage weniger im Jahr, und die regenarme Zeit ist um einen Monat länger; andererseits ist es hier windiger und trockener als auf Korfu. Diese Tendenz setzt sich, mit Ausnahme der geringeren Intensität des Windes, für **Itháki** und **Kefalloniá** fort.
Zákynthos passt nicht ganz in dieses Schema, da sowohl die Niederschläge wie die jährliche Durchschnittstemperatur höher sind; die 1115 mm Niederschläge im Jahr fallen an 100 Tagen, dafür ist die sommerliche Trockenzeit mit fünf Monaten sehr ausgeprägt. Auch die kräftigeren Winde und die geringe Bewölkung sorgen für ein sehr angenehmes Klima.

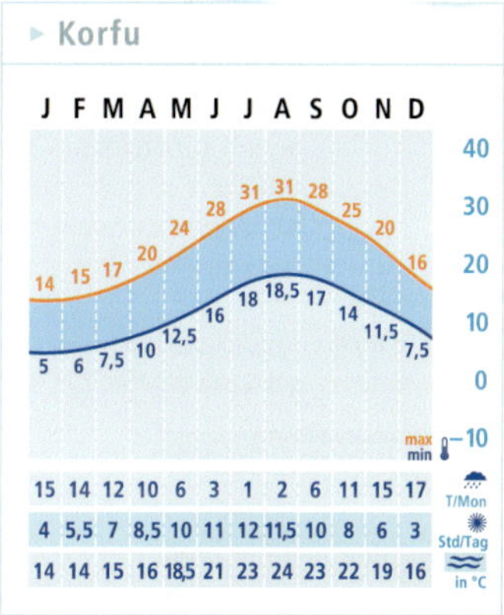

Temperaturen und Reisezeit

Auf Korfu verzeichnet man im Juli / August bei einer Durchschnittstemperatur von 26,6 °C Tagestemperaturen von 31 – 32 °C, dabei kann die Quecksilbersäule auch schon mal bis auf 40 °C klettern. Der dann meist wehende, häufig starke Nordwestwind »Maistros« macht die Hitze erträglich, und die Wassertemperaturen erreichen mit 24 °C ihr sehr angenehmes Maximum. Im Januar, dem kältesten Monat, pendeln die Temperaturen zwischen 3 und 15 °C (plus!).
Die klimatisch angenehmsten Reisezeiten für die Ionischen Inseln sind daher April bis Ende Juni sowie September und Oktober, wobei außerhalb der sommerlichen Trockenzeit – Ende Mai bis Ende August – auch Regenkleidung im Gepäck sein sollte. Für die Abende und für Ausflüge auf die Berge, die bis über 1600 m hoch ansteigen, sollte man immer auch einen dickeren Pullover und/oder eine Jacke dabei haben; dort oben ist es 10 –15 °C kälter als am Meer und häufig sehr windig.

Pflanzen und Tiere

Flora

Griechenland gehört pflanzengeografisch zu den interessantesten Regionen Europas. Hier begegnen sich Floren südosteuropäischer, vorderasiatischer und nordafrikanischer Herkunft. Entsprechend der klimatischen Besonderheit der Ionischen Inseln und ihren reichen Niederschlägen findet man hier eine besonders vielfältige, üppige Vegetation vor, die vor allem im Frühling ein herrliches Bild abgibt.

Kulturpflanzen Prägend sind zunächst die von Menschenhand angesiedelten Pflanzenarten, zur wirtschaftlichen Nutzung oder zur Gestaltung der Landschaft; in erster Linie Ölbäume – auf Korfu riesige Wälder – und Zypressen. Dazu kommen, wie sonst in Griechenland, mächtige Platanen, die die Dorfplätze beschatten, schnell wachsende Eukalyptusbäume an den Straßenrändern sowie Silberpappeln und Robinien. Auf allen Inseln, vor allem auf Kefalloniá und Zákynthos, sind Weinberge anzutreffen, auf Korfu Obstgärten und Zitrusplantagen. Im Frühjahr prägen außer dem gelben Ginster weiß und rosa blühende Mandelbäume und die rosa blühenden Judasbäume das Bild.

Wildwachsende Pflanzen Trotz der jahrhundertelangen Abholzung der Wälder sind auf den Ionischen Inseln noch einige Waldgebiete erhalten. Kefalloniá hat sogar eine eigene Tannenart (*Abies cephalonica*), die auch auf dem Festland verbreitet ist. Auf Kefalloniá bildet sie in den höheren Lagen des Énos ein größeres zusammenhängendes Waldgebiet, das als Nationalpark unter Schutz steht. Die Bäume werden bis zu 30 m hoch und haben einen glatten geraden Stamm. Ein Streifen von Aleppokiefern (*Pinus halepensis*) hält sich an der westlichen Küstenzone von Zakynthos. Sonst bilden Stein- und Kermes- oder Bäreneichen (*Quercus ilex, Quercus coccifera*) waldartige Gehölze, die Teil der griechischen Macchia (griechisch »frygana« oder »longos«) sind. In diesem knie- bis mannshohen undurchdringlichen Gebüsch wachsen außerdem Erdbeerbäume, Wolfsmilch (Euphorbien), Wacholder, Lorbeer, Ginster, Oleander, Myrte und eine ganze Reihe von Blüten-

Majestätische Kefalloniatannen

pflanzen und Kräutern wie Zistrosen (heckenrosenähnliche Blüten mit »zerknitterten« Blättern), Clematis, Oregano, Lavendel, Rosmarin, Thymian, Salbei. Verbreitete wilde Blütenpflanzen sind auch die weiße Asphodele, roter und weißer Oleander, kleine Zyklamen, blaue Iris und viele Orchideenarten, für die besonders Korfu bekannt ist (beste Zeit ist April / Mai). Auf den Karstflächen hält sich dann nur noch eine schüttere Trockenvegetation aus niedrigem Kräutergestrüpp (z. B. Thymian, Pfefferminz), Wolfsmilch, Wacholder und Sukkulenten wie Agaven und Feigenkakteen.

Fauna

Landtiere

Das häufigste Tier – wenn auch meist nur zu hören – auf den Ionischen Inseln dürfte wie in Griechenland überhaupt die Zikade sein, deren ohrenbetäubendes Schrillen die Olivenhaine füllt. Dass es größeres Wildgetier auf den Ionischen Inseln nicht gibt, dafür haben der Raubbau an den Wäldern und die Jagd seit Jahrhunderten gesorgt. (Angemerkt sei, dass die Jagdleidenschaft immer noch ungebrochen ist; in Ermangelung größerer Trophäen müssen jetzt Vögel aller Art herhalten. Auf den Strofaden wird Jagd auf Zugvögel gemacht.) Von Kleinsäugern anzutreffen sind vor allem Fuchs, Hase, Igel, Marder und andere Nagetiere. Wegen des Niederschlagsreichtums gibt es Bachläufe und kleine Sümpfe, die von Fröschen, Kröten und scheuen Wasserschildkröten bevölkert werden. Andere häufige Reptilien sind die Griechische Landschildkröte und die Eidechsen (besonders schön die leuchtendgrüne Smaragdeidechse, die bis zu 40 cm lang werden kann); selten sind Schlangen wie Sandvipern, Zornnattern und Kreuzottern. Ein besonderes Phänomen sind die ungiftigen Katzennattern, die auf Kefalloniá in Markópoulo und Argínia jedes Jahr um Mariä Entschlafung (15. 8.) auftauchen; sie sollen Glück bringen und werden mit in den Festgottesdienst genommen.

Vögel

Die Vogelarten sind die des mitteleuropäischen Raums und (im Prinzip wenigstens) von zu Hause vertraut, von den Möwen bis zu den Amseln, Schwalben und Elstern. In den Olivenhainen leben viele interessante Arten wie Rot- und Schwarzkehlchen, Stieglitze, Ammern, Grasmücken und Schmätzer. Selten sind einmal Pirol und Wiedehopf zu sehen. An Greifvögeln kann man Turmfalken und Bussarde sehen, auf Kefalloniá soll es noch Fischadler geben.

Meeresbewohner

Die Fauna im Ionischen Meer ist überraschend artenarm, was zum großen Teil auf Überfischung, in jüngerer Zeit aber auch auf Gewässerverschmutzung zurückzuführen ist. Meeräsche, Meerbarbe, Makrele, Barsch, Sardine, Sardelle und Thunfisch gehören zu den noch verhältnismäßig verbreiteten Fischarten. Tintenfische, Polypen, verschiedene Muschelarten und Langusten sind ebenfalls häufiger anzutreffen. Vor allem vom Boot aus kann man hin und wieder Delphine beobachten. Haie sind selten.

An schwer zugänglichen Küstenabschnitten von Kefalloniá, Itháki, Paxí und Lefkáda lebt noch eine kleine Gruppe von **Mönchsrobben**, von denen es im griechischen Raum – vor allem in den Nördlichen Sporaden – vielleicht noch 200 Tiere gibt. Im Gegensatz zu den übrigen Robbenarten lebt die Mittelmeer-Mönchsrobbe in wärmeren Gewässern. Diese Art, die bis zu 3 m lang, 350 kg schwer und 40 Jahre alt wird, war früher an allen Küsten des Mittelmeers verbreitet. Durch die Wasserverschmutzung, durch Überfischung und nicht zuletzt durch den Tourismus hat sich ihre Zahl besorgniserregend verringert. Seitdem die EU, der WWF und die griechische Regierung die Arbeit von Naturschützern unterstützen, scheint die Bedrohung durch die Fischer gebannt; ein großes Problem ist weiterhin die Störung ihres Lebensraums durch Urlauber, die mit ihren Booten in die Meereshöhlen eindringen und die Tiere in ihren Rückzugsgebieten stören. Besonders schlimm ist daneben die Situation für die **Unechte Karettschildkröte** auf Zákynthos, deren Laichplätze – vor allem die kilometerlangen Sandstrände in der Bucht von Laganás – durch eine rücksichtslose Tourismusindustrie und uneinsichtige Urlauber großenteils zerstört sind (► Baedeker Special S. 260).

Schätze des Ionischen Meeres auf dem Fischmarkt in Korfu-Stadt

Umweltschutz

Abholzung

Das natürliche Gleichgewicht ist auf den Ionischen Inseln seit dem Altertum durch die Tätigkeit des Menschen nachhaltig beeinträchtigt worden. Von der Gründung der korinthischen Kolonie an waren die Inseln ein wichtiger Flottenstützpunkt. Um Material für den Bau von Schiffen und Häusern sowie als Energiequelle zu erhalten und um Kulturland zu gewinnen, hat man die ursprüngliche Bewaldung – die wahrscheinlich aus Eichen, Zypressen und Aleppokiefern bestand – weitgehend abgeholzt, so dass schon die Venezianer sich auf Holz vom Festland stützen mussten. Auch die danach entstandene Sekundärvegetation (Frygana, Macchia) wurde durch Kultivierungsmaßnahmen stark zurückgedrängt und den zerstörenden Kräften der Erosion damit Tür und Tor geöffnet. Seit einiger Zeit versucht man dem durch Wiederaufforstung Einhalt zu gebieten.

Probleme durch Landwirtschaft und Tourismus

Die Landwirtschaft, vor allem der intensive Obst- und Gemüseanbau mit hohem Düngemittel- und Pestizideinsatz, haben teilweise zu einer besorgniserregenden Verschlechterung der Bodenqualität und des Grundwassers geführt. Zudem trägt der wachsende Fremdenver-

kehr zu einer Verschärfung der ökologischen Probleme bei. So ist die Müllbeseitigung nicht befriedigend geregelt; der meiste Müll wird auf Deponien verbrannt. Abwässer von Deponien, die nahe der Küste angelegt wurden (wie bei Kalamáki an der Laganás-Bucht auf Zákynthos), fließen ins Meer. Trotz des relativen Wasserreichtums kann es aufgrund der Karsteigenschaften Probleme mit dem Trinkwasser geben. In den dicht besiedelten und vom Fremdenverkehr besonders frequentierten Gebieten wie auf Korfu werden die natürlichen Süßwasservorkommen in den trockenen Sommermonaten übernutzt.
Mit Investitionen, Aufklärungsarbeit sowie strengen Bau- und Nutzungsvorschriften versucht man die Probleme zu mindern. So sind inzwischen für größere Beherbergungsbetriebe eigene Kläranlagen mit biologischer Stufe vorgeschrieben. Das auf diese Weise aufbereitete Wasser wird zur Bewässerung von Gärten und Feldern benutzt. Erst danach gelangt es wieder in den natürlichen Kreislauf.

Bevölkerung

Verwaltungsgliederung

Die Ionischen Inseln bilden eine der zehn Verwaltungsregionen Griechenlands (Diamerisma) und sind in vier Bezirke oder Präfekturen (Nomos) aufgeteilt: Korfu mit den Paxí-Inseln und den Othonischen Inseln (Sitz in Korfu-Stadt), Lefkáda mit Meganísi, Kefalloniá mit Itháki (Sitz in Argostóli) und Zákynthos. Die der Festlandsküste vorgelagerten Inseln (Kálamos, Kastós, Echinaden) gehören zum Nomos Etoloakarnánia mit Sitz in Mesolóngi.

Einwohnerzahlen

Auf den Ionischen Inseln, von denen 13 bewohnt sind, leben insgesamt ca. 213 000 Menschen (in ganz Griechenland ca. 10,9 Mio., davon im Großraum Athen ca. 3,8 Mio.). Bei einer Gesamtfläche von 2307 km² entspricht dies einer durchschnittlichen Bevölkerungsdichte von ca. 84 Einw. / km², mehr als im Landesdurchschnitt (78 Einw. / km²). In den Städten lebt etwa 60 % der Bevölkerung. Spitzenreiter in der Siedlungsdichte ist natürlich Korfu, wo auf 592 km² 112 000 Menschen leben (ca. 186 Einw. / km²), davon allein knapp 34 000 in Korfu-Stadt. Die kargen, gebirgigen Inseln Itháki und Kefalloniá bringen es nur auf 33 bzw. 39 Einw. / km².
Die zum Teil dichte Besiedlung ist auf das günstige Klima zurückzuführen, zum andern aber auch auf historische Umstände, das heißt die jahrhundertelang relativ ruhige Geschichte unter venezianischer Oberhoheit. Die Ionischen Inseln waren immer wieder Ziel von Flüchtlingen von anderen venezianischen Stützpunkten, die an die Türken fielen, besonders von Kreta, das zwischen 1645 und 1669 von den Türken erobert wurde. Die letzte Einwanderungswelle kam nach der Kleinasiatischen Katastrophe 1922 / 1923, als ca. 1,3 Mio. Griechen aus Kleinasien vertrieben wurden.

Bevölkerungsentwicklung Trotz dieser letzten Einwanderung hat die Bevölkungszahl spätestens seit dem 19. Jh. kontinuierlich abgenommen, da die Inseln nur wenigen Menschen Arbeit bieten. Wurden 1889 noch knapp 240 000 Einwohner gezählt, waren es 1961 212 000 und 1981 sogar nur noch 183 000. Das ist zunächst mit Auswanderung in die USA und nach Australien zu erklären; nach dem Zweiten Weltkrieg verloren die Ionischen Inseln knapp 30 % ihrer Bevölkerung, die meist nach Athen oder nach Deutschland ging. Die Entvölkerung hält auf den kleinen und den weniger touristisch ausgerichteten Inseln an; auf Zákynthos wurde dieser Trend gestoppt und auf Korfu sogar umgekehrt (1981 noch 96 000 Einwohner).

Gesellschaft im Umbruch Die patriarchalisch geprägte Gesellschaft Griechenlands befindet sich im Umbruch. Seit Jahrhunderten war die Großfamilie wirtschaftliches und sozial-emotionales Zentrum der Gesellschaft; sie gewährte dem einzelnen Sicherheit, indem sie Aufgaben wie Altersversorgung, Krankenpflege und Hilfe bei Arbeitslosigkeit übernahm. Diese Form des Zusammenlebens mehrerer Generationen wird vor allem in den Städten immer mehr von der Kleinfamilie mit einem oder zwei Kindern abgelöst. Damit ist auch der Wandel des traditionellen Rollenschemas verbunden, das den Lebensbereich der Frau auf Kinder, Küche, Kirche beschränkte. Der Austausch mit modernen Industriegesellschaften – durch Emigration, Tourismus und Massenkommunikationsmittel – verstärkt diesen Prozess erheblich. Seit 1952 besitzen die Frauen das Wahlrecht, 1983 wurde die Gleichberechtigung gesetzlich verankert, außerdem wurden in den 1980er Jahren Ehe-, Scheidungs- und Familienrecht wesentlich liberalisiert. Dennoch sieht die Realität vor allem auf dem Land anders aus; so wird immer noch erwartet, dass die Frau eine Mitgift in die Ehe einbringt, obwohl das Gesetz zur Aussteuerpflicht 1983 abgeschafft wurde. Das Familienbewusstsein ist aber immer noch stark ausgeprägt. So kommen viele Griechen aus Athen, Thessaloniki und selbst aus Übersee zu Ostern, zu Familienfesten oder zum Urlaubmachen auf die heimatlichen Inseln.

Moderne Zeiten: Internetcafé in Korfu-Stadt

Religionen Nahezu die ganze griechische Bevölkerung gehört der griechisch-orthodoxen Kirche an, so ist es auch auf den Ionischen Inseln. Trotz der langen venezianischen Geschichte werden hier nur 3800 katholische Gläubige gezählt; es gibt sechs Pfarreien mit sieben Priestern, die auch wohltätige Einrichtungen betreuen. In Korfu-Stadt hat der katholische Erzbischof der Diözese seinen Sitz. Die beträchtliche jüdische Gemeinde Korfus wurde im Zweiten Weltkrieg ausgelöscht.

Griechisch-orthodoxe Kirche

Der Einfluss der griechisch-orthodoxen Kirche ist im privaten wie im öffentlichen Leben sehr groß. Obwohl nicht Staatsreligion, werden die Priester vom Staat bezahlt; bei öffentlichen Angelegenheiten ist die Kirche stets präsent, und ihre Rolle ist in der Verfassung eingehend beschrieben. Jedes Kind griechisch-orthodoxer Eltern ist automatisch von Geburt an Mitglied, ein Austritt ist nicht vorgesehen. Eine Heirat z. B. ist ohne kirchliche Zeremonie undenkbar, obwohl 1982 die Zivilehe eingeführt wurde. Im April 1987 sollte der kirchliche Grundbesitz verstaatlicht werden, das Gesetz wurde aber auf Druck der Kirche wieder zurückgenommen.

Kirchenstruktur

Seit 1833 ist die Kirche Griechenlands autonom, d. h. vom Patriarchat von Konstantinopel unabhängig, was 1850 von diesem anerkannt wurde. (Kreta, der Dodekanes und der Berg Athos unterstehen dem Patriarchen von Konstantinopel.) Ihr Oberhaupt ist der Metropolit (Erzbischof) von Athen, neben ihm gibt es weitere zwölf Metropoliten. Der Metropolit für die Ionischen Inseln hat seinen Sitz in Korfu-Stadt.

Priester

Mit der schwarzen Soutane und der schwarzen Kopfbedeckung, dem langen Bart und den zu einem Knoten gedrehten langen Haaren ist der »Pappas« aus dem griechischen Straßenbild nicht wegzudenken. Der Priester darf heiraten, aber nur vor der Priesterweihe. Stirbt die Ehefrau, darf er nochmals eine Ehe eingehen. Verheiratete Priester können allerdings weder in ein Kloster eintreten noch höhere Kirchenämter bekleiden. Der Staat zahlt Priestern ein niedriges Gehalt; dazu kommen Spenden und Gebühren für kirchliche Amtshandlungen (Taufe, Begräbnis etc.). Zur Sicherung des Lebensunterhalts sind viele Geistliche zudem auf einen Nebenverdienst angewiesen.

Kirchliche Feiertage

Unter den vielen Feiertagen des Kirchenjahres ragen einige besonders heraus: Ostern – der Hauptfeiertag, der 15. August (Mariä Entschlafung) und das Fest des Kirchen- bzw. Inselheiligen.

Ostern

Da die orthodoxe Kirche den Ostertermin nicht nach dem Gregorianischen, sondern nach dem Julianischen Kalender berechnet, werden Ostern und die davon abhängigen Feiertage bis zu fünf Wochen später begangen als in anderen christlichen Kirchen. Ostern ist das wichtigste religiöse und auch familiäre Fest, zu dem die Angehörigen vom Festland oder aus dem Ausland zu Besuch kommen. Strenggläubige fasten vor Ostern 49 Tage. Die Fastenzeit beginnt am Rosenmontag, der häufig mit einem Picknick, mit Musik und Tanz gefeiert wird. Am Karfreitag (Megáli Paraskeví) geht man am Nachmittag zur Stunde der Kreuzabnahme in die Kirche, und am Abend finden

Prozessionen statt, in denen die Grablegung nachempfunden wird. Die Nacht zum Ostersonntag ist der Höhepunkt des Festes. Etwa eine Stunde vor Mitternacht geht man in die nur von einer Kerze beleuchtete Kirche. Wenn der Priester die Auferstehung Christi verkündet hat (»Christós anésti«, »Christus ist erstanden«), zünden die Gläubigen ihre mitgebrachten Kerzen am Osterlicht an, die Glocken läuten, Böller krachen, ein Feuerwerk wird abgebrannt. Danach (also nach 24 Uhr) isst man zu Hause oder in der Taverne die Ostersuppe, die aus Lamminnereien mit Eiern, Zitrone und Dill zubereitet wird, wobei Lefkáda eine Ausnahme darstellt; hier gibt es eine Kuttelsuppe. Am Sonntag (auf Korfu und Lefkáda erst am Montag) gibt es dann das am Spieß gebratene Lamm. Schließlich wird bis zum Ostermontag, oft auch noch am Dienstag, fröhlich weitergefeiert. Die bestimmende Farbe an Ostern ist Rot, die das Blut Christi symbolisiert, und überall gibt es rot gefärbte Eier. Man schlägt sie gegeneinander: Wessen Ei zuletzt noch heil ist, hat im kommenden Jahr Glück.

Orthodoxe Priester geben auch vielen weltlichen Festen ihren Segen.

Mariä Entschlafung

Die Marienverehrung wird in Griechenland großgeschrieben, dementsprechend wichtig ist das Fest Mariä Entschlafung, griechisch »kímisi« (κοίμηση), am 15. August. Der eigenartige Name hat damit zu tun, dass die griechisch-orthodoxe Kirche das Dogma von der leiblichen Aufnahme Marias in den Himmel nicht kennt, wie es der Papst zu Rom 1950 verkündete. Es gibt allerorten Marienkirchen, und überall wird mit allem Drum und Dran Kirchweih gefeiert.

Heilige der Ionischen Inseln

Griechische Inseln haben sehr häufig »ihren« Heiligen. Korfu verehrt den hl. Spyrídon, Kefalloniá den hl. Gerásimos, Zákynthos den hl. Dionýsios. Spyridon, um 270 n. Chr. auf Zypern geboren, war dort zuerst Schafhirte, später Mönch und Bischof und starb im Jahr 346. Seine Gebeine wurden in der 2. Hälfte des 7. Jh.s nach Konstantinopel und 1489 (zusammen mit den Reliquien der hl. Theodora) nach Korfu gebracht, wo er schnell als Inselheiliger adoptiert wurde. Der hl. Gerasimos Notaras wurde 1509 auf der Peloponnes geboren und lebte als Mönch in verschiedenen Klöstern (u. a. Athos, Jerusalem) und als Einsiedler auf Kefalloniá. Hier kämpfte er für das Fortleben des orthodoxen Glaubens und gründete 1570 das nach ihm benannte, bis heute bestehende Nonnenkloster. Er starb hochverehrt 1579 und wurde 1622 heiliggesprochen. Der hl. Dionysios, 1547 in Zákynthos der vornehmen Familie Sigouros entsprossen, war Erzbischof von Ägina, Kefalloniá und Zákynthos, zuletzt dort Abt des Klosters Anafonítria. Er starb 1624, seine sterblichen Reste ruhten bis Anfang des 18. Jh.s auf einer Strofaden-Insel.

Wirtschaft

Allgemeines

Auf den Ionischen Inseln lebt man von Landwirtschaft und Tourismus, wobei der Anteil von Einnahmen aus dem Fremdenverkehr am Bevölkerungseinkommen auf den einzelnen Inseln sehr unterschiedlich ist. Fischerei wird nur noch spärlich betrieben, das Ionische Meer ist fischarm und in früheren Jahren überfischt worden (in Lawrence Durrells »Schwarze Oliven« kann man etwas über die Dynamitfischerei lesen). Die Viehwirtschaft beschränkt sich auf Schweine, Schafe und Ziegen, wobei Lammfleisch auch hier meist schon aus Neuseeland kommt. An Industrie ist eine Textilfabrik in Korfu zu erwähnen, die Sisal, Leinen und Jute verarbeitet.

Landwirtschaft

Das Landschaftsbild bestimmen, vor allem auf Korfu und Paxí, die Olivenbäume; die Ionischen Inseln sind eines der griechischen Haupterzeugungsgebiete von Olivenöl. Auf Korfu haben schon die Venezianer in der zweiten Hälfte des 16. Jh.s die Anpflanzung von Ölbäumen subventioniert, und so gibt es dort heute – je nach Quelle – 3 bis 5 Mio. Exemplare, die meisten sehr alt, hochgewachsen und nicht »kultiviert«. Gegenwärtig macht auf Korfu allerdings eine Epidemie von Olivenfliegen (*Dacus oleae*) Probleme; weder sorgt man dafür, dass der Schädling zügig bekämpft noch dass dem Kahlschlag in den Olivenhainen Einhalt geboten wird, wobei sich Präfektur und Kreisabgeordneter die Schuld zuschieben. Anscheinend ist die Vermarktung als Kaminholz zu einträglich, auch die Bauspekulation wird eine Rolle spielen. (Wobei der Abgeordnete durchaus darauf hinweist, dass bei der EU Prämien sowohl für die Erhaltung des Baumbestands ebenso wie für das Öl zu holen sind.) Auf anderen Inseln bieten die Olivenplantage ein moderneres Bild, mit jüngeren, niedrigen, regelmäßig zurückgeschnittenen Bäumen (► Baedeker Special S. 244). Obstplantagen sind besonders auf Korfu verbreitet, in denen Äpfel, Birnen, Kirschen, Pfirsiche und Aprikosen erzeugt werden, daneben Zitronen und Orangen. Eine Spezialität dieser Insel sind die Kumquats, die von den Briten im 19. Jh. aus China eingeführt wurden. Die Früchte werden eingemacht, kandiert und zu Likör verarbeitet. Von einiger Bedeutung ist auch der Gemüseanbau.

Weinbau

Die Ionischen Inseln gehören qualitativ zu den bedeutenden Weinanbaugebieten Griechenlands. Auf allen größeren Inseln werden Reben gezogen. Etwa 7 % der landwirtschaftlich genutzten Fläche

Zahlen und Fakten Ionische Inseln

Lage

- in Südosteuropa, vor der Westküste Griechenlands

Fläche und Einwohner

- Insgesamt 2307 km² / ca. 219 000
  Griechenland gesamt:
  131 957 km² / 10,9 Mio.
- Kefalloniá 786 km² / 39 500
  Korfu 592 km² / 112 000
  Zákynthos 406 km² / 39 000
  Lefkáda 356 km² / 22 500
  Itháki 96 km² / 3000
  Paxí 25 km² / 2500

Zum Vergleich: Sylt

- Fläche: 102 km²
- Einwohner: 27 000

Tourismus

- über 1 Mio. Gäste im Jahr, davon
  ca. 150 000 aus Deutschland
  ca. 500 000 aus Großbritannien

von Korfu ist dem Weinbau gewidmet, die wichtigste weinerzeugende Insel ist Kefalloniá (►Baedeker Special S. 78).

Tourismus Keine der größeren Ionischen Inseln ist vom Tourismus unberührt, doch ist das Ausmaß sehr unterschiedlich. Auf Korfu und Zákynthos sind durch das Gastgewerbe so viele Verdienstmöglichkeiten geschaffen worden, dass die Abwanderung der Bevölkerung gestoppt wurde bzw. sogar wieder eine Zunahme zu verzeichnen ist. Am meisten besucht wird **Korfu**, dessen Ostküste, vor allem im Norden, von Hotels für Pauschalurlauber eingenommen wird, auch wenn 1983 der Bau weiterer Großhotels verboten wurde. Gut 1 Million ausländische Besucher kommen alljährlich hierher, davon ca. 55 % aus Großbritannien und 20 % aus Deutschland. In der Saison 2004 war ein Rückgang an ausländischen Gästen von 9 % zu registrieren. Die unangenehmsten Touristenorte auf Korfu sind Kávos im Süden sowie Sidári und Ýpsos im Norden.

Das kleine **Paxí** liegt in touristischer Hinsicht nicht abseits. Hier hat schon früh der britische Greek Islands Touring Club für Betrieb gesorgt, und in der Hauptsaison bevölkern außer vielen Briten und Italienern auch Ausflügler von Korfu und von Párga auf dem Festland die Insel sowie die kleine Nachbarinsel Antípaxi.

Auf **Lefkáda**, das wohl nicht so recht als Insel anerkannt wird, hat der Tourismus erst um 1980 Einzug gehalten; er bewegt sich noch in relativ bescheidenem Rahmen und beschränkt sich weitgehend auf die Ostküste.

Auch **Kefalloniá**, die größte Insel des Archipels, hat noch Kapazitäten frei; die ca. 5000 Gästebetten konzentrieren sich auf Argostóli und die Südküste. Im »Windschatten« des nur 2 – 4 km entfernten Kefalloniá liegt **Itháki**; es hat nur wenige kleine Kiesstrände zu bieten, so dass es vom »großen« Tourismus mit seinen Hotelburgen verschont blieb. Dadurch sind aber andererseits in der Saison die Übernachtungsmöglichkeiten knapp.

Zákynthos ist zu einem Teil der Attraktivität seiner wenigen, dafür langen Sandstrände zum Opfer gefallen; nach Korfu ist es die beliebteste ionische Ferieninsel. Im touristisch besonders beanspruchten Süden mit der Bucht von Laganás werden zu Spitzenzeiten über 100 000 Gäste gezählt, wobei die ganze Insel nur 10 000 ständige Einwohner hat. Die Südküste mit ihren kilometerlangen Sandstränden, an denen die Unechte Karettschildkröte ihre Eier ablegt (► Baedeker Special S. 260), ist leider ein Beispiel für einen Tourismus, wie er nicht sein soll. Es ist schlechterdings nicht nachzuvollziehen, warum für diese Art von »Urlaub« ein unersetzlicher Lebensraum zerstört wird. Der bergige, nur schwach besiedelte West- und Nordteil von Zákynthos hingegen hat nur wenige Strände aufzuweisen und ist daher noch recht ursprünglich.

Alles, was man so für den Urlaub braucht: Makrýs Gialós auf Kefalloniá

Geschichte

Heimat des sagenumwobenen Königs Odysseus, korinthische Kolonie und selbstständiger Staat, jahrhundertelang Stützpunkt Venedigs und Zuflucht vor den Türken, dann britisches Protektorat und bis zum Anschluss an Griechenland eine Hochburg der griechischen Kultur. Ein kleiner Gang durch die überaus wechselvolle Geschichte der Ionischen Inseln.

Vor- und Frühgeschichte

Um 50 000 v. Chr.	Älteste Siedlungsspuren
um 2000 v. Chr.	Bronzezeitliche Besiedlung
15./14. Jh. v. Chr.	Mykenische Einflüsse

Steinzeit

Die ältesten Spuren des Menschen auf den Ionischen Inseln datieren aus der Altsteinzeit (Werkzeugfunde von Gardíki auf Korfu, ca. 50 000 Jahre alt). Aus der Jungsteinzeit stammen Tonscherbenfunde bei Sidári (Korfu, um 5200 v. Chr.) und die Funde bei Evgíros auf Lefkáda (ca. 4000 v. Chr.).

Helladische Zeit

Im 3. Jt. v. Chr. folgte auf dem Festland der Sesklo-Kultur die Dimini-Kultur, auf den Inseln der Ägäis entstand die Kykladen-Kultur und auf Kreta die große minoische Kultur, deren Blütezeit etwa von 2000 bis zu ihrem jähen Untergang um 1450 v. Chr. andauerte. Obwohl sie weitreichende Beziehungen im Mittelmeerraum unterhielt, hat sie auf den Ionischen Inseln keine Spuren hinterlassen.
Die ältesten ausgegrabenen Siedlungen liegen auf Lefkáda (Rundgräber einer frühbronzezeitlichen Kultur in der Ebene von Nydrí) und auf Korfu (Kap Kefáli und Halbinsel Afióna); beide werden in die mittlere Bronzezeit datiert (um 2000 v. Chr.). Die korfiotischen Funde werden der süditalienischen Molfetta-Kultur zugeschrieben.

Späthelladische Zeit

Um 2000 v. Chr. beginnt die indogermanische Einwanderung vom Balkan nach Griechenland. Diese frühen Griechen (Achäer) bilden um 1580 v. Chr. das mykenische Staaten- und Wirtschaftssystem, dessen Handel bis nach Sizilien und in die Ostmittelmeerländer reicht. Bekannt sind ihre wehrhaften Fürstensitze in der Argolis (Mykene, Tiryns) und in anderen Regionen (Theben, Pylos). Auf den Ionischen Inseln werden Reste mykenischer Besiedlung erst ab etwa 1400 v. Chr. zahlreicher, und zwar besonders auf den südlichen Inseln; so auf Itháki (Pilikáta, Stávros, in der Pólis-Bucht und am Aëtós) und auf Kefalloniá (Schacht- und Kuppelgräber, Keramik). Diese Funde werden mit dem Königreich des Odysseus in Verbindung gebracht.

Geometrische und archaische Zeit

ab 1200 v. Chr.	Einwanderung der Dorier
9.–5. v. Chr.	Entstehung der großen Stadtstaaten
um 700 v. Chr.	Aufzeichnung von »Ilias« und »Odyssee«
665 v. Chr.	Seeschlacht zwischen Korkyra und Korinth

← *Korfu in einer Vedute von Ignazio Danti (1536–1586) in der Galleria delle Carte Geografiche, Vatikan.*

Die immer noch mächtigen Mauern des antiken Same auf Kefalloniá

Dorische Einwanderung

Etwa 1200 v. Chr. setzte die Einwanderung der Dorier ein, die die Achäer teils verdrängten, teils assimilierten. In den folgenden Jahrhunderten bildeten sich in Griechenland die landschaftsgebundenen Kleinstaaten aus, die bis zur makedonischen Zeit die Landkarte bestimmten. In diesen Jahrhunderten entstanden in der Nähe der Ionischen Inseln die Kultstätten Dodona (Epirus, S. 219) und Nekromanteion Ephyras (an der Küste des Epirus, S. 217).

Von den unruhigen Zeiten der Völkerwanderungen und der Bedeutung der Seefahrt zeugen die großen homerischen Epen Ilias und Odyssee, die etwa um 700 v. Chr. entstanden. Die Ilias schildert den Trojanischen Krieg (1194 – 1184 ?): Die Griechen kämpfen unter Agamemnons Führung um die von Paris geraubte Helena und erobern Troja durch die List des Königs von Ithaka, Odysseus. Die Odyssee erzählt von den Abenteuern des Odysseus auf seiner zehn Jahre dauernden Rückfahrt nach Ithaka.

Bildung von Stadtstaaten

Zwischen dem 9. und dem 5. Jh. v. Chr. entwickelten sich die wichtigen Stadtstaaten Griechenlands, v. a. Athen und Sparta. Sparta errichtete in den Messenischen Kriegen (2. Hälfte 8. bzw. 7. Jh.) einen militärisch ausgerichteten Kastenstaat; außer Tarent ging keine Kolonie von Sparta aus. In Athen entstand mit der Kodifizierung des Rechts durch Drakon (624 v. Chr.) und mit der Gesetzgebung Solons (594 v. Chr.) die Demokratie griechischer Prägung (nach Einkommen definierte Klassen). Nach dem Sturz der Peisistratiden wurden in der Reform des Kleisthenes (Ende 6. Jh.) die verfassungsmäßigen Grundlagen der klassischen griechischen Polis geschaffen.

Aus dieser Zeit ist auf Kefalloniá die von Thukydides so genannte Tetrapolis bekannt, vier unabhängige Städte: im Ostteil Same (am Platz des heutigen Sámi), Pronnoi (bei Póros) und Krane (bei Argostóli), im Westteil Pale (nördlich von Lixoúri). Erhalten sind vor allem Reste starker Befestigungen, was auf heftige Konkurrenz hindeutet. Same wurde erst 189 v. Chr. von den Römern erobert und zerstört. Auf dem Berg Aëtós auf Itháki gab es seit dem 8. Jh. v. Chr. die Stadt Alalkomenai.

Große Kolonisation

Im Verlauf des 8. Jh.s v. Chr. gründeten die griechischen Staaten aufgrund wachsender Bevölkerung und begrenzten bebaubaren Lands Kolonien im gesamten Mittelmeer, das damit sozusagen zum griechischen Binnenmeer wurde; kommerzielle und kulturelle überseeische Verbindungen entwickelten sich. Die Korinther gründeten im Jahr 734 v. Chr. Syrakus auf Sizilien und als Stützpunkt für die Fahrten dorthin Korkyra, das spätere Kérkyra (Korfu), und zwar auf der Halbinsel Analipsi südlich von Korfu-Stadt (Stadtmauern, Artemis-Tempel). Damit gerieten die Ionischen Inseln in den Kreis des klassischen Griechenlands. Korkyra entwickelte sich rasch zu einer Handels- und Seemacht, was Rivalitäten hervorrief. Die Seeschlacht gegen Korinth (665 v. Chr. vor Kap Kávos), die erste der griechischen Geschichte, gewann Korkyra, worauf Korinth im Jahr 640 v. Chr. auf Lefkáda die Stadt Leukas gründete.

Klassische Zeit

490 – 479 v. Chr.	Perserkriege. Aufstieg Athens
442 – 429 v. Chr.	Perikleische Zeit in Athen
432 – 404 v. Chr.	Peloponnesischer Krieg
395 – 386 v. Chr.	Korinthischer Krieg

Perserkriege

In drei Feldzügen zu Land und zu Wasser 490 – 479 v. Chr. konnten sich die griechischen Staaten unter Führung Athens gegen die Perser verteidigen (Schlachten von Marathon, Thermopylen, Salamis, Plataiai, Mykale). Dies förderte das Wir-Bewusstsein in der in Stadtstaaten zersplitterten ethnischen und kulturellen Gemeinschaft und lieferte die Grundlage für das sich entfaltende Hellenentum mit Athen als Zentrum. 478 / 477 wurde die Hegemonie Athens mit der Gründung des Attischen Seebunds bekräftigt.

Perikleisches Zeitalter

Nachdem Perikles 446 v. Chr. mit Sparta einen dreißigjährigen Frieden geschlossen hatte, konnte unter seiner Herrschaft 442 – 429 v. Chr. Athen prosperieren (»Goldenes Zeitalter«); die demokratischen Rechte wurden wesentlich erweitert, Produktion und Handel nahmen einen großen Aufschwung, die kulturelle Blüte ist vor allem durch den Ausbau der Akropolis durch Phidias, Iktinos und Mnesikles und die große Zeit der griechischen Philosophie, des Theaters und der Geschichtsschreibung dokumentiert (Sokrates, Platon; Aischylos, Sophokles, Euripides; Herodot).

Peloponnesischer Krieg

Kefalloniá und Zákynthos wurden 456 v. Chr. gezwungen, sich im Konflikt zwischen Sparta und Athen Letzterem anzuschließen. Korkyra (Korfu) und Korinth stritten sich um das von ihnen gegründete Epidamnos. Zwei Seeschlachten zwischen ihnen leiteten den Peloponnesischen Krieg ein: 435 v. Chr. vor dem Kap Kávos und (nachdem Korkyra dem Attischen Seebund beigetreten war) 432 v. Chr. bei den Syvota-Inseln; beide Schlachten gewannen die Korkyräer. Der große Krieg um die Vorherrschaft auf dem Festland – zwischen Athen und seinen Bundesgenossen einerseits und Korinth, Sparta und deren Verbündeten andererseits – dauerte von 432 bis 404 v. Chr. und endete mit der Niederlage Athens. 427 v. Chr. gab es auf Korkyra heftige Kämpfe zwischen den athenisch gesinnten Demokraten und den Sparta anhängenden Oligarchen, wobei deren jeweilige Flotten eingriffen. Die Ionischen Inseln wurden noch einmal in den Krieg einbezogen, als Athen 415 v. Chr. gegen die korinthische Kolonie Syrakus auf Sizilien eine riesige Flotte ausschickte; 413 wurde diese von den Spartanern zerstört.

Korinthischer Krieg

Nach der Kapitulation Athens führten die von Sparta eingesetzten »Dreißig Tyrannen« ein blutiges Regiment. Gegen die gewalttätige Vorherrschaft Spartas kämpften im Korinthischen Krieg (395 – 386 v. Chr.) Athen, Theben und Korinth u.a. mit persischer Unterstützung. Der Zweite Attische Seebund wurde gegründet, dem sich Korkyra anschloss; 372 v. Chr. wurde es von den Spartanern erfolglos belagert. Nach dem Sieg der Thebaner 371 v. Chr. bei Leuktra hatten diese bis zur Niederlage bei Mantineia 362 v. Chr. (gegen verbündete Athener und Spartaner) das Sagen.

Hellenismus und römische Herrschaft

359 – 323 v. Chr.	Makedonische Herrschaft (Philipp II., Alexander)
229 v. Chr.	Eroberung Korfus durch die Römer
148 v. Chr.	Gründung der römischen Provinz Macedonia
31 v. Chr.	Seeschlacht bei Aktion
395 n. Chr.	Reichsteilung

Makedonische Herrscher

Die Zerstrittenheit der mittelgriechischen Stadtstaaten machte sich Philipp II., seit 359 v. Chr. König von Makedonien, zunutze; 338 v. Chr. unterlagen sie ihm in der Schlacht von Chaironeia. Im selben Jahr eroberte Philipp auch Korkyra. Nach seiner Ermordung 336 v. Chr. wurde sein Sohn Alexander der Große König. Nach dessen Tod 323 v. Chr., in der Zeit der Diadochen, gehörten die Ionischen

Inseln verschiedenen Herren, so König Pyrrhus von Epirus (ab 295 v. Chr.) und der illyrischen Königin Teuta (229 v. Chr.). Dasselbe Jahr 229 v. Chr. markiert auch den Beginn der römischen Vereinnahmung Griechenlands mit der Eroberung von Korkyra durch den Konsul Gnaius Fulvius, der gegen die Seeräuber der Königin Teuta ausgeschickt worden war. In diesen Jahren wurden die Ionischen Inseln noch in den Kampf des makedonisch-hellenischen Bunds gegen Sparta gezogen; Philipp V. von Makedonien belagerte 218 v. Chr. ohne Erfolg die Städte Prónnoi und Pále auf Kefalloniá.

Römische Zeit

Ab 200 v. Chr. führte Philipp V. Krieg gegen die Römer (Zweiter Makedonischer Krieg), die u.a. von Athen zu Hilfe gerufen worden waren. Er unterlag 197 v. Chr. bei Kynoskephalaí. Die Römer eroberten im selben Jahr auch Leukás und 191 v. Chr. Zákynthos; zuletzt fielen 189 v. Chr. Ambrákia (Árta, auf dem nahen Festland) und Sáme auf Kefalloniá, das zerstört, später aber wieder aufgebaut wurde. 148 v. Chr. wurde Makedonien die römische Provinz Macedonia; ihr gehörten auch die Ionischen Inseln an. Als wichtige Flottenstation behielten sie während der etwa 500 Jahre dauernden römischen Herrschaft eine relative Selbständigkeit.

Im 1. Jh. v. Chr. spielte sich ein Teil des römischen Bürgerkriegs in Nordwestgriechenland ab. Nachdem 42 v. Chr. Antonius und Octavian bei Philippi (Ostmakedonien) die Caesarmörder Brutus und Cassius geschlagen hatten, besiegte 31 v. Chr. Octavian die Flotte von Antonius und Kleopatra in der Seeschlacht von Aktion (bei Préveza). Von 31 v. Chr. bis 14 n. Chr. herrschte er als Kaiser Augustus. Er gründete auf dem Festland die »Siegesstadt« Nikópolis, die aus dem Umland zwangsweise besiedelt wurde; so verlor Leukas einen Teil seiner Bevölkerung. Weitere bedeutende Römer, die die Ionischen Inseln besuchten, waren Cicero und Kaiser Nero (66 n. Chr.).

Paulus

Im Jahr 59 strandete der Apostel Paulus auf Kefalloniá (Apostelgeschichte 27–28; das dort genannte Melite wurde als die Halbinsel von Argostóli identifiziert). Er blieb drei Monate und hielt sich auch in Nikópolis auf (Brief an Titus, 3,12). Dort entwickelte sich eine starke christliche Gemeinde, aus der sogar ein Papst hervorging (Eleutherus, 174–189). Jason und Sosipater, die die Ionischen Inseln christianisierten, sollen Schüler von Paulus gewesen sein.

Konstantin I.

Unter Konstantin I. dem Großen (reg. 323–337) begann die Entwicklung des Christentums zur Staatsreligion. 330 n. Chr. verlegte er die Hauptstadt des Römischen Reichs ins antike Byzantion (später Konstantinopel genannt), auch dies eine weitreichende Weichenstellung. Mit der Aufwertung der Ostprovinzen wurde die Reichsteilung vorbereitet, die 395 beim Tod des Kaisers Theodosius I. vollzogen wurde. Griechenland und damit auch die Ionischen Inseln wurden zur unbedeutenden Provinz, die politisch und kulturell vom Oströmischen Reich (Konstantinopel) abhängig war.

Reichsteilung

Oströmisches und Byzantinisches Reich

5./6. Jh.	Völkerwanderung: Eindringen von Vandalen, Slawen, Ostgoten und Awaren
726–843	Bilderstreit
9.–11. Jh.	Oberhoheit der byzantinischen Kaiser Ab 1081 Eindringen der unteritalienischen Normannen
ab 1185	Aufteilung der Inseln unter italienischen Adelsfamilien
1204–1261	Wechselnde Herrschaften auf den Inseln unter den lateinischen Kaisern

In den über tausend Jahren zwischen der Entstehung des Oströmischen Reichs bis zur Konsolidierung der venezianischen Herrschaft auf den Ionischen Inseln um 1500 sahen diese viele Herren, auch verlief die Geschichte der einzelnen Inseln unterschiedlich.

Byzantinische Zeit

Zunächst drangen zur Zeit der Völkerwanderung verschiedene Stämme von Norden nach Griechenland ein, wobei auch die Ionischen Inseln in Mitleidenschaft gezogen wurden; im Jahr 466 waren es die Vandalen, 540 die Slawen, 541 die Ostgoten und später die Awaren (awarische Siedlung bei Afióna auf Korfu).

Im Jahr 733 wurde Korfu dem Patriarchen von Konstantinopel unterstellt. In dieser Zeit fand der kunsthistorisch bedeutende theologisch-religiöse Streit darüber statt, ob man Christus, Apostel und Heilige abbilden und im Bild verehren darf, der sog. Ikonoklasmus (wörtlich »Bilderzerstörung«). Der Bilderstreit dauerte von 726 bis 787, als sich auf dem zweiten Konzil von Nicaea die Bildbefürworter durchsetzen konnten. Der Streit loderte dann im 9. Jh. nochmals auf. Erst 842 / 843 setzte Kaiserin Theodora die Beschlüsse des Konzils endgültig in Kraft. (Ihre Gebeine werden seit dem 15. Jh. in der Mitropolis von Korfu-Stadt aufbewahrt.)

Nach einer kurzen stabilen Zeit unter den byzantinischen Kaisern (9.–11. Jh.), in der die Inseln zum Thema (Verwaltungsbezirk) Kephallenia gehörten, versuchten die sizilianischen Normannen ab 1081 auf den Ionischen Inseln Fuß zu fassen. Gegen sie rief Kaiser Alexios Komnenos die Venezianer zu Hilfe. Der Normanne Robert Guiscard, Fürst von Apulien und Kalabrien, starb auf seinem zweiten Feldzug gegen Konstantinopel am 17. Juli 1085 auf Kefalloniá, in dem heute nach ihm benannten Ort Fiskárdo. Bis Ende des 12. Jh.s lösten sich Byzantiner und Normannen auf Korfu mehrmals ab. Zákynthos und Kefalloniá gehörten bis 1185 zum Königreich Sizilien. Die Ionischen Inseln wurden nun unter italienischen Adelsgeschlechtern aufgeteilt. Als Lehensmann der Normannen bemächtigte sich 1194 Matteo Orsini der Inseln Kefalloniá, Itháki und Zákynthos.

Lateinische Kaiser

Am 12.5.1203 verließ die Flotte des Vierten Kreuzzugs, die zum großen Teil aus venezianischen Schiffen bestand, Korfu Richtung Konstantinopel, das 1204 erobert und zerstört wurde. Von dieser Zeit an versuchte Venedig, das im ganzen östlichen Mittelmeeraum expandierte (Kreta wurde 1210 durch Kauf venezianisch), sich der Ionischen Inseln zu bemächtigen.
Während der Zeit der lateinischen (fränkischen) Kaiser wurde Griechenland unter verschiedenen Feudalherren aufgeteilt, wobei auch noch die autonom herrschenden Despoten von Epiros aus dem Haus der Komnenen mitmischten. Letzteren gehörten ab 1214 Korfu und später auch Lefkáda (bis 1295). Kefalloniá gehörte bis 1267 den Orsini, dann den Anjou, den Königen von Sizilien und Neapel; diese hatten auch Korfu 1267 – 1386 in Besitz. In der Zwischenzeit eroberte Michael VIII. Palaiologos 1261 Konstantinopel, womit das lateinische Kaisertum beendet war.

Venezianische Herrschaft

ab 1386	Venezianische Herrschaft auf Korfu
ab 1669	Kretische Maler begründen die Ionische Schule
1537, 1571, 1716	Belagerungen Korfus durch die Türken
1571	Seeschlacht von Lepanto
1797	Untergang der Republik Venedig

Inbesitznahme

Im Jahr 1386 begab sich der Adel der Insel Kerkyra – die von da an Corfú hieß, unter die schützende Hand der Venezianer, die sich in Konkurrenz mit den expandierenden Osmanen befanden; 1402 schließlich kaufte Venedig Corfú dem Königreich Neapel ab. Die anderen Inseln, Lefkáda, Kefalloniá und Zákynthos, unterstanden bis 1479 der adeligen Familie Tocco aus Benevent. Nach dem ersten Krieg mit den Türken (1463 – 1479) bekam Venedig auch diese Inseln in die Hand: 1482 Zákynthos, 1500 Kefalloniá (das seit 1479 türkisch gewesen war), 1503 Itháki; und schließlich – nach kurz unterbrochener türkischer Herrschaft ab 1467 – als letzte 1684 Lefkáda.

Verwaltung, Wirtschaft, Kultur

Korfu, ab 1500 Sitz des Generalprovveditore der Levante, war das wirtschaftliche und administrative Zentrum zwischen Venedig und dem Nahen Osten. 1762 liefen ca. 25 % aller Einnahmen Venedigs über Korfu. Dabei verwaltete sich die Insel selbst, d. h. sie war in den Händen des Adels, der sich seit den Zeiten Karls von Anjou hier fest etabliert hatte. Ab 1582 wurde der Nachweis der adligen Abstammung im »Libro d'Oro« (Goldenes Buch) geführt. Die wirtschaftliche Tätigkeit auf den Ionischen Inseln war beträchtlich; der Anbau von Olivenbäumen und Reben wurde ebenso gefördert wie die Salzgewinnung. Zákynthos und Kefalloniá prosperierten im 16. Jh. durch die Produktion von Korinthen.

Stolz wacht noch heute Graf von der Schulenburg vor der Alten Festung in Korfu-Stadt.

PRINZ EUGEN SEI'S GEDANKT!

Besonders gut war General Johann Matthias von der Schulenburg nicht auf Prinz Eugen von Savoyen zu sprechen. Der aus sächsischen Diensten ausgeschiedene General hatte sich mehrmals vergeblich um eine Aufnahme in das Heer des Kaisers in Wien beworben; Jahrzehnte später meinte er sogar, der Savoyer habe alles getan, um seine Aufnahme zu verhindern.

Ganz so dürfte es nicht gewesen sein. Denn in persönlichen Briefen äußerte sich der Prinz lobend über die Fähigkeiten seines **Waffengefährten aus den flandrischen Kriegen**, und er war es, der Venedig den Sachsen als ersten Soldaten der Republik vorschlug. Im Oktober 1715 übernahm Schulenburg nach längeren Verhandlungen das Kommando über die Landstreitkräfte der Republik von Venedig. Und er hatte keine leichte Aufgabe vor sich.

Osmanen vor den Toren

Das Osmanische Reich machte sich daran, Europa zu erobern. Seit der zweiten Hälfte des 15. Jh.s hatten die Türken eine griechische Insel nach der anderen eingenommen, auch auf der Peloponnes mussten die Venezianer ihnen fast alle Besitzungen überlassen. Nun bedrohten die Osmanen Korfu und damit die **Kontrolle über die Adria**, Venedigs Herz und Lunge. Ende August 1537 belagerten türkische Truppen Korfu. Die Osmanen verwüsteten zwar etliche Dörfer und nahmen Tausende von Gefangenen, doch gelang es ihnen nicht, die Alte Festung einzunehmen, in der sich etwa 4000 Venezianer und Griechen verschanzt hatten. Ihnen stand ein Heer von 25 000 Türken gegenüber – trotzdem blieb ihm nichts anderes übrig, als sich zurückzuziehen. Knapp zwei Jahrhunderte später stand es mit der einst so mächtigen Stadtrepublik jedoch nicht mehr zum Besten. Um sich gegen die türkische Gefahr behaupten zu können, mussten sich die Venezianer einen Verbündeten suchen, den sie schließlich im Haus Habsburg fanden.

Die Entscheidung

Von Kaiser Karl VI. noch schnell in den **Reichsgrafenstand** erhoben, traf Schulenburg am 16. Februar 1716 auf Korfu ein. Um die militärischen Gegebenheiten war es dort nicht gut bestellt. Infolge der zahlreichen türkischen Siege war die Moral der Venezianer erschüttert. Der Zustand der Festungsanlagen, die sich im 16. Jh. so hervorragend bewährt hatten, entsprach nicht mehr den Erfordernissen

Der Markuslöwe, das Zeichen Venedigs, ist auf den Ionischen Inseln immer wieder zu sehen.

der Zeit. In aller Eile versuchte der neue Kommandant die Alte und die Neue Festung sowie die zwischen beiden verlaufenden Stadtmauern zu verstärken. Trotz aller Bemühungen befand sich Korfu aber nicht im besten Verteidigungszustand, als Anfang Juli 1716 die osmanische Flotte mit rund 200 Schiffen in den Gewässern vor der Insel auftauchte. Für Kapudan Daschanum-Khodscha, den Flottenchef der Osmanen, war es ein Leichtes, mit 30 000 Mann in der Bucht von Gouviá nördlich der Stadt zu landen. Am 25. Juli begann die **Belagerung** der Stadt, und am 3. August war der Belagerungsring praktisch geschloseen. Aber Schulenburg und der Generalprovveditore Antonio Loredan gaben nicht auf, obwohl sie dem Angreifer nur rund 8000 Soldaten, meist ausländische Söldner, entgegenstellen konnten.

Fast ein Wunder

Ein erster Ausfall in der Nacht vom 18. auf den 19. August misslang, doch ein zweiter rettete die Stadt, denn er vereitelte einen gewaltigen türkischen Angriff, der als definitiver Schlag gedacht war. Und dann zogen die Türken in der Nacht zum 21. August plötzlich ab. Sie taten dies in solcher Eile, dass sie nicht nur Nahrungsmittel, sondern wahre Berge von Kriegsmaterial zurückließen, allein 92 Geschütze. Ausschlaggebend dafür waren Differenzen zwischen den türkischen Offizieren, Dauerregen und vor allem der ausdrückliche Befehl der Pforte, die Insel schnell einzunehmen und oder die Belagerung abzubrechen. Denn auf einem anderen Kriegsschauplatz war eine Entscheidung gefallen: Am 5. August hatte Prinz Eugen von Savoyen die Türken in der **Schlacht von Peterwardein** auf dem Balkan vernichtend geschlagen. Von dieser Niederlage sollte sich das Osmanische Reich nie mehr erholen; nie mehr sollte die Pforte es wagen, den Fuß auf den europäischen Kontinent zu setzen. Nach dem Abzug der türkischen Truppen von Korfu war die Adria gerettet. Doch obwohl die venezianische Flotte durch spanische und portugiesische Schiffe verstärkt wurde, wagte Admiral Pisani keinen Angriff auf die türkischen Schiffe, die nach Konstantinopel zurücksegelten. Jedoch waren Schulenburg zwei weitere militärische Erfolge zu verdanken: die Rückeroberung von **Butrint in Albanien** im September und der Festung **Santa Maura auf Lefkáda** im November. Venedig wusste, was es dem tapferen General schuldete; 1717 ließ es ihm in der Alten Festung ein Denkmal aus Carrara-Marmor errichten, und bis zu seinem Tod 1747 stand er im Dienst der Stadtrepublik.

Die Herrschaft Venedigs über die Ionischen Inseln dauerte bis zum Untergang der Republik von San Marco 1797. Italienisch blieb auf Korfu sogar noch bis 1852 Amtssprache. Korfu und Paxí sind die einzigen Gebiete des heutigen Griechenlands, die nie von Türken besetzt waren. In venezianischer Zeit kamen Kaufleute, Künstler, Handwerker u. a., die vor den Türken flohen, auf die Inseln. Bedeutend wurde die Ionische Malerschule, die von kretischen Künstlern nach 1669 begründet wurde (► Kunstgeschichte). Insgesamt können die Inseln auf ein reicheres kulturelles Leben in diesen Jahrhunderten zurückblicken als das übrige Griechenland, zum Beispiel wurde die Tradition der Ikonenmalerei hier fortgeführt. Auf den Ionischen Inseln durften sich nur auf Korfu Juden niederlassen; 1572 wurden 400 gezählt, 1879 waren es 2600.

Konflikte mit den Türken

Die Türken blieben über viele Jahre eine permanente Bedrohung für die Ionischen Inseln. 1537 belagerten sie unter dem Admiral Chaireddin Barbarossa Korfu und versklavten 15 000 – 20 000 Einwohner, konnten die Insel jedoch nicht einnehmen. 1550 wurde die Fortezza Vecchia in Korfu-Stadt verstärkt (die Neue Festung wurde 1572 bis 1645 angelegt). Eine weitere erfolglose Belagerung Korfus fand 1571 statt, kurz bevor die zahlenmäßig weit überlegene türkische Flotte in der Seeschlacht von Lepanto (6./7.10.1571) von den Schiffen der Heiligen Liga zerstört wurde. Ihr Ankerplatz war die Bucht von Sámi (Kefalloniá). Unter dem 26-jährigen Don Juan de Austria, illegitimer Sohn Kaiser Karls V. und der Regensburgerin Barbara Blomberg, errangen bei den Oxia-Inseln vor der Acheloos-Mundung ca. 250 Galeeren der vereinigten europäischen Mächte (v. a. venezianische, daneben päpstliche, spanische, genuesische und neapolitanische Schiffe) den ersten Seesieg über die Osmanen, womit deren weitere Ausbreitung in das westliche Mittelmeer verhindert wurde.
Noch einmal versuchten die Türken 1716 Korfu einzunehmen. Der tapfere Widerstand der Korfioten unter Johann Matthias Graf von der Schulenburg (► Baedeker Special S. 36) reichte hin, bis die Türken nach dem Eintreffen der Nachricht von ihrer Niederlage bei Peterwardein abzogen.

Von 1797 bis zum Wiener Kongress

1797/1798	Französische Besetzung
1799/1800	Gründung der Republik der Sieben Inseln
1807 – 1814	Wechselnde französisch-britische Machtverhältnisse auf den Ionischen Inseln

Nach dem Fall Venedigs

Durch die Selbstauflösung der Adelsrepublik Venedig 1797 nach dem Einmarsch der Napoleonischen Truppen fielen die Ionischen Inseln an Frankreich. Gemäß den Ideen der Französischen Revolution wurden der Adel enteignet (auf Zákynthos wurde das Libro d'Oro, die

Adelsrolle, von der Bevölkerung verbrannt), Schulen, Bibliotheken und Druckereien eingeführt. Kolonialherrliches Verhalten der Franzosen und hohe Steuern trübten allerdings die Idylle, und 1798/1799 nahmen türkische und russische Truppen Korfu ein. (Ab etwa 1770 versuchte Russland seinen Einflussbereich auf das Mittelmeer auszudehnen.)

Republik der Sieben Inseln

Im März 1799 wurde mit der »Republik der Sieben Inseln« (Eptánisa) der erste Staat im neuzeitlichen Griechenland gegründet; im Vertrag von Konstantinopel vom 21. März 1800 zwischen Russland, der Türkei und Großbritannien wurde er bestätigt. Zu ihr gehörten Korfu, Paxí, Lefkáda, Itháki, Kefalloniá, Zákynthos und Kýthira. Ein Jahr später zog sich die Türkei von den Ionischen Inseln zurück; unter russischem Protektorat herrschte wieder der örtliche Adel. Nach einem Aufstand auf Zákynthos 1802 setzte Ioannis Kapodistrias (►Berühmte Persönlichkeiten) als Staatssekretär Reformen durch.

Beginnende britische Einflussname

Im Vertrag von Tilsit 1807 wurden die Ionischen Inseln wieder Frankreich zugesprochen. Zakynthos, Kefalloniá und Itháki wurden jedoch schon 1809 von Großbritannien annektiert, 1811 auch Lefkáda. Korfu blieb bis 1814 französisch. In dieser Zeit führten Briten und Franzosen im Archipel so etwas wie eine friedliche Koexistenz, wovon die Inseln durch die Verbesserung ihrer wirtschaftlichen und kulturellen Infrastruktur profitierten. Ein prominentes Beispiel dafür ist die Gründung der Ionischen Akademie auf Korfu 1808, die Handel, Industrie und Landwirtschaft ebenso fördern sollte wie Geisteswissenschaften und kulturelle Aktivitäten. Interessanterweise war die Unterrichtssprache, wie in venezianischen Zeiten, Italienisch.

Britisches Protektorat 1815 – 1864

1815	Wiener Kongress: Britische Oberhoheit
1824	Gründung der Akademie Korfu
1828	Erste griechische Regierung mit Sitz in Náfplio
1830	Griechenland wird Königreich
1864	Anschluss der Ionischen Inseln an Griechenland

Politik und Verwaltung

Beim Wiener Kongress von 1815 wurden die Ionischen Inseln als »Republik der Sieben Vereinigten Inseln« für unabhängig erklärt (mit Staatspräsident und Parlament), gleichzeitig aber unter britisches Protektorat gestellt. Faktischer Machthaber war daher der britische Lordhochkommissar, der auf Korfu residierte. Die Kolonialmacht führte nicht nur Ginger Beer und Kricket ein, sondern setzte auch die Bemühungen um eine moderne Infrastruktur für die Inseln fort; es wurden Straßen, Krankenhäuser, Schulen gebaut, außerdem für Korfu eine moderne Trinkwasserversorgung geschaffen.

Kultur Auf politisch-kulturellem Gebiet sind die Gründung einer Tageszeitung (in Italienisch, Englisch, Griechisch) und die Gewährung der Religionsfreiheit zu nennen, außerdem die Gründung einer Kunst-, einer Musikakademie und der Akademie Korfu im Jahre 1824, die Fakultäten für Theologie, Philologie, Recht und Medizin besaß. Hier debattierte man über die Frage »Volks- oder Gelehrtensprache«, denn als Hochsprache war allein die Katharévusa zugelassen, deren Tradition durch die byzantinische Zeit bis in die Antike zurückreicht. 1836 wurde die erste literarische Gesellschaft des neuzeitlichen Griechenlands in Korfu gegründet. Literaturgeschichtlich bedeutend ist die sog. Schule von Korfu (oder Ionische Schule). Dies zeigt alles die große Bedeutung der Ionischen Inseln für die Entwicklung des modernen griechischen Selbstbewusstseins (Ionische Renaissance); erst mit dem Aufstieg Athens und seiner Universität um 1880 verlagerte sich das Zentrum des griechischen Geisteslebens dorthin.

England und der griechische Freiheitskampf Die britischen Kolonialherren traten, was die Beteiligung der Inseln am griechischen Freiheitskampf anging, recht repressiv auf. 1821 war der Aufstand ausgerufen worden. 1823 hielt sich Lord Byron von August bis Dezember auf Kefalloniá (Metaxáta) und auf Itháki auf, bevor er nach Mesolóngi ging. 1828 konstituierte sich in Náfplio die erste griechische Regierung; 1830 wurde die Unabhängigkeit des Königreichs Griechenland von Großbritannien, Frankreich und Russland garantiert und 1832 der blutjunge Wittelsbacher Otto I. als König eingesetzt. Auch auf den Ionischen Inseln wurde der Ruf nach Freiheit laut; auf Zákynthos wurde eine »Filikí Etería« (Freundesgesellschaft) gegründet, die die Freiheitskämpfer auf dem Festland unterstützte; es gab gegen die Engländer gerichtete Unruhen, die mit politischen Zugeständnissen die Ruhe zu erhalten versuchten. Erst am 21. Mai 1864, nach langem Widerstand, wurden die für die britische Flotte wichtigen Inseln Griechenland übergeben.

Der Markusplatz in Zákynthos-Stadt. Lithografie von J. Cartwright, 1821

Von 1864 bis zum Zweiten Weltkrieg

1861	Erster Aufenthalt von Kaiserin Elisabeth auf Korfu
1907	Kaiser Wilhelm II. kauft das Achilleion.
1912/1913	Balkankriege
1923	Bombardierung und Besetzung Korfus durch italienische Truppen

Bedeutungsverlust

Die freudig begrüßte Vereinigung mit Griechenland hatte für die Inseln keineswegs positive Auswirkungen. Das Zentrum der politischen, wirtschaftlichen und kulturellen Tätigkeit verlagerte sich nach Athen, die Ionische Universität wurde geschlossen. Die wirtschaftlichen Schwierigkeiten, in denen Griechenland steckte (Staatsbankrott 1893), und die Entwicklung des Parlaments zu einer Lobby für Privatinteressen verhinderten eine systematische Politik des Aufbaus. Um 1900 erreichte die Reblaus Teile der Ionischen Inseln und schädigte den bedeutenden Weinbau schwer. All dies resultierte in einer verstärkten Auswanderung in die USA, nach Kanada und Australien.

Gekrönte Häupter auf Korfu

Dafür kündigte sich bereits ein neuer Wirtschaftszweig – heute der bedeutendste – an. Die österreichische Kaiserin Elisabeth (1837 bis 1898), aus den Filmen als »Sissi« berühmt, hielt sich zwischen 1861 und 1898 oft auf Korfu auf; südlich von Korfu-Stadt ließ sie sich die Villa Achilleion einrichten. 1907 kaufte den Palast der deutsche Kaiser Wilhelm II., der bis 1914 hier alljährlich um Ostern herum Ferien machte und sich als Amateurarchäologe betätigte. Legendär sind seine Fahrten im roten Mercedes, dem ersten Auto auf Korfu, zum Sonnenuntergang nach Pélekas.

Balkankriege, Erster Weltkrieg

Vor dem Ersten Weltkrieg, der Griechenland nur am Rand berührte, war das Land wesentlicher Kontrahent in den zwei Balkankriegen 1912 / 1913; mit Unterstützung Russlands gewann Griechenland den Rest des Epirus (der Südteil war bereits 1881 angeschlossen worden) und ganz Makedonien hinzu. Damit war das Festland gegenüber den nördlichen Ionischen Inseln griechisch geworden. Aus dem Weltkrieg versuchte sich Griechenland herauszuhalten (Sophie, die Frau König Konstantins, war die Schwester des deutschen Kaisers Wilhelm II.). Die Alliierten, v. a. Frankreich und Großbritannien, besetzten 1916 / 1917 Teile von Griechenland, und Präsident Venizelos schlug sich auf ihre Seite. Dafür wurde Griechenland mit West- und Ostthrakien, den Ägäischen Inseln und dem Gebiet um Smyrna belohnt.

Kleinasiatische Katastrophe

Der von Venizelos aus der Wahnidee von einem Großgriechenland angezettelte Krieg gegen die Türkei 1920 – 1922 endete mit der »Kleinasiatischen Katastrophe«, als deren Resultat ca. 1,3 Mio. Griechen aus Kleinasien vertrieben wurden. Auch die Ionischen Inseln hatten einige tausend Flüchtlinge aufzunehmen.

Zwischenkriegszeit Im Jahr 1924 wurde unter Venizelos die Monarchie abgeschafft; die Weltwirtschaftskrise hatte auch in Griechenland verheerende Auswirkungen (1928 erneut Staatsbankrott). Für die Ionischen Inseln ist aus der Zeit bis zum Zweiten Weltkrieg die Bombardierung und Besetzung Korfus durch italienische Truppen 1923 zu berichten, nachdem ein italienischer General bei der Festlegung der Grenzen zwischen Griechenland und Albanien ermordet worden war.

Zweiter Weltkrieg

1940 – 1943	Korfu italienisch besetzt
1943 / 1944	Deutsche Besetzung der Ionischen Inseln
September 1943	Ermordung von über 5000 italienischen Soldaten auf Kefalloniá

Italienische Besetzung Das faschistische Italien, das 1939 Albanien besetzt hatte, griff 1940 und 1941 auch Griechenland an. Am 1. November 1940 wurde Korfu bombardiert und eingenommen; bis September 1943 war es dann in italienischer Hand.

Deutsche Besetzung Nachdem Italien mit den Alliierten einen Waffenstillstand geschlossen hatte, begannen die deutschen Gegenmaßnahmen. Am 14.9.1943 wurde Korfu von deutschen Einheiten bombardiert und besetzt; die Schäden waren beträchtlich, u. a. wurden das Parlament, die Ionische Akademie, die Bibliothek und das Haus des Dichters Solomos zerstört. Auf Kefalloniá kämpften ca. 9500 italienische Soldaten sieben Tage lang gegen deutsche Gebirgsjägertruppen, mindestens 5000 Überlebende wurden nach ihrer Kapitulation auf Befehl Hitlers umgebracht, viele hundert kamen auf der Flucht ums Leben, als ihre Schiffe beschossen wurden, 34 Männer kamen lebendig davon. Etwa fünftausend Juden von Korfu wurden in deutsche Konzentrationslager deportiert und ermordet.

Von 1945 bis heute

1944 – 1949	Bürgerkrieg in Griechenland
August 1953	Schweres Erdbeben auf den Ionischen Inseln
1967 – 1974	Militärdiktatur
um 1968	Beginn des Tourismusbooms
1981	Griechenland Mitglied der EU
2002	Einführung des Euros

Bürgerkrieg Nachdem der Krieg unter großen Opfern überstanden war (Abzug der deutschen Truppen aus Athen am 14.10.1944), legte ein blutiger Bürgerkrieg zwischen der Regierung und links bzw. kommunistisch orientierten Gruppen die Anstrengungen, Griechenland wieder aufzubauen, weitgehend lahm; durch den Bürgerkrieg verloren mehr Griechen ihr Leben als durch den Zweiten Weltkrieg. 1947 lösten die USA die Briten als »Schutzmacht« ab; gemäß der Truman-Doktrin unterstützten sie die Regierung massiv mit Geld und Kriegsgerät. Währenddessen kehrte König Georg II. nach einer Volksabstimmung 1946 zurück, nach seinem Tod 1947 wurde sein Bruder als Paul I. König. 1949 gelang den Regierungstruppen der entscheidende Sieg am Berg Grammos an der Grenze zu Albanien. 1946 hatte es auch Auseinandersetzungen mit Albanien um den Korfu-Kanal gegeben.

Das große Beben

Zwischen dem 9. und dem 12. August 1953 traf ein schweres Erdbeben die Ionischen Inseln. Auf Kefalloniá wurden 70 %, auf Itháki 80 %, auf Zákynthos 95 % der Häuser zerstört, ein großer Teil der wertvollen alten Bausubstanz und Baudenkmäler, insbesondere in Lefkáda-Stadt und Zákynthos-Stadt, ging verloren. Der Wiederaufbau geschah in der heute allgemein üblichen Betonskelett-Bauweise, mit Ausnahme von Lefkáda, wo man Holzfachwerk verwendete.

Militärdiktatur

Am 21. April 1967 putschte der Obrist Georgios Papadopoulos vor den anstehenden Neuwahlen unter dem Vorwand einer kommunistischen Bedrohung. Die Militärdiktatur verbot Parteien, schränkte die Bürgerrechte ein und brachte Tausende von Regimegegnern in berüchtigte Konzentrationslager. Konstantin II., ab 1964 König, versuchte im Dezember 1967 vergeblich einen Gegenputsch und floh nach Rom. Nach ausländischen Protesten trat Griechenland 1969 aus dem Europarat aus und kündigte die Internationalen Menschenrechtskonventionen. Gegen Ende der 1960er-Jahre begann der große Aufschwung Griechenlands zum Urlaubsland; 1971 zählte man schon 2,1 Mio. Touristen. Im selben Jahr wurden die politischen Beziehungen mit Albanien wieder aufgenommen.
Nach der blutigen Niederschlagung einer Studentenrevolte in Athen durch die Armee am 16. / 17.11.1973 gab es einen weiteren, noch rücksichtsloseren Militärputsch, bei dem Papadopoulos gestürzt wurde. Im Juli 1974 versuchte die Militärjunta Zypern ganz in griechische Gewalt zu bringen, was jedoch fehlschlug; die international isolierte Junta musste zurücktreten. Der ehemalige Ministerpräsident Karamanlis wurde aus dem Exil zurückgerufen.

Die neue Republik

Mit Karamanlis' »Regierung der nationalen Einheit« normalisierten sich die politischen Verhältnisse. Im Juni 1975 trat eine neue demokratische Verfassung in Kraft, in der die Grundrechte verankert sind. 1981 trat Griechenland der Europäischen Gemeinschaft bei, 1985 dem Europäischen Wirtschaftssystem. Seit Anfang des Jahres 2000 wird auch in Griechenland das Schengener Abkommen angewendet, und zum Jahresbeginn 2002 wurde der Euro als Zahlungsmittel eingeführt, wobei die Aufnahme in das gemeinsame Währungssystem mit falschen Wirtschaftzahlen erschlichen wurde.

Kunst und Kultur

Bemerkenswerterweise war gerade die Randlage der Ionischen Inseln für ihre kulturelle Rolle bedeutsam. Als venezianischer Besitz wurden sie von den Osmanen nur teilweise und kurzzeitig behelligt. Davon profitierte die Malerei ebenso wie die Musik, die Literatur und das Bildungswesen – so ist die griechische Nationalhymne ein »ionisches« Produkt.

Kunstgeschichte

Bildende Kunst und Architektur

Weder zu antiker noch in byzantinischer, auch nicht in venezianischer Zeit waren die Ionischen Inseln ein bedeutendes politisches oder kulturelles Zentrum. Sie lagen immer am Rande des großen geschichtlichen Geschehens, waren nur Stützpunkte für andere, mächtige Staaten. Dementsprechend hat sich hier – mit wenigen Ausnahmen – zu keiner Zeit eine künstlerische oder architektonische Tätigkeit von größerer Bedeutung entwickelt. Dazu kommt der Umstand, dass die vielen Erdbeben und Kriegseinwirkungen von der historischen Bausubstanz fast nichts übrig gelassen haben. So sind auf den Ionischen Inseln nur wenige »Sehenswürdigkeiten« vorhanden, die zudem selten wirklich herausragend sind. Bedeutendere Funde werden in den archäologischen Museen in Korfu, Vathý (Itháki), Argostóli (Kefalloniá) und Lefkáda präsentiert, die byzantinische Kunst erschließen Museen in Korfu-Stadt (Antivouniótissa-Museum) und Zákynthos-Stadt. Letzteres ist auch für die Ionische Schule der Malerei wichtig (►S. 47).

Bedeutende Baudenkmäler

Etwa 2000 – 1500 v. Chr. entstanden die Gräber bei Nydrí auf Lefkáda und auf Korfu am Kap Kefali und auf der Halbinsel Afióna. Mykenische Bauten sind u. a. auf Itháki (Pilikáta / Stávros, in der Pólis-Bucht) und bei Metaxáta auf Kefalloniá in Resten erhalten. Bereits auf diese Zeit dürften die Anfänge der Tetrapolis auf Kefalloniá zurückgehen (s. u.).
Aus der Zeit Korfus als korinthische Kolonie stammen im Hauptort das Menekrates-Denkmal (um 600 v. Chr.), in dessen Nähe die Skulptur des liegenden Löwen aus dem 7. Jh. v. Chr. gefunden wurde, und der Artemis-Tempel von Palaiópolis, der um 590 v. Chr. entstand und mit 48 m Länge und 22 m Breite größer war als der Apollon-Tempel in der Mutterstadt. Im Archäologischen Museum wird der berühmte Gorgo-Giebel aufbewahrt, bedeutend als die älteste Giebelskulptur überhaupt und die einzige aus archaischer Zeit erhaltene, gleichzeitig mit 17 m Breite und 2,6 m Höhe eine der monumentalsten.
So gut wie nichts ist aus klassischer Zeit erhalten. Aus Hellenismus und Römerzeit datieren die Reste der zur Tetrapolis gehörenden Städte Krane und Same auf Kefalloniá; hier sind auch bei Skála die Reste einer Villa mit großen Bodenmosaiken aus der Zeit Mark Aurels (161 – 180) zu sehen. Interessant ist Nikópolis auf dem Festland bei Préveza (►Reiseziele, Lefkáda).

← Der barocke »Prophet David« von Nikolaos Doxaras, gemalt 1760 für die Faneroméni-Kirche auf Zákynthos

Die Ruinen der frühchristlichen Basilika von Palaiopolis

Aus frühchristlicher Zeit sind Reste einiger Basiliken erhalten, so in der Palaiopolis bei Korfu (Ende 5. Jh.). Die mittelbyzantinische Epoche ist eigentlich nur in der Kirche Iáson und Sosípater bei Korfu-Stadt repräsentiert, die um 1000 erbaut wurde. Weitere byzantinische Kirchen und Klöster entstanden nach dem 14. Jh. unter venezianischen Herrschaft; einige wichtige Beispiele sind Ágios Andréas auf Kefalloniá (um 1600), Antivouniótissa (15. Jh.) und Panagía Spiliótissa in Korfu-Stadt (1577) oder das Kloster Anafonítria auf Zákynthos (Anfang 15. Jh.). Das am besten erhaltene Zeugnis der venezianischen Zeit (ihr Markenzeichen, der Markuslöwe, ist an vielen Bauwerken zu sehen) stellt das Kambiello-Viertel in Korfu-Stadt mit seinen schmalen, hohen Häusern und den Bogengängen dar; die ältesten Teile zeigen Merkmale der Renaissance, spätere des Barock/Rokoko sowie des Klassizismus. Besonders »augenfällig« sind natürlich auch die Festungen (z. B. Alte und Neue Festung in Korfu).

Künstler und Architekten des Klassizismus

Die Bronzestatue von Sir Frederick Adam vor dem Gouverneurspalast in Korfu wurde von dem Korfioten Pavlos Prosalentis (1784 bis 1837) angefertigt, dem ersten klassizistischen Bildhauer Griechenlands. Er studierte in Rom und wurde Schüler von Canova, war Gründungsmitglied der Ionischen Akademie und rief 1811 die erste private Kunstschule ins Leben (später Akademie der Schönen Künste). Ein Schüler von Prosalentis war Ioannis Kalosgouros (1794 bis 1878), der auch als Architekt und Maler tätig war; von ihm stammt eine Reihe von Werken u. a. im Rathaus, in der Städtischen Galerie und in der Reading Society in Korfu-Stadt. Bedeutendster Architekt des 19. Jh.s auf Korfu war Ioannis Chronis (1799 – 1879), der seine Ausbildung in Venedig und Rom erhielt und den klassizistischen Stil pflegte. Neben vielen Privathäusern entwarf er unter anderem das Haus von Kapodistrias (1835), die Ionische Bank (1846, Foto S. 48) und das Ionische Parlament (1855).

Ionische Schule

Kretische Schule

Nach dem Fall Konstantinopels 1453 entwickelte sich Kreta, das seit 1204 unter venezianischer Herrschaft stand, zum Zentrum der byzantinisch-orthodoxen Malerei. Viele Künstler flohen vor den Türken dorthin, wo sie die Tradition der sakralen Malerei, die strengen Regeln unterworfen war, pflegen konnten. Gleichzeitig kamen sie dadurch aber auch in Kontakt mit dem italienisch westlichen Kulturkreis, von dem sie weiterführende Anregungen aufnahmen. Beinahe zwangsläufig ergaben sich Berührungen mit den ebenfalls venezianisch beherrschten Ionischen Inseln. So hat der bedeutende Kreter Michael Damaskinos, nachdem er 1574 – 1582 in Venedig an der Ausstattung der Kirche San Giorgio dei Greci mitgewirkt hatte, bis 1590 in Korfu-Stadt gearbeitet (Werke in der Kirche Panagía Spiliótissa, im Erzbischöflichen Palais und in der Friedhofskirche; weitere im Museum Zákynthos). Von großer Bedeutung ist auch Emmanuel Tzanes, 1610 in Réthymnon geboren und 1646 – 1655 in Korfu tätig (Werke im Antivouniótissa-Museum sowie in den Kirchen Ágios Spyrídon, Panagía Faneroméni, Iáson und Sosípater); ab 1659 war er Priester an San Giorgio dei Greci in Venedig.
Kennzeichen der Kretischen Schule, die mit der byzantinischen Maltradition auch ein nationales Erbe zu bewahren suchte, sind Variationen der tradierten Ikonentypen und neue ikonographische Elemente, insbesondere aber die lebendigere Gestaltung der Figuren, ihre stärkere körperhafte Modellierung durch Licht und Schatten. Die verwendeten Architektur- und Landschaftsformen sind deutlich von westlichen Vorbildern geprägt. Heilige werden nicht als überirdische, mystische Wesen dargestellt, sondern als dem Leben zugewandte Menschen; oft werden Szenen aus dem Alltagsleben thematisiert.

Frühphase

Nachdem Kreta 1669 gänzlich in türkische Hand gefallen war, kamen unter den vielen Flüchtlingen – Händler, Handwerker, Geistliche – auch die Künstler auf die Ionischen Inseln, vor allem nach Zákynthos. Sie stießen auf ein stark italienisch geprägtes Milieu, Adel wie Bürgerschaft waren einflussreich und gebildet, sie kannten die mitteleuropäische Kunst der Zeit. So fanden allmählich, zunächst fast unmerklich, naturalistisch-expressive Züge Eingang in den starren antirealistischen Formen- und Themenkanon der byzantinischen Malerei. Bedeutendere Künstler dieser Übergangsphase (17. Jh.) sind die Kreter Elias Moschos und Nikolaos Kallergis sowie Demetrios und

Georgios Moschos aus Náfplio (Peloponnes). Arbeiten von ihnen und ihren Zeitgenossen sind vor allem im Museum Zákynthos zu sehen. Hervorragend verdeutlicht hier eine Ikone von Kallergis (»Engel trägt den Leichnam Christi«) den Charakter dieses Malstils. Zwar erinnert der formale Aufbau mit Figuren und neutralem Hintergrund noch sehr an die byzantinische Ikone, doch sind die Elemente eindeutig westlich beeinflusst: Barocke Blattranken umgeben zwei pathetisch und schon fast naturalistisch wiedergegebene Figuren, deren Schmerz betont erfasst ist.

Reifezeit Die Geburt der Ionischen Malerschule im engeren Sinn ist um 1700 mit Vater und Sohn Doxaras anzusetzen, Panagiotis und Nikolaos (1662 – 1729 bzw. 1710 – 1775), von der Mani stammend und auf Lefkáda ansässig. In Italien ausgebildet, vollzogen sie eine scharfe Wende zur »westlichen«, monumentalen und pathetischen Kunst des Barocks bzw. Rokokos. Sieht man sich etwa im Museum Zákynthos den »Propheten David« (1760) von Nikolaos Doxaras oder den »Evangelisten Johannes« von Nikolaos Kantounis an, wird der Umbruch sofort augenfällig: Hier hat man die Bildvorstellung vor sich, die man vom mitteleuropäischen Barock her kennt. Werke von Panagiotis Doxaras sind in Korfu-Stadt die 20 Deckengemälde in der Kirche Ágios Spyrídon (1852 durch Kopien von N. Aspiotis ersetzt),

Das klassizistische Gebäude der Ionischen Bank in Korfu-Stadt, erbaut 1846

in der Kirche Kyría ton Angelón in Zákynthos. Von Nikolaos Doxaras zu nennen sind die Deckengemälde in der Kirche Ágios Minás in Lefkáda und die Ausmalung der Faneroméni-Kirche in Zákynthos (1757, 1953 zerstört; Reste im Museum Zákynthos). Teils traditionell, teils in italienischer Manier malten Giorgios Chrysoloras (geb. um 1680), der von 1730 bis 1757 auf Korfu arbeitete (Werke im Byzantinischen Museum und in vielen Kirchen), sowie Spyridon Sperantzas, dessen Werke etwa zwischen 1740 und 1775 auf Korfu entstanden (u. a. Deckengemälde in der Kirche Ágios Ioánnis Pródromos in Korfu-Stadt). Weitere bedeutende Vertreter sind Nikolaos Koutouzis und Nikolaos Kantounis, beide von Zákynthos stammend. Koutouzis (1741 – 1813) studierte in Venedig, u. a. als Schüler von Tiepolo; wichtige Werke sind in Korfu das Deckengemälde in der Kirche Panagía ton Xénon und die Ikonen der Kirchenfeste und der Apostel an der Ikonostase im Platýteras-Kloster. Dort sind auch eine »Fußwaschung« und ein »Abendmahl« von Nikolaos Kantounis (1767 bis 1834) zu sehen, der Autodidakt und nie in Venedig war, außerdem Deckengemälde von Spyridon Ventouras (1761–1835) von Lefkáda, der in Venedig ausgebildet wurde.

Musik und Volkstanz

Musik

Musikalische Tradition

Auf den Ionischen Inseln hört man natürlich im Wesentlichen dieselbe Musik wie in ganz Griechenland. Aber auch auf diesem Feld warten die »Sieben Inseln« mit Überraschungen auf: Insbesondere auf Korfu und Lefkáda gibt es zahlreiche Orchester, Kapellen und Chöre mit Tausenden von Mitgliedern. Allein auf Korfu zählt man über ein Dutzend Orchester, 80 % der Bläser im griechischen Nationalorchester stammen von hier. Das lefkadische Blasorchester »Filarmonikí« ist das älteste städtische Orchester Griechenlands. Die Musik, die gespielt wird, vereint griechische und westeuropäische, vor allem italienische Züge. Ihre großen Auftritte haben die Blasorchester in ihren prächtigen Uniformen an den großen kirchlichen oder weltlichen Festtagen, so an den Festen des hl. Spyridon in Korfu oder den Karfreitags- und Karsamstagsprozessionen in Lefkáda.

Ereignissen an einem Spyridon-Fest ist auch die Begründung dieser Tradition zu verdanken. Die Briten pflegten die Prozessionen am Spyridon-Fest auf Korfu mit einer militärischen Abordnung und einer Blaskapelle zu begleiten; doch 1837 verbot der Lordhochkommissar derlei, ein Affront gegen die nationalen und religiösen Gefühle, der böse Reaktionen hervorrief, darüber hinaus jedoch die Gründung einer musikalischen Gesellschaft mit einer eigenen Kapelle. So wurde am 12. September 1840 die Philharmonische Gesellschaft zu

Korfu – die erste musikalische Institution des modernen Griechenlands – ins Leben gerufen, ihr Orchester präsentierte sich am Spyridonsfest am 11. August 1841. Seitdem wurde eine Reihe weiterer Gesellschaften und Orchester gegründet, auf Korfu die »Philharmonische Gesellschaft Mantzaros« 1890, die »Philharmonische Union Kapodistrias« 1980, Blaskapellen in Gastoúri (1898) und Skriperó (1909) und weitere nach dem Zweiten Weltkrieg – insgesamt zählt man heute 18, die ebenso bei weltlichen wie bei geistlichen Feiertagen eine tragende Rolle spielen..

Kunstmusik Seine Wurzeln hat das Musikleben auf den Ionischen Inseln in der langen Herrschaft Venedigs, das eines der großen Zentren europäischer Kultur und Musik war. Die erste Oper wurde in Korfu 1733 gespielt, in der ehemaligen Adelsloggia (seit 1903 Rathaus). So ist es auch kaum ein Zufall, dass nicht nur der Textdichter der griechischen Nationalhymne von den Ionischen Inseln stammte (Dionysios Solomos, ► Berühmte Persönlichkeiten), sondern auch der Komponist. Der Korfiote Nikolaos Chalikiopoulos-Mantzaros (1795–1872) hatte am Konservatorium in Neapel bei Zingarelli studiert und gründete auf Korfu die erste moderne Musikschule auf griechischem Boden; auf ihre Schüler konnte sich dann die Philharmonische Gesellschaft stützen. Mantzaros sah seine Aufgabe vor allem in der Ausbildung; unter seinen Schülern ragt Spyros Samaras (1861–1917) heraus, der in Paris bei Delibes und Gounod studierte und später in Mailand als Opernkomponist reüssierte. Von ihm stammt auch die Olympische Hymne, die 1896 in Athen zum ersten Mal erklang.

Volksmusik Zu den Festen wird die für die meisten griechischen Inseln typische Musik gespielt. Wichtige Instrumente sind Geige und Iaguto, ein großes, dickbäuchiges Saiteninstrument, das mit einem langen Plektron gespielt wird. Seit einigen Jahren erlebt die musikalische Tradition eine Renaissance. Sogar in Diskotheken wird manchmal ein Zeibekiko aufgelegt, ein meist langsamer Solotanz ohne festgelegte Schrittfolge, der als »König« unter den griechischen Tänzen gilt. Im Ausland ist die griechische Musik durch Mikis Theodorakis bekannt geworden, vor allem durch die Filme »Alexis Sorbas« (1964), »Z« (1969) und »Rebetiko«. Letzterer stellt eine Musikrichtung vor, die man als griechische Form des Blues bezeichnen könnte. Die einfachen Texte handeln von Liebe, Armut, harter Arbeit und der Flucht in den Rausch; wichtigste Soloinstrumente sind die Saiteninstrumente Bouzouki und der kleinere Baglamas. Jahrzehntelang war es verpönt, Rebetiko-Musik zu hören; in den 1960er-Jahren hat sie der Komponist Manos Hatzidakis durch die Neubearbeitung klassischer Stücke wieder salonfähig gemacht.

Eine ganz andere musikalische Welt stellen die melodiösen Lieder von Kefalloniá und Zákynthos dar: *arékia*, *kantáda* und *serenáda*. Ihre Namen enthüllen den venezianischen Ursprung. Die Arékia (von italienisch *ad orecchio*, d. h. nach dem Gehör) von einer oder mehre-

Ein prächtiges Bild bieten die Blaskapellen Korfus.

ren Männerstimmen gesungen, die Kantada von drei bis vier Männern mit Gitarrebegleitung, mit der Serenada wurde – wie zu vermuten – ursprünglich des Abends die Herzensdame angeschmachtet.

Volkstanz

Sirtaki

Der Sirtaki gilt als der griechische Volkstanz schlechthin, tatsächlich ist er jedoch ein Produkt der Traumfabrik Hollywood. Er entstand 1964 im Zusammenhang mit dem Film »Alexis Sorbas«. Da dem Hauptdarsteller Anthony Quinn der aus Kleinasien stammende Chassápiko (»Metzgertanz«) zu schwierig war, wurde zu der Musik von Mikis Theodorakis eine einfachere Version entwickelt.

Weitere Tänze

Die Volkstänze der Ionischen Inseln sind vom Festland beeinflusst bzw. übernommen und verändert. Es gibt traditionelle Reigentänze, die nur Männer und andere, die nur Frauen tanzen.
Aus den Gebirgsdörfern Thessaliens kommt der Kriegstanz Tsamikos mit stampfenden Schritten. Auf den Inseln tanzen Männer und Frauen zusammen den Syrtos (»Rundtanz«), dessen Schritte mit schleifenden Füßen ausgeführt werden. Davon abgeleitet sind die Tänze Milia (oder Militza, zu Deutsch »Apfelbäumchen«) und Thiakos; der Marathianos (oder Peratianos) ist eine Kombination des Tsamikos und des Syrtos. Auch der unbeschwerte fröhliche Ballos wird von Männern und Frauen gemeinsam getanzt, und zwar paarweise. Der Kalamantimanos geht auf die Antike zurück. Beim Trata, einem traditionellen Tanz der Fischer, legen die Tänzer einander die Hände auf die Schultern und bilden damit eine Kette.

Berühmte Persönlichkeiten

Homer und Archäologen, Freiheitskämpfer und Literaten, die Urheber der griechischen Nationalhymne, wegweisende Politiker und reiche Reeder, dazu kaiserliche Hoheiten: Kleine Denkmäler für bedeutende Menschen, die von den Ionischen Inseln stammten oder ihre Spuren dort hinterlassen haben.

George Gordon Noël Lord Byron (1788 – 1824)

Romantischer Dichter und Philhellene

Der englische Dichter George Gordon Noël Byron, sechster Baron von Byron, wurde am 22. Januar 1788 in London geboren und erbte nach dem Tod seines Großonkels (1798) überraschend Adelstitel und Vermögen. Schon während seiner Schul- und Studienzeit verfasste er Gedichte, nach seinem Studium versuchte er sich erfolglos als Politiker im britischen Oberhaus und machte ausgedehnte Reisen durch mehrere europäische Länder und Kleinasien. Schlagartig berühmt machten ihn die ersten beiden Gesänge von »Childe Harold's Pilgrimage«. Nach kurzer gescheiterter Ehe verließ er, von der Gesellschaft geächtet, England für immer und gewann am Genfer See die Freundschaft des Dichters Shelley, die jedoch wieder zerbrach. Ein unstetes Wanderleben führte ihn dann nach Italien, wo er seine dichterischen Werke vollendete. Im Jahre 1823 zog ihn der Freiheitskampf der Hellenen nach Griechenland. Als glühender Verfechter der Unabhängigkeitsbewegung stellte er dort auf eigene Kosten eine etwa 500 Mann starke Brigade für eine Unternehmung gegen Lepanto auf. Er verbrachte die letzten Monate des Jahres 1823 auf Kefalloniá, bewohnte dort in Metaxáta ein kleines (nicht mehr existierendes) Häuschen und brach von hier aus nach Mesolóngi auf dem griechischen Festland auf, wo er an Malaria erkrankte und am 19. April 1824 starb.

Wilhelm Dörpfeld (1853 – 1940)

Bedeutender Archäologe und Ithaka-Forscher

Der am 26. Dezember 1853 in Barmen geborene Wilhelm Dörpfeld absolvierte zunächst eine Ausbildung als Architekt, wobei er sich gute Kenntnisse in altgriechischer Baukunst aneignete. So wurde er 1877 zu den deutschen Ausgrabungen in Olympia eingeladen. Er lernte 1881 Heinrich Schliemann kennen und ging mit ihm zusammen nach Troja. Auch in der Folge war er als Leiter des Deutschen Archäologischen Instituts in Athen 1887 – 1911 an praktisch allen großen Entdeckungen der griechischen Archäologie führend beteiligt (v. a. Akropolis, Eleusis, Epidauros, Olympia), ebenso an der Weiterentwicklung systematischer Grabungsmethoden. Im Jahre 1911 wurde er von Wilhelm II. nach Korfu gerufen, wo man wenige Kilometer südlich der Hauptstadt den Gorgo-Tempelgiebel gefunden hatte. Nach seiner Pensionierung forschte Dörpfeld auf den Ionischen Inseln, insbesondere auf Lefkáda, in dem er das Ithaka des Odysseus vermutete (►Reiseziele von A bis Z, Lefkáda); er machte zwar bedeutende Funde, konnte seine Thesen jedoch nicht beweisen. Dörpfeld, **der auch als Autor für Baedeker tätig war**, starb am 25. April 1940 in Nydrí auf Lefkáda, genauer auf dem Kap Agía Kyriakí gegenüber von Nydrí, wo er viele Jahre ansässig gewesen war. Vor seiner Villa dort ist sein Grab zu sehen.

← Kaiser Wilhelm II. (mit hellem Hut) und Wilhelm Dörpfeld (rechts daneben) bei den Grabungen am Artemis-Tempel 1911

Lawrence Durrell (1912 – 1990)

Der Lyriker, Erzähler und Dramatiker Lawrence Durrell wurde am 27. Februar 1912 in Julundur (Pandschab, Indien) als Sohn eines Eisenbahningenieurs irischer Abstammung geboren. Mit elf Jahren bezog er die St. Edmund's School in Canterbury, verpatzte absichtlich viermal die Aufnahmeprüfung für Oxford und spielte stattdessen als Jazzpianist in einer Londoner Nachtbar. Lange hielt es ihn jedoch nicht in England. Er lebte zeitweilig in Paris (wo er Henry Miller kennen lernte, mit dem er über 20 Jahre in Briefwechsel stand), wohnte 1937 – 1939 im White House in Kalámi auf Korfu (beschrieben in seinem Buch »Schwarze Oliven«), war ab 1939 als Lehrer für das British Institute in Athen, Kreta, Kairo und als Presseattaché in Alexandria, Rhodos, Zypern (dazwischen auch in Argentinien und Belgrad) tätig.
Hintergrund vieler Gedichte und Romane ist die Welt des Mittelmeers, die er liebe- und stimmungsvoll schildert (etwa in »Schwarze Oliven«, 1945, »Bittere Limonen«, 1957, und »Leuchtende Orangen«; zu nennen auch der erfolgreiche Bild-Text-Band »Griechische Inseln«). Als Hauptwerk gilt das »Alexandria-Quartett«, eine experimentelle Roman-Tetralogie, die auf Ideen aus der Tiefenpsychologie basiert. Durrell wurde mehrmals für den Nobelpreis vorgeschlagen. Er starb am 7. November 1990 in Sommières in der Provence.

Elisabeth, Kaiserin von Österreich (1837 – 1898)

Fern vom süßlichen Bild der Film-»Sissi« war Elisabeth, als Tochter des Wittelsbacher Herzogs Max in Bayern am 24. Dezember 1837 in München geboren, eine der kraftvollsten und ungewöhnlichsten Frauengestalten des 19. Jh.s. Als ihr Cousin, Kaiser Franz Joseph von Österreich, sich in die 17-Jährige verliebte, war sie ihm herzlich zugetan, aber auf die Rolle der Kaiserin und das Leben am Hof konnte und wollte sie sich nie einlassen. Elisabeth war ebenso schön wie intelligent und gebildet, ebenso empfindsam und menschenscheu wie sportlich, eine Mischung, die ihrer Umgebung ständig Kopfschmerzen bereitete und heute noch als exzentrisch gilt. Sie war eine hervorragende Reiterin, sie ließ sich in der Wiener Hofburg eine Turnhalle einrichten; sie beschäftigte sich mit Literatur – sie liebte Byron und Heine – und schrieb selbst Gedichte; sie lernte Ungarisch, später Alt- und Neugriechisch und übersetzte Shakespeare und Schopenhauer ins Neugriechische. Dass die Ärzte ihr einer rätselhaften Krankheit wegen schon früh wärmeres Klima empfahlen, traf sich mit ihrer inneren Unruhe und ihrer Weltflucht, so dass sie oft monatelang auf Reisen war. Zum ersten Mal war sie 1861, von Madeira kommend, auf Korfu gewesen und hatte sich sofort in die Insel verliebt. Sie fuhr 1876 und 1885 wieder dorthin; 1887 beauftragte sie den österreichischen Konsul auf Korfu, den Freiherrn Alexander von Warsberg, sich nach einem geeigneten Landsitz für sie umzusehen. Dieser machte schließlich die Villa Braila bei Gastouri ausfindig, die sie ab 1889 zum Achilleion umbauen ließ ►(Baedeker Special S. 196). Bis zu ihrem Tod – am 10. September 1898 wurde sie in Genf von einem italienischen Anarchisten ermordet – hielt sich die Kaiserin wiederholt im Achilleion auf.

Ugo Foscolo (1778 – 1827)

Der italienische Dichter und Literaturhistoriker Ugo Foscolo (eigentlich Niccolò Foscolo) wurde am 6. Februar 1778 als Sohn eines Venezianers und einer Griechin auf der Insel Zante (Zákynthos) geboren. Er war gleichermaßen Philhellene, italienischer Patriot und Kosmopolit und führte ein unstetes Leben. Sein Werk stand ganz im Zeichen des Risorgimento, der politischen Einigung Italiens. Er verband politischen Eifer mit der Gefühlswelt der Romantik. Gegen den anfänglich in Italien als Befreier gefeierten Napoleon trat er ebenso unerschrocken auf wie gegen die Österreicher, weshalb er 1808 seine Professur für Rhetorik in Padua aufgeben und 1815 Italien verlassen musste. Foscolo starb am 10. September 1827 im englischen Exil in Turnham Green bei London. Seine Werke (Oden, Sonette, Hymnen, Tragödien, Romane) füllen zwölf Bände. An der Stelle seines Geburtshauses in Zákynthos erinnert ein Denkmal an den Dichter.

Homer (8. Jh. v. Chr.)

Die abenteuerlichen Geschichten um den listenreichen Odysseus, König von Ithaka, verdanken wir dem legendären ältesten epischen Dichter des Abendlands, Homer. Die Überlieferung sieht den genialen Schöpfer von »Ilias« und »Odyssee« als wandernden blinden Rhapsoden an ionischen Fürstenhöfen. Die um 700 v. Chr. im ionischen Raum, besonders aber auf der Insel Chios, entstandenen Rhapsodengilden verehrten ihn als ihren Stifter und Lehrmeister. Bis heute ist umstritten, ob Homer tatsächlich eine historische Persönlichkeit war. Friedrich August Wolf warf 1795 die »homerische Frage« auf, ob »Ilias« und »Odyssee« nicht eher Sammlungen von Einzelgesängen verschiedener Dichter seien. Daneben besteht die Meinung, dass Homer

tatsächlich an der Westküste Kleinasiens lebte (Smyrna – heute Izmir – in der Türkei behauptet, sein Geburtsort zu sein) und dass ihn vieles mit Chios verband. Wahrscheinlich habe er seine großen Werke unter Verwendung älterer kürzerer Volksepen verfasst, wobei die »Ilias« älter ist als die »Odyssee«. Beide Werke wurden später verändert und erweitert (►Baedeker Special S. 140).

Ioannis Antonios Kapodistrias (1776 – 1831)

Erster Ministerpräsident Griechenlands

Der am 11. Februar 1776 auf Korfu geborene Politiker Ioannis Antonios Graf Kapodistrias trat zu Beginn des 19. Jh.s in den diplomatischen Dienst des zaristischen Russlands ein und hatte an den Verhandlungen des Wiener Kongresses (1815) über die Neuordnung Europas maßgeblichen Anteil. Wegen seiner von Zar Alexander I. missbilligten Unterstützung des griechischen Freiheitskampfes trat er zurück und ging 1822 in die Schweiz, von wo er sich weiterhin für die griechische Sache einsetzte. Am 11. April 1827 wurde Kapodistrias zum Regenten des neu gegründeten griechischen Freistaats gewählt. Dieses Amt behielt er bis zu seinem Tod am 9. Oktober 1831, als ihn die radikalliberalen Manioten Konstantinos und Georgios Mavromichalis wegen Bruch der Verfassung und autoritärer Regierungsweise in Náfplio erschossen.

Kapodistrias wird vor der Spyridon-Kirche in Náfplio ermordet. Gemälde von Dionysios Tsokos, 1850

Lorenzos Mavilis (1860 – 1912)

Gelehrter, Dichter und Politiker

Lorenzos Mavilis, von Itháki stammend, wurde als Dichter und Übersetzer bekannt. Am 6. September 1860 geboren, studierte er ab 1878 in Athen; von der politischen Lage enttäuscht, ging er 1879 nach Deutschland, wo er in Freiburg, Erlangen, Straßburg, Breslau und München Sprachwissenschaften und Philosophie studierte (u. a. Sanskrit, Deutsch, Französisch, Englisch, Italienisch und Spanisch). Im Jahr 1893 kehrte er nach Griechenland zurück und kämpfte 1897 im Krieg Kretas gegen die Türken. Als Parteigänger von Eleftherios Venizelos wurde er ins Athener Parlament gewählt, wo er für die Verwendung der griechischen Volkssprache (Dimotikí) eintrat. Er nahm als Freiwilliger am ersten Balkankrieg (1912 / 1913) teil und fiel am 28. November 1912 in der Schlacht bei Drikos (Epirus). In seinem literarischen Werk sind vor allem die Sonette bedeutend, mit denen er diese klassische Gedichtform in der neugriechischen Literatur zu höchster Form führte, sowie seine Übersetzungen u. a. von Goethe, Schiller, Uhland, Vergil, Dante, Shelley und Tennyson.

Ioannis Metaxas (1871 – 1941)

Der Offizier und Politiker Ioannis Metaxas wurde am 12. April 1871 auf Itháki geboren. Er war ab 1915 Stabschef der griechischen Streitkräfte, wurde jedoch als Gegner des Ministerpräsidenten Venizelos von den Franzosen von 1917 bis 1920 interniert. 1923 unternahm Metaxas einen erfolglosen Militärputsch, später hatte er maßgeblichen Anteil an der Rückkehr König Georgs II. auf den griechischen Thron (1935). Nach dem Staatsstreich vom 4. August 1936 regierte Metaxas Griechenland als Ministerpräsident und Außenminister autoritär und antikommunistisch. Nach Ablehnung des italienischen Ultimatums vom 28. Oktober 1940 konnten die griechischen Truppen die von Albanien her angreifenden Italiener abwehren. Metaxas starb am 29. Januar 1941 in Athen.

Aristoteles Onassis (1906/1907–1975)

Auf Skorpiós, einem Lefkáda östlich vorgelagerten Eiland, ist Aristoteles Sokrates Homeros Onassis beigesetzt. Der berühmte Geschäftsmann wurde am 15. Januar 1906 oder 1907 in Smyrna (heute Izmir, Türkei) geboren und emigrierte 1923 nach Argentinien, wo er den Tabakhandel seiner Familie neu organisierte; später war er auch griechischer Konsul in Buenos Aires. In den Jahren 1932 / 1933 begann Onassis mit dem Aufbau einer Reederei, die später die größte private Handelsflotte der Welt besitzen sollte. Im Zweiten Weltkrieg stellte er seine Schiffe den Alliierten zur Verfügung. Nach dem Krieg baute er vor allem die Tankerkapazitäten aus; 1957 gründete er die Fluggesellschaft Olympic Airways (seit 1975 in Staatsbesitz, heute Olympic Airlines); er beteiligte sich am internationalen Bankgeschäft, betrieb

Onassis und Maria Callas während der Filmfestspiele in Venedig 1957

Spielbanken und war im Immobilienhandel tätig. Von 1946 bis 1960 war Onassis mit der griechischen Reederstochter Athina Livanos verheiratet, ab 1968 – nach der Liaison mit der »Primadonna assoluta« Maria Callas – mit Jacqueline Kennedy, der Witwe des 1963 ermordeten US-Präsidenten John F. Kennedy. Am 15. März 1975 starb Onassis in Paris. Auf Skorpiós, das bis heute Privatbesitz der Familie ist, ruhen auch sein Sohn Alexander, der 1973 bei einem Flugzeugabsturz ums Leben kam, und seine Tochter Tina († 1988).

Heinrich Schliemann (1822 – 1890)

Begründer der modernen Archäologie

Der Altertumsforscher Heinrich Schliemann hatte eine bewegte Biographie. Er wurde am 6. Januar 1822 im mecklenburgischen Neubukow geboren. Die Familienverhältnisse zwangen ihn, den Besuch des Gymnasiums abzubrechen und den Beruf des Kaufmanns zu erlernen. Nicht zuletzt seiner sprachlichen Begabung – er beherrschte schließlich 15 Sprachen – verdankte er seinen raschen beruflichen Erfolg in einem Amsterdamer Handelskontor; 1847 gründete er ein eigenes Handelshaus in St. Petersburg, das ihn so reich machte, dass er sich ab 1858 ausschließlich der Altertumsforschung widmen konnte. Nach weltweiten Reisen und dem Studium der Sprachwissenschaften und Archäologie in Paris ließ er sich 1868 in Athen nieder. Überzeugt, dass die Werke Homers auf historischen Tatsachen beruhen, entwickelte er die noch heute gültige archäologische Vorgehensweise, vor den Ausgrabungen die literarischen Quellen genau zu studieren, die topografischen Verhältnisse zu erkunden und gegebenenfalls Sondierungsgrabungen vorzunehmen. Schliemann betrieb – ab 1882 unterstützt von Wilhelm Dörpfeld – Grabungen in Troja

(Hisarlık, Türkei; 1870–1882, 1890), Mykene (1876), Orchomenos (1880–1886) und Tiryns (1884/1885). Zuerst aber begab er sich auf seiner ersten Griechenlandreise 1868 auf die Ionischen Inseln, um der Heimat des Odysseus einen Besuch abzustatten und nach Zeugnissen zu suchen: Korfu, das alte Scheria und Insel der Phäaken, ab 6. Juli; Kefalloniá; und schließlich Itháki vom 8. bis zum 17. Juli. Anhand der Beschreibungen bei Homer bestimmte er die dort genannten Orte – so lokalisierte er den Palast des Odysseus auf dem Aëtós –, und er suchte auch nach Beweisen. Schliemann starb auf der Rückreise von Deutschland nach Athen am 26. Dezember 1890 in Neapel und wurde auf dem Ersten Athener Friedhof beigesetzt.

Johann von der Schulenburg (1661–1747)

Schon im Jahr nach seinem großen Triumph, 1717, wurde er mit dem Standbild geehrt, das heute vor der Alten Festung in Korfu-Stadt steht. Johann Matthias Reichsgraf von der Schulenburg, geboren am 8. August 1661 in Emden bei Magdeburg, stammte aus einem schon im 12. Jh. bezeugten Adelsgeschlecht, aus dem eine ganze Reihe hoher Militärs, Politiker und Geistlicher hervorging. Als Berufsoffizier diente er u. a. Braunschweig, Savoyen und Sachsen, bis ihn 1715 unter Vermittlung des savoyischen Herzogs Eugen die Republik Venedig als Befehlshaber auf Korfu gewinnen konnte. Ihm gelang es, die katastrophale Verteidigungssituation soweit zu verbessern, dass er der türkischen Belagerung 1716 erfolgreich Widerstand leisten konnte (► Baedeker Special S. 36). Schulenburg, der sich auch als Lebemann einen Ruf erwarb, starb am 17. März 1747 in Verona.

Angelos Sikelianos (1884–1951)

Sikelianos, am 28. März 1884 auf Lefkáda geboren, studierte zunächst Jura, verlegte sich aber bald auf die Literatur. Kernthema seiner ebenso kämpferisch humanistischen wie außerordentlich schönen Dichtung war die Erneuerung der modernen Kultur, die er als profit- und kalkülorientiert erlebte, durch Rückbesinnung auf die mystischen Quellen des Lebens, wie Natur, Liebe, Religion und kreative Kraft. In diesem Rahmen stand der Versuch, die antiken Delphischen Spiele wiederzubeleben (Veranstaltungen 1927 und 1930). Der ausdrucksstarke Lyriker besang auch die Verbindung von griechischer Antike und Christentum, die er im griechischen Volk lebendig sah. Seine wichtigsten Werke sind »Visionär« (1909), »Muttergottes« (1918) und »Das Ostern der Griechen« (zuerst erschienen 1919/1920), gemäß Kindler-Literaturlexikon »die vielleicht ehrgeizigste Kundgebung des europäischen ›neuchristlichen‹ Lyrismus der Zwischenkriegszeit, der zweifellos Paul Claudel viel verdankt«. Sikelianos starb am 19. Juni 1951 in Athen.

Dionysios Solomos (1798–1857)

Der große Nationaldichter Griechenlands, im März oder April 1798 auf Zákynthos als illegitimer Sohn aus vornehmem Haus geboren, wurde in Italien erzogen, wo er auch Jura studierte und sich nebenbei in Philosophie und Literatur bildete. 1818 – kurz vor dem Ausbruch des griechischen Aufstands – kehrte er nach Zákynthos zurück. An das griechische Volkslied anknüpfend, verfasste er seine häufig unvollendet gebliebenen Dichtungen, deren Harmonie und Wohlklang gerühmt werden. Hauptwerke sind u. a. »Die freien Belagerten« (Widerstand der belagerten Stadt Mesolóngi, entstanden 1834–1844), »Die Frauen von Zante« (entstanden 1826–1829), »Der Kreter« (1833/1834), allen voran aber die »Hymne an die Freiheit« (1823), ein episch-lyrisches Poem, das Episoden aus dem Freiheitskampf beschreibt. Es hatte nach seinem Erscheinen 1825 großen Erfolg, wurde sofort in mehrere Sprachen übersetzt und trug so wesentlich zur europäischen Griechenlandbegeisterung dieser Jahre bei. 1863, als König Georg I. eingesetzt worden war, wurden die ersten beiden Strophen des Werks zur Nationalhymne erklärt (vertont von dem Korfioten Nikolaos Mantzaros). Solomos, der als Begründer der neugriechischen Lyrik gilt, starb am 9. Februar 1857 auf Korfu.

Dionysios Solomos

Aristoteles Valaoritis (1824–1879)

Der 1824 auf Lefkáda geborene Dichter, Jurist und Politiker studierte in der Schweiz, in Paris an der Sorbonne sowie in Pisa. Aufgewachsen in der heroischen Atmosphäre des griechischen Freiheitskampfes, war er von unruhigem Abenteurergeist; er bereiste zu Fuß halb Europa, sich selbst beschrieb er als aufbrausend und rauflustig. 1848/1849 nahm er an den Aufständen in Ungarn teil, 1854 im Epirus. Als Dichter präsentierte er sich unter dem Einfluss der französischen Romantik (insbesondere Victor Hugo) von seinem ersten, sofort erfolgreichen Buch »Mnemosyne« (1857) an als Patriot. Bald betrachtete ihn die Kritik als Nachfolger des Nationaldichters Solomos (s. o.). Valaoritis, der eine Venezianerin heiratete, behielt immer starke Verbindungen mit der italienischen Kultur. Er schrieb in der lebendigen Sprache des Volks, wobei er mit reichem, farbigem Wortschatz und und ebensolcher Rhythmik besonderen Ausdruck erzielte. Er starb 1879 auf der Insel Madourí (bei Lefkáda).

Wilhelm II. (1859–1941)

Der deutsche Kaiser Wilhelm II., der von seinem Feriendomizil auf Korfu, dem Achilleion, so begeistert war, wurde als Sohn des späteren Kaisers Friedrich III. am 27. Januar 1859 in Potsdam geboren. Nach dem Studium in Bonn und Reisen nach England bestieg er am 15. Juni 1888 den Thron. Seine Regierung, die mit ihrer Kombination von Traditionsgeist und Fortschrittsglauben als »Wilhelminische Epoche« in die Geschichte eingegangen ist und im verhängnisvollen Eintritt Deutschlands in den Ersten Weltkrieg kulminierte, war durch geringes Realitätsbewusstsein, politische Instinktlosigkeit und nationalistischen Größenwahn geprägt. Andererseits befand sich Wilhelm in scharfem sozialpolitischem Gegensatz zu Bismarck, den er 1890 entließ (Abschaffung der Sozialistengesetze); er förderte Wissenschaft und Industrie wesentlich. Auch nahm er durchaus sachkundig an Dörpfelds Ausgrabungen auf Korfu teil (u. a. Artemis-Tempel mit dem Gorgo-Giebel). Die Nichtfortführung der kunstvollen Außenpolitik Bismarcks führte zur Isolierung Deutschlands und längerfristig in den Weltkrieg. Ab 1893 wurde pro Jahr mindestens ein Denkmal für Wilhelm II. errichtet. Am 9. November 1918 wurde die Republik ausgerufen; tags darauf floh er in die Niederlande, am 28. November dankte er ab. Bis zum seinem Tod am 4. Juni 1941 lebte Wilhelm im niederländischen Exil.

ΚΑΘΗΜΕΡΙΝΑ
ΚΕΡΚΥΡΑ - ΗΓΟΥΜΕΝΙΤΣΑ - ΚΕΡΚΥΡΑ
ΚΑΛΩΣΟΡΙΣΑΤΕ ΣΤΟ
Ε/Γ-Ο/Γ "ΑΙΚΑΤΕΡΙΝΗ ΙΙ"
5

Praktische Informationen

WIE KOMMT MAN AM BESTEN AUF DIE IONISCHEN INSELN? UND WIE SIND DIE STRÄNDE DORT? WICHTIGES UND WISSENSWERTES FÜR EINEN GELUNGENEN URLAUB.

Anreise · Reisevorbereitung

Anreise

Mit dem Flugzeug

Am preisgünstigsten, bequemsten und schnellsten gelangt man mit einem Charterflug nach Korfu, Kefalloniá, Zákynthos und Préveza-Aktion auf dem Festland, dem Flughafen für Lefkáda. Chartermaschinen verkehren von Ende April bis Mitte Oktober. Welche Inseln von welchen Städten aus angeflogen werden, ist im jährlich erscheinenden »Griechenland Magazin« der GZF (► Auskunft) verzeichnet. Charterflüge für die Hauptreisezeiten, d. h. alle Schulferien zwischen Frühjahr und Herbst, sollte man spätestens ein halbes Jahr im Voraus buchen, da die Nachfrage groß ist. Den Rückflug muss man sich 2 – 3 Tage vor dem Flug bestätigen lassen.

Mit Linienflügen aus dem Ausland sind die Ionischen Inseln fast nur über Athen oder Thessaloniki zu erreichen. Die Lufthansa fliegt von Düsseldorf, München und Frankfurt nach Athen, von Juli bis Mitte Okt. samstags von Frankfurt nach Korfu. Die Olympic Airlines fliegen von Athen aus dreimal täglich nach Korfu, ein- bis zweimal nach Kefalloniá, Zákynthos und Préveza sowie dreimal pro Woche von Thessaloniki über Korfu, Prevéza und Kefalloniá nach Zákynthos. Die Strecke Athen – Korfu wird auch von den Aegaean Airlines bedient. Ab 2005 sollen Wasserflugzeuge der AisSea Lines zwischen den Inseln verkehren (► Verkehr).

Die Flughäfen sind nicht ans öffentliche Busnetz angeschlossen. Pauschaltouristen werden mit Bussen abgeholt, Individualreisende müssen sich ein Taxi oder einen Mietwagen nehmen. Zwischen Préveza und Lefkáda-Stadt fährt 4- bis 5-mal täglich ein Bus, der auch in der Nähe des Flughafens hält. Wer nach Paxí reist und auf Korfu keine Zwischenübernachtung einlegen will, sollte darauf achten, dass man vor 12 Uhr auf Korfu ankommt und der Rückflug von Korfu aus nicht vor 11 Uhr liegt.

Mit dem Auto

Wer mit dem eigenen Fahrzeug reisen will, wählt am besten die Route über Italien (München – Brindisi 1350 km). Von Triest, Venedig, Ancona, Bari und Brindisi bestehen das ganze Jahr über Fährverbindungen – in der Saison mehrmals wöchentlich – nach Korfu, Igouменítsa und Patras (► Fähren). Der Andrang ist in den »heißen Monaten« Juli / August sehr groß, daher unbedingt früh buchen.

Die Fahrt auf dem einst berüchtigten »Autoput« durch Slowenien, Kroatien, Serbien und Makedonien ist wieder problemlos möglich. Die ca. 1160 km von Villach über Zagreb – Belgrad – Niš nach Evzoni sind an einem Tag zu bewältigen. Der Straßenzustand (weit überwiegend Autobahn) ist gut bis sehr gut, die Verkehrsdichte gering; Maut, Treibstoff und ggf. Bußgelder kann man in Euro bezahlen. Zu beachten sind die aktuellen Einreise- und Verkehrsbestimmungen (zu bekommen bei Automobilklubs, die auch über Recht, Versicherungen etc. informieren) und Sicherheitshinweise des Auswärtigen Amts. Fahrtberichte kann man im Internet unter www.samothraki.com/htm/autoput_d.htm nachlesen.

Mit dem Bus

Über Verbindungen mit Touringbussen (Europabussen) nach Griechenland bzw. Süditalien informiert die Deutsche Touring GmbH, Am Römerhof 17, 60486 Frankfurt am Main, Tel. (0 69) 79 03 50, Fax (0 69) 79 03 219, www.deutsche-touring.com. Die Fahrt von München nach Igoumenítsa über Italien dauert 26 Stunden.

◄ Busverbindung mit Athen

Busse der Gesellschaft KTEL verkehren mehrmals täglich zwischen Athen (Terminal Kifissiou) und den Inselhauptorten, Igoumenítsa, Prevéza und Patras. Die Fahrt von Athen nach Korfu-Stadt dauert 11 Std., nach Lefkáda und Zákynthos 6 Std., nach Kefalloniá 7 Stunden. Einmal am Tag verkehrt ein Bus zwischen Thessaloníki und Igoumenítsa (7.30 Std.). Informationen unter www.ktel.org.

Mit der Eisenbahn

Wer vor der strapaziösen Anreise mit der Eisenbahn nicht zurückschreckt, hat zwei Möglichkeiten. Es besteht eine Direktverbindung von München über Belgrad nach Athen (Fahrtdauer 39 Std.), etwas schneller geht es mit Umsteigen in Wien. Wesentlich schneller und bequemer erreicht man Korfu, wenn man mit dem Zug nach Brindisi oder einem anderen italienischen Adriahafen fährt und von dort mit der Fähre übersetzt (►Fähren).

Ein- und Ausreisebestimmungen

Personalpapiere

Deutsche, österreichische und Schweizer Staatsbürger benötigen bei einem Aufenthalt bis zu drei Monaten einen gültigen Personalausweis oder Reisepass (für Kinder bis 16 Jahren Eintrag im Elternpass oder Kinderausweis, ab 10 Jahren mit Lichtbild). Für die Anreise durch Italien und Österreich ist ebenfalls ein Personalausweis oder Reisepass notwendig. Für die Einreise nach Serbien und Montenegro ist ein z. Z. ein Reisepass notwendig.

Fahrzeugpapiere

Der nationale Führerschein der Bundesrepublik Deutschland und der Republik Österreich werden anerkannt; Schweizer benötigen einen Internationalen Führerschein. Obligatorisch sind ferner der Fahrzeugschein und das ovale Nationalitätskennzeichen sowie die Grüne Internationale Versicherungskarte. Obwohl auch in Griechenland Haftpflichtversicherungszwang besteht, ist der Abschluss einer Kurzkasko- und Insassenunfallversicherung zu empfehlen.

Kopien

Von allen Dokumenten – Ausweispapiere, Geld- und Krankenkassenkarten, Flugtickets etc. – sollten Kopien mitgenommen werden. Individuelle Notfall-Rufnummern und Kontennummern sollten notiert und getrennt von anderen Dokumenten aufbewahrt werden. Mit den Kopien kann man der Polizei den Verlust melden und beim Konsulat provisorische Papiere bekommen.

TiereHaustiere Man sollte darauf verzichten, seinen Bello nach Griechenland mitzunehmen: an den Stränden sind Hunde verboten, ebenso in vielen Hotels und Restaurants. Wer ein Haustier einführen will, benötigt den Heimtierpass der EU, der von autorisierten Tierärzten ausgestellt wird. Damit das Tier eindeutig identifiziert werden kann, muss es eine Tätowierung oder einen Mikrochip tragen. Die letzte Tollwutimpfung muss mindestens 30 Tage und maximal 12 Monate vor dem Grenzübertritt durchgeführt worden sein.

Ein- und Ausfuhrverbote Verboten ist in Griechenland die Einfuhr von Pflanzen, Funkgeräten sowie von Waffen aller Art, auch von Verteidigungssprays. Jugendliche unter 18 Jahren dürfen weder Tabakwaren noch Spirituosen, Jugendliche unter 15 Jahren auch keinen Kaffee einführen. Streng verfolgt wird die ungenehmigte Ausfuhr von Antiquitäten und archäologischen Fundstücken.

EU-Binnenmarkt Innerhalb der EU, zu der auch Griechenland, Deutschland und Österreich gehören, ist der Warenverkehr für private Zwecke weitgehend zollfrei. Zur Abgrenzung zwischen privater und gewerblicher Verwendung gelten folgende Richtmengen: 800 Zigaretten, 400 Zigarillos, 200 Zigarren, 1 kg Rauchtabak; 10 l Spirituosen, 20 l Zwischenerzeugnisse, 90 l Wein (davon maximal 60 l Schaumwein) und 110 l Bier. Bei einer Kontrolle ist glaubhaft zu machen, dass die Waren nur für den privaten Verbrauch bestimmt sind.

Einreise nach Griechenland aus Nicht-EU-Ländern Für Reisende aus Nicht-EU-Ländern (Schweizer Staatsbürger) liegen die Freigrenzen für Personen über 17 Jahre bei 200 Zigaretten oder 100 Zigarillos oder 50 Zigarren oder 250 g Rauchtabak, ferner bei 2 l Wein und 2 l Schaumwein oder 1 l Spirituosen mit mehr als 22 Vol.-% Alkoholgehalt oder 2 l Spirituosen mit weniger als 22 Vol.-% Alkoholgehalt, 500 g Kaffee oder 200 g Kaffeeauszüge, 100 g Tee oder 40 g Tee-Extrakt, 50 g Parfüm oder 0,25 l Eau de Toilette. Zollfrei sind außerdem Waren bis zu einem Wert von 175 €.

Wiedereinreise in die Schweiz Abgabenfrei für Personen ab 17 Jahre sind 200 Zigaretten oder 50 Zigarren oder 250 g Rauchtabak, an alkoholischen Getränken 2 l mit bis zu 15 Vol.-% Alkoholgehalt und 1 l mit mehr als 15 Vol.-% Alkoholgehalt; ferner Geschenke im Wert bis 100 CHF, für Personen unter 17 Jahre bis 50 CHF. Auskunft gibt die Eidgenössische Oberzolldirektion, Monbijoustr. 40, CH-3000 Bern, Tel. (031) 322 61 11.

Gesundheitsvorsorge

Krankenversicherung Die Europäische Krankenversichertenkarte (European Health Insurance Card, EHIC) der Krankenkassen ist gültig für die Versorgung bei Notfällen und chronischen Krankheiten. Im Krankheitsfall wendet man sich damit an eine Zweigstelle der **griechischen Krankenversicherung I.K.A.**, die Vertragsärzte nennt und häufig auch über Am-

I.K.A.

► **Itháki**
Douriou Ippou 16, Vathý

► **Kefalloniá**
Leóforos Vergóti 63, Argostóli
Bassia 1, Lixoúri
25th Martiou 8, Póros
Dichalion 1, Sámi

► **Korfu**
Ano Lefkími
9th P. I. Theotoki, Korfu-Stadt

► **Zákynthos**
Foskolou 83, Zákynthos-Stadt

bulatorien verfügen. Von der I.K.A. bekommt man dann ein Krankenscheinheft (Bibliario, gespr. vivliário). Auf Medikamente sind 25 % Zuzahlung zu leisten; von den Packungen sind Coupons abzulösen und auf das Rezept zu kleben. In Notfällen kann man sich an jeden Arzt und an jedes Krankenhaus wenden (►S. 88), die auch die Kostenerstattung durch die I.K.A. klärt. Wird die EHIC nicht akzeptiert, sind die Rechnungen zu bezahlen und der Krankenkasse zu Hause vorzulegen. Der Abschluss einer Auslandsreisekrankenversicherung ist also auch für Griechenland dringend zu empfehlen, da das I.K.A.-Verfahren sehr umständlich ist, viele Ärzte nur Privatpatienten behandeln und eine Rückholung von den gesetzlichen Krankenkassen nicht bezahlt werden darf. Schweizer Staatsbürger müssen ihre Krankheitskosten selbst tragen. Privat Versicherte reichen zur Kostenerstattung die Rechnungen ein.

Ausflüge

Organisierte Fahrten

Die örtlichen Reiseveranstalter bieten Bustouren und Schiffsausflüge mit deutsch- bzw. englischsprachigen Reiseleitern an. Auch kombinierte Bus-Schiffs-Fahrten zum Festland und auf andere Inseln stehen auf dem Programm. Beliebt sind von Korfu zum Beispiel die Touren zur Nachbarinsel Paxí, nach Párga auf dem griechischen Festland und nach Saranda/Butrint in Albanien (►S. 216).

Ausflüge auf eigene Faust

Wer die Inseln mit dem Bus erkunden will, muss sich viel Zeit nehmen und sich vorher über die Routen und Abfahrtszeiten informieren (S. 112 f.). Die Preise für einen Motorroller oder einen Mietwagen (►S. 114) sind nicht allzu hoch, so dass man zur größeren Beweglichkeit besser ein Fahrzeug mietet. Damit lassen sich auch Ausflüge auf das Festland und andere Inseln einfach durchführen (darauf achten, dass Fähren benützt werden dürfen). Fährverbindungen ► Fähren. Überaus reizvoll ist ein »Ausflug« im Sinn des Wortes mit den Wasserflugzeugen der AirSea Lines (►S. 112).

Auskunft

GRIECHISCHE ZENTRALE FÜR FREMDENVERKEHR (GZF)

► **In Deutschland**

Neue Mainzer Straße 22
60311 Frankfurt a. M.
Tel. (0 69) 2 57 82 70
Fax (0 69) 25 78 27 29
info@gzf-eot.de

Wittenbergplatz 3 a
10789 Berlin
Tel. (0 30) 2 17 62 62, 2 17 62 63
Fax (0 30) 2 17 79 65
info-berlin@gzf-eot.de

Neuer Wall 18
20354 Hamburg
Tel. (0 40) 45 44 98
Fax (0 40) 45 44 04
info-hamburg@gzf-eot.de

Pacellistraße 5
80333 München
Tel. (0 89) 22 20 35
Fax (0 89) 29 70 58
info-munich@gzf-eot.de

► **In Österreich**

Opernring 8
1010 Wien
Tel. (01) 512 53 17, 512 53 18, 513 32 21
Fax (01) 513 91 89
grect@vienna.at

► **In der Schweiz**

Löwenstrasse 25
8001 Zürich
Tel. (01) 221 01 05
Fax (01) 212 05 16
eot@bluewin.ch

► **In Griechenland**

Ellinikós Organismós Turismú
EOT
7, Tsocha
GR-11521 Athens
Tel. 210 870 7000
www.gnto.gr
info_desk@gnto.gr

BOTSCHAFTEN UND KONSULATE

► **Deutsche Botschaft**

Odos Karaoli & Dimitriou 3
GR-10675 Athen-Kolonaki
Tel. 210 728 5111
Fax 210 725 1205
www.athen.diplo.de
boathens@compulink.gr

► **Deutsche Konsulate**

Odos Guilford 57
GR-49100 Kerkyra
Tel. 26610 31453
Fax 26610 31450

Ethnikis Antistaseos 48
GR-46100 Igoumenitsa
Tel. 26650 23493
Fax 26650 24847

► **Österreichische Botschaft**

Vassilissis Sofias 4
GR-10674 Athen
Tel. 210 7257 270
Fax 210 7257 292

► **Österreichisches Konsulat**

Zavitsianou 3
GR-49100 Korfu
Tel. 26610 44 252
Fax 26610 26 545

► **Schweizerische Botschaft**
Odos Iassiou 2
GR-11521 Athen
Tel. 210 723 03 64
Fax 210 724 92 09

INTERNET

► **www.gnto.gr**
Die Website der Griechischen Fremdenverkehrsorganisation ist dürftig und trotz der Millionen deutscher Gäste nur in Griechisch und Englisch gehalten, bietet aber wichtige Links.

► **www.griechische-botschaft.de**
Interessante und aktuelle Informationen, nützliche Adressen und Tipps.

► **www.griechenland-infos.de**
Wissenswertes über Griechenland und die Griechen, die meistbesuchten Inseln und Regionen, über Geschichte und Kultur.

► **www.culture.gr**
Die Website des Griechischen Kulturministeriums mit detaillierten Infos zu Sehenswürdigkeiten, Museen, kulturellen Veranstaltungen usw.

► **www.de-di.de**
Sammlung von Links zu Reiseberichten von Griechenland-Fans.

► **www.ratgeber-griechenland.de**
Umfangreiche Linksammlung zu allen möglichen Griechenland-Themen (aktuelle Infos, Reiseanbieter, Sprache etc.).

► **www.ionianislands.gr**
Die offizielle Website der Ionischen Inseln bietet nur einen äußerst dürftigen Überblick.

► **www.foi.org.uk**
Site der »Friends of the Ionian Islands«, einer nichtkommerziellen Organisation, die für einen verantwortungsvollen Tourismus wirkt. Sehr informativ, auch hinsichtlich Kultur und natürliche Umwelt.

► **Einzelne Inseln**
www.ionion.com (Kefalloniá, Itháki)
www.agni.gr (Korfu, Kefalloniá)
www.ithacagreece.com
www.kefalonia.net.gr
www.kefaloniathewaytogo.com
www.lefkas.net
www.lefkada-monuments.gr
www.corfu.de
www.terrakerkyra.gr
http://island.korfu-service.com
www.paxos-greece.com
www.zakynthos-net.gr
www.zanteweb.gr

Badestrände

Die Ionischen Inseln bieten eine Palette von herrlichen Sandbuchten, kleinen Kies- und Steinstränden und schwer zugänglichen Felsküsten. Viele, aber keineswegs alle Strände sind touristisch erschlossen. Liegen und Sonnenschirme werden vermietet, (manchmal improvisierte) Bars versorgen mit Getränken und Imbissen. An einigen

Stränden können Surfbretter und Tretboote gemietet werden, man kann Wasserski fahren oder einmal das Parasailing testen. Die Website www.geocities.com/HotSprings/1794/greekgde.html, die in erster Linie für FKK-Fans gedacht ist, enthält detaillierte und aktuelle Informationen über die »Strandlandschaft« Griechenlands.

FKK Freikörperkultur ist in Griechenland in geschlossenen, nicht öffentlich zugänglichen Freizeitanlagen erlaubt und wird an einigen wenigen Stränden toleriert. Einige Strände wie Myrtiótissa auf Korfu haben sich zu FKK-Treffs entwickelt. »Oben ohne« ist inzwischen durchaus üblich. Im Zweifelsfall sollte man seine Badekleidung anbehalten. Wo sich Einheimische durch Nackte gestört fühlen, kann immer noch empfindlich bestraft werden.

Badesaison Die Badesaison beginnt im Mai und endet im Oktober. Die Wassertemperatur liegt in diesen Monaten bei 18 – 20 bzw. um 22 °C. Um Korfu kann das Wasser durch die Strömungen auch im Hochsommer relativ frisch sein.

Itháki Wer auf Sandstrände nicht verzichten möchte, für den ist Itkáki nicht das richtige Reiseziel. Hier gibt es nur kleine Kiesbuchten. Die sind allerdings z. T. sehr schön und nur selten überlaufen; meist sorgen Olivenbäume für Schatten. Zu den hübschesten Ständen gehören Dexiá westlich von Vathý und Filiatró östlich des Hauptorts.

Kefalloniá Da Kefalloniá noch relativ wenig besucht ist, kann man außerhalb der Hochsaison an einem der schönen Strände leicht ein abgeschiedenes Plätzchen finden. Kommerzialisiert sind die Strände Makrýs Gialós und Platýs Gialós südlich von Argostóli, die sehr schön, aber klein und in der Saison überlaufen sind. Strände mit feinem rötlichem Sand bietet der Süden der Palikí-Halbinsel südlich von Lixoúri. In Juli / August sind sie gut besucht, sonst trifft man nur auf wenige Badegäste. Häufig trübt allerdings starker Wind den Spaß, und auch das Hinterland ist nicht jedermanns Sache. An der steil abfallenden Westküste von Palikí sind einige sehr schöne Kiesbuchten wie Petaní zu finden. Als prächtigster Strand der Insel gilt die Mýrtos-Bucht im Norden, ein unverbauter Kiesstrand vor einer malerischen Felskulisse. Noch weiter nördlich muss man mit schmalen Kies- oder Felsstränden vorlieb nehmen. Selbst im Sommer nicht überfüllt sind die Sandstrände im Süden um das Touristenzentrum Skála.

Korfu An der ganzen Ostküste Korfus sind fast nur (meist schmale) Kiesstrände zu finden, manchmal sind sie mit etwas Sand durchsetzt. Kilometerlange Sandstrände erstrecken sich im Norden östlich von Sidári, wo sich viele Hotelanlagen angesiedelt haben. Allzu reizvoll ist das Hinterland nicht, dafür sind die Strände außerhalb der Touristenzentren selbst in der Hochsaison nicht überlaufen. Die abwechslungsreichste Landschaft bietet die Westküste. Hier findet man eben-

Einer der schönsten Strände auf Lefkáda: Pórto Katsíki

so von Felsen eingerahmte malerische Sandbuchten wie steil abfallende, imposante Felsklippen. Die schönsten, touristisch erschlossenen Sandstrände sind Glyfáda, Ágios Górdis und Ágios Ge-órgios. Liebhabern von Naturstränden seien die Dünenlandschaft der Korissía-Lagune im Südwesten und die hübsche Bucht Myrtiótissa südlich von Érmones empfohlen, Letztere ist auch als FKK-Strand bekannt. Eindrucksvolle Felsküsten mit kleinen Kies- oder Sandbuchten hat Paleokastrítsa an der Nordwestküste zu bieten, das allerdings auch überlastet ist.

Lefkáda

Lefkáda kann sich rühmen, die schönsten und längsten Sandstrände des Ionischen Archipels zu besitzen. Sie erstrecken sich entlang der Westküste und sind meist nicht bebaut. Am Káthisma-Strand bei Kalamítsi trifft man außerhalb der Hochsaison auf wenige andere Besucher. Allmählich entstehen auch in diesem Küstenbereich Pensionen, an einigen Stränden sorgen Tavernen für das leibliche Wohl, doch ist es noch immer leicht, ein abgeschiedenes Plätzchen zu finden.
Ein Strand wie aus dem Bilderbuch ist die Bucht Pórto Katsíki im Südwesten. Vor hohen hellen Felswänden liegen zwei naturbelassene Sandbuchten und davor das türkis schimmernde Meer. Natürlich hat sich herumgesprochen, dass man eine Traumszenerie vorfindet, weshalb im Juli/August ein Aufenthalt hier nicht unbedingt zu empfehlen ist. Noch im Juni und auch im September ist er jedoch ein Genuss. An der ganzen Ostküste gibt es fast nur schmale Kiesstrände.

Paxí

Die Westküste von Paxí fällt steil zum Meer hin ab und bietet zwar eine reizvolle Szenerie, aber wenige Bademöglichkeiten. An der Ostküste sind Badelustige auf einige von Olivenbäumen umstandene Kiesbuchten angewiesen. Eine gute Alternative für Strandliebhaber sind die Kies-Sand-Buchten der kleinen Nachbarinsel Antípaxi. Allerdings locken sie Jahr für Jahr mehr Urlauber an.

Zákynthos Entlang der Laganás-Bucht im Süden von Zákynthos erstreckt sich über viele Kilometer ein Sandstrand, der jedoch fast vollständig verbaut und nur Urlaubern zu empfehlen ist, die auf Primitivtourismus abfahren. Eine viel bessere Alternative zu diesen Stränden sind die reizvollen Buchten an der Nordostküste der Skopós-Halbinsel. Nicht übermäßig attraktiv sind die frequentierten Sandstrände zwischen Alykés und Tsiliví an der mittleren Ostküste; weiter nördlich, um Makrýs Gialós, findet man einige abgelegene, pittoreske Kiesstrände. Vorzeigestrand von Zákynthos ist der Shipwreck Beach ganz im Nordwesten, eine von weißen Felswänden eingerahmte Bucht mit einem Schiffswrack, die man nur per Boot erreicht (sehr beliebter Ausflug zur Hauptreisezeit).

Mit Behinderung unterwegs

Behinderte können mit Hilfsbereitschaft rechnen, doch sind Hotels, Restaurants, Museen etc. kaum je behindertengerecht gestaltet. Eine Reihe von Institutionen organisiert Gruppenreisen, vermittelt geschulte Reisehelfer und unterstützt bei Individualreisen.

INFORMATIONEN FÜR BEHINDERTE

▶ **BSK Reiseservice**
Altkrautheimer Straße 20
D-74238 Krautheim
Tel. (0 62 94) 42 81-50
Fax (0 62 94) 42 81-59
www.bsk-ev.de
Der BSK Reiseservice gibt Informationen, organisiert Reisen und bietet umfassende Hilfen an.

▶ **Bundesarbeitsgemeinschaft der Clubs Behinderter und ihrer Freunde**
Eupener Str. 5
D-55131 Mainz
Tel. (0 61 31) 22 55 14
www.bagcbf.de

▶ **Mobility International Schweiz**
Froburgstrasse 4
CH-4600 Olten
Tel. (0 62) 206 88 35
www.mis-ch.ch

▶ **Verband aller Körperbehinderten Österreichs**
Schottenfeldgasse 29
A-1070 Wien
Tel. (01) 9 14 55 62

▶ **Verlag FMG**
Postfach 1547, D-53005 Bonn
Tel. (02 28) 61 61 33
www.fmg-verlag.de
Reiseratgeber »Handicapped-Reisen Ausland«

Elektrizität

Das Stromnetz führt 220 Volt (auf den Schiffen oft auch 110 Volt) Wechselspannung. Flache Europanorm-Stecker mit dünnen Kontaktstiften sind normalerweise verwendbar. Für Schuko-Stecker benötigt man einen Adapter, der an der Hotelrezeption ausgeliehen oder an Ort und Stelle gekauft werden kann.

Essen und Trinken

Die Küche der Ionischen Inseln

Der Duft von Kräutern, gegrilltem Fleisch oder Fisch und das Aroma von Olivenöl gehören zu den verlässlichen Begleitern eines Griechenlandurlaubs. Die griechische Küche ist in ihrer Grundstruktur eher einfach und bietet – so die Kritiker – nicht allzu viel Abwechslung. Für die Ionischen Inseln gilt dies nur in abgemilderter Form, ist die Küche hier doch deutlich von der italienischen beeinflusst, die Inselspezialitäten signalisieren schon mit dem Namen ihre Herkunft. Auch gibt es nicht wenige italienische Restaurants, sonst haben Pizzerien und Fastfood längst auch auf den Ionischen Inseln ihren Siegeszug angetreten. Der Vollständigkeit halber sei erwähnt, dass die von britischen Touristen frequentierten Urlaubsghettos die entsprechende Verpflegung bieten (von Essen kann man da weniger reden), vor allem was das Frühstück angeht.
Grundlegende Konstanten der griechischen Küche sind: reichlich Olivenöl, Tomaten, Knoblauch, Zwiebeln, Fleisch von Schaf, Ziege oder Huhn, Schafs- und Ziegenkäse sowie Gemüse und Salat der Saison. Dazu kommen Gewürze wie Nelken, Zimt und Lorbeer sowie frische Kräuter wie Thymian und Oregano, die den Gerichten ihren besonderen Charakter verleihen. Zimt und Nelken werden übrigens nicht nur bei Süßspeisen verwendet. Beliebt sind Saucen aus Ei und Zitrone. Grundsätzlich wird Brot zum Essen gereicht.

Essgewohnheiten

Das Frühstück fällt bei Griechen spartanisch aus, viele begnügen sich mit einem Tässchen Kaffee, dazu gibt es allenfalls etwas Weißbrot mit Butter und Konfitüre oder einen Kouloúri (trockener Sesamkringel). Eine Hinterlassenschaft der Briten ist das »english breakfast«, das nicht nur in vielen Hotels, sondern auch in Cafeterias und Cafés serviert wird. Zu den in irgendeiner Form zubereiteten Eiern gibt es kleine Würstchen, Schinken oder Speck und Tomate. Auch das Mittagessen ist für viele Griechen nur ein Imbiss.
Hauptmahlzeit ist das Abendessen, das nach griechischer Sitte kaum vor 21 Uhr eingenommen wird. Darauf müssen Besucher nicht unbedingt Rücksicht nehmen. Die meisten Restaurants bieten ohnehin ab Mittag bis spät in den Abend warme Küche. Griechen ordern nie

für jede Person ein individuelles Menü. Vorspeisen, Salate, Fisch- und Fleischgerichte kommen gleichzeitig auf den Tisch und jeder bedient sich aus den vielen Schüsselchen und Tellern. Der Nachtisch ist meist schlicht, nicht selten werden nur Obst und Eis angeboten.

Essen gehen Tavernen und Restaurants unterscheiden sich in der Qualität der Speisen und des Services nur wenig. Gourmettempel wird man schwerlich finden. Tavernen sind die traditionellen, meist nur einfach eingerichteten Speiselokale; im Sommer sitzt man ja ohnehin draußen. In den Touristenzentren gibt es immer mehr Restaurants nach mitteleuropäischer Art, man isst dort jedoch nicht besser als in den Tavernen. In den Restaurants, fast immer auch in den Tavernen, erhält man eine Speisekarte, oft auch in Englisch und Deutsch.

Will man nicht nur andere Touristen im Lokal um sich haben, darf man nicht vor 21 – 22 Uhr zum Abendessen gehen. Bestellt man nicht ausdrücklich eine bestimmte Speisenfolge, werden alle Gerichte auf einmal serviert; auch legt in Griechenland kaum jemand Wert darauf, dass das Essen heiß auf den Tisch kommt. Leider hat sich die Unsitte eingebürgert, eine Gebühr für das Gedeck (»cover fee«) zu verlangen, die sich zwischen 0,50 und 4 € (!) bewegt. Üblicherweise wird pro Tisch nur eine Rechnung verlangt. In Touristenzentren ist man mittlerweile jedoch mit der deutschen Sitte der getrennten Rechnung vertraut. Eine Tischreservierung ist nur in gehobenen Restaurants üblich, in einigen sehr beliebten Lokalen jedoch angezeigt.

Die Speisekarte

Vorspeisen ***orektika*** Neben den zum Aperitif (meist Ouzo) gereichten kleinen Appetithappen (*mése*) sind Garnelen und Muscheln, Meeresfrüchte oder mit Reis gefüllte Weinblätter (*dolmádes*; die kalte Variante heißt *dolmadákia*) sowie Salate (*salátes*) zu nennen. Klassiker sind Tzatzikí (Joghurt oder Quark mit geraffelter Gurke, Knoblauch, Salz und Pfeffer), Auberginenpüree (*melitzánes saláta*) und *tárama* (auch *taramosaláta*), ein Püree aus Fischrogen, Kartoffeln und Öl. Sehr lecker schmecken die Blätterteigtäschchen mit unterschiedlichen Füllungen (Käse, Spinat, Hackfleisch). Spezialitäten Korfus sind geräuchertes Schweinefilet (*nouboúlo*) und eine gut gewürzte Blutwurst (*bourdoúni*).

Suppen ***soupes*** Die Suppen sind recht gehaltvoll und werden oft mit Ei und Zitronensaft zubereitet (*avgolémono*). Zu Ostern sollte man die *majirítsa* (auf Korfu *tsilichoúrda* genannt) probieren, die mit Lamminnereien, Dill, Zitrone und Ei gemacht wird. Beliebt sind die *fasoláda* (dicke Suppe aus weißen Bohnen), *psarósoupa* (Fischsuppe) oder auch eine *kakaviá*, die »griechische Bouillabaisse«.

Fleisch ***kreas*** Fleisch kommt gegrillt bzw. gebraten oder geschmort auf den Tisch. Bekannt sind die *souvlákia*, kleine Fleischspießchen, die meist aus Schweine- oder Hammelfleisch gemacht sind, manchmal findet man

Ein schlichter, köstlicher Imbiss an einem hübschen Platz

auch eine Variante mit Huhn. Nicht so häufig, wie es die griechischen Restaurants in Deutschland vermuten lassen, steht *gýros* auf der Speisekarte (am senkrechten Drehspieß gegrilltes Fleisch). Gern gegessen werden ferner Lammfleisch (*arnáki*) und Hammel (*arní*). Etwas für Spezialisten ist die *kokorétsi*, die dicke Rolle aus mit Därmen umwickelten Innereien, die über dem Grill gart. Wer Huhn essen möchte, bestellt *kotópoulo*. Sehr verbreitet sind *moussaká*, ein Auberginenauflauf mit Hackfleisch, Kartoffeln und Béchamelsauce, und *pastítsio*, ein Makkaroniauflauf mit Hackfleisch. Die geschmorten Klassiker sind *stifádo*, ein zwiebelreiches, mit Nelken gewürztes Gulasch von Rind, Hase oder Kaninchen, und *juvétsi*, Lamm- oder Rindfleisch, das mit reiskornförmigen Nudeln aufgetragen wird.
Der klassische Festtagsschmaus auf Korfu heißt *pastitsáda*: Huhn mit Tomaten, Zwiebeln, Zimt und viel Paprika, das mit dicken Röhrennudeln serviert wird. Analog zum venezianischen Spezzatino wird in manchen Restaurants auch eine leckere Variante mit Rindfleisch gereicht. Eine weitere Inselspezialität ist *sofríto*, geschmortes Kalb- oder Rindfleisch mit einer hellen Knoblauchsauce, das mit Nudeln oder Kartoffelpüree kombiniert wird.

Fisch
psári

Natürlich sind Fische und Meeresfrüchte ein wesentlicher Bestandteil der griechischen Küche, zum Beispiel Krustentiere wie Garnelen (*garídes*) oder Hummer (*astakós*), Tintenfische (*kalamarákia*), Schwertfisch (*xifías*), Dorade (*tsipoúra*), Seezunge (*glóssa*) oder kleine Sardellen und Sprotten (*marídes*), die in Öl ausgebacken werden. Man sollte sich aber darauf einstellen, dass Fisch und Meerestiere den Geldbeutel erheblich belasten. Der Preis ist auf den Speisekarten entweder per Kilo oder 100 g angegeben. Es soll auch nicht verschwiegen werden, dass viel importierter Fisch verarbeitet wird. Man achte auf den Vermerk »kat.« (für »tiefgekühlt«).

Ein Klassiker der korfiotischen Küche ist *biánco*, in der Pfanne gedünsteter Fisch (Kabeljau oder Seeteufel), der mit Zitrone, Knoblauch und Pfeffer gewürzt ist. Bestellt man *savóro*, bekommt man gebratenen Fisch in einer Sauce aus Essig, Knoblauch, Rosmarin und Rosinen. Der Savóro ist ebenso ein venezianisches Vermächtnis wie der *bourdéto*: Fisch mit festem Fleisch (manchmal auch Stockfisch) in Tomatensauce, die mit scharfem Paprika herzhaft gewürzt ist.

Gemüse, Salate *lachanika, salates*

Typische Gemüsearten sind Artischocken (*angináres*), Auberginen (*melitzánes*), Zucchini (*kolokytákia*) und Paprikaschoten (*piperiés*), die meist gefüllt oder in Öl gegart werden. Auch hier gibt es korfiotische Spezialitäten: *Chórta* ist Wildgemüse, das mit Zitronensaft, Öl und Wein geschmort wird, *tsingarélli* ist Wildgemüse mit Knoblauch und Chili. Bei Salaten hat man die Auswahl zwischen Kopfsalat (*maroúli saláta*), Tomatensalat (*tomato saláta*), Spargelsalat (*sparánga saláta*) und dem aus Tomaten, Gurken, Oliven und Schafskäse bestehenden Bauernsalat (*choriátiki*).

! Baedeker TIPP

Koum Kouat

So schreiben sich auf Korfu die Kumquats, die aus Ostasien stammenden Zwergorangen, die hier kultiviert werden. Wer wissen will, wie sie verarbeitet werden, sollte die Destillerie Vasilákis in Ágios Ioánnis 10 km westlich von Korfu-Stadt, an der Straße nach Paleokastrístsa, besuchen, die über 40 verschiedene Sorten Kumquat-Likör herstellt.

Käse *tyrí*

Griechischer Käse ist meist aus Schaf- oder Ziegenmilch hergestellt, aus der auch der vorzügliche Joghurt (*jaoúrti*) gemacht wird. *Féta* ist der bekannte weiße Schafskäse aus der Salzlake, *kefalotíri* ein Hartkäse ähnlich dem Parmesan, *kaséri* ein halbfester Käse, der auch gebraten als *saganáki* sehr gut schmeckt.

Nachspeisen *deser*

Neben Eis (*pagotó*) gibt es viele einheimische Früchte, je nach Jahreszeit Wassermelone (*karpoúsi*), Zuckermelone (*pepóni*), Pfirsiche (*rodákina*), Birnen (*achládia*), Äpfel (*míla*) und Weintrauben (*stafília*). Typisch griechisch sind daneben Joghurt mit Honig, Reispudding (*risógalo*) und der *galaktobúreko*, ein flacher Phylloteigkuchen mit Vanillecreme- oder Zitronencremefüllung, der ganz frisch und noch warm am besten schmeckt. Eine Spezialität von Korfu ist *poutínga*, ein Brotpudding britischer Herkunft, der zu besonderen Anlässen zubereitet wird; *rovani*, ein süßer, sirupklebriger Kuchen von Itháki, wird aus Reis, Honig und Gewürznelken gemacht.

Erfrischungsgetränke

In Griechenland gibt es neben einfachem Wasser (*neró*), Mineralwasser ohne Kohlensäure (*metallikó neró*) oder mit Kohlensäure (*sóda*) – das aus einer der großen griechischen Mineralwasserquellen wie Loutra kommt – vor allem Orangen- und Zitronenlimonade (*portokaláda, lemonáda*) sowie frische Säfte (*portokaláda fréska*). Eine Besonderheit ist das auf Korfu gebraute alkoholfreie Ingwerbier (*tzitzimbírra*), ein Überbleibsel aus der britischen Protektoratszeit. Dafür werden Zitronensaft, Zitronenöl, geriebener Ingwer, Wasser und Zucker zu einem wohlschmeckenden Durstlöscher gemixt. Man bekommt das Ingwerbier nur im Sommer und nur in wenigen Cafés auf Korfu, besonders in Korfu-Stadt.

Wein
krasí

Auf den Ionischen Inseln wird sehr guter Wein gemacht (►Baedeker Special S. 76), doch reichen die Mengen bei weitem nicht aus, um den Bedarf der Bewohner und der Urlauber zu befriedigen. So werden auch viele Weine vom Festland angeboten. Eine griechische Spezialität ist der mit Harz versetzte Weißwein (Rétsina) mit seinem eigentümlichen herben Geschmack nach Kiefernharz, an den man sich gewöhnen muss. Dann aber ist er für die griechische Küche und Atmosphäre wie geschaffen, er ist frisch, appetitanregend und sehr bekömmlich. Schon in der Antike gab es die Vorliebe für geharzten Wein, Reste von Baumharz (griech. »retsina«) fanden sich in Amphoren. Das Harz wird dem Wein während der Gärung zugesetzt.

Bier
bíra

Die griechischen Biere – Mýthos, Ellas, Alpha, Vérgina, Fix – sind durchaus trinkbar. In Lizenz werden ausländische Marken wie Heineken, Amstel, Carlsberg und Löwenbräu gebraut. In Touristenzentren bekommt man weitere bekannte Marken wie Guinness. Bier vom Fass wird nur selten ausgeschenkt.

Spirituosen
pnevmatodi pota

Der traditionelle Aperitif ist der Ouzo, ein Anisschnaps, den man gewöhnlich mit Wasser verdünnt, wobei er ein milchiges Aussehen annimmt. Der griechische Kognak (*koniak*) ist fruchtig und relativ süß. Der *tsípouro* (Tresterschnaps) ist dem italienischen Grappa ebenbürtig. Stolz ist man auf Korfu auf den heimischen Kumquat-Likör.

Kaffee, Tee
kafés, tsái

Man unterscheidet beim griechischen Kaffee (*ellinikós kafés*), der aus kleinen Mokkatassen getrunken wird, die noch den Satz enthalten, eine ganze Skala von Zubereitungsarten je nach Stärke und Süße: *glikí vrastó* (mit viel Zucker), *varí glikó* (stark und süß), *elafró* (leicht). Beliebt ist der *métrio* (mittelstark, mittelsüß). Als Kaffee nach mitteleuropäischer Art wird fast ausschließlich Nescafé angeboten, genannt *néss* (»mit Milch« heißt *me gála*). Die kalte Variante – der *frapé* mit dickem Schaum und Eiswürfeln – ist so etwa wie ein Nationalgetränk. In Touristenzentren gibt es Kaffee nach italienischer Art wie Espresso und Cappuccino mit aufgeschäumter Milch. Tee wird mit Teebeuteln aufgebrüht, als Schwarztee (*mávro tsái*), Pfefferminztee (*tsái ménda*) und Kamillentee (*chamoumíli*).

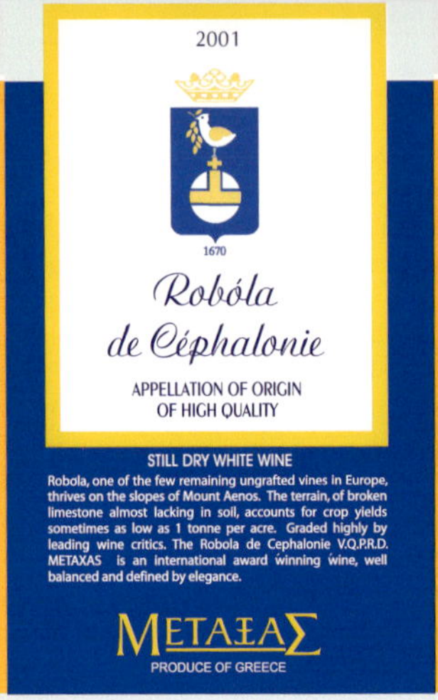

DAS ERBE DES KEPHALOS

Mavrodáfne und Muscat sind bekannte Rebsorten. Aber Robóla, Goustolídi, Kakotrýgis, Zakynthinó? Wer sich für neue, interessante Aromen im Weinglas interessiert, sollte sich diese und andere Namen merken.

Der Weinbau hat auf den Ionischen Inseln eine lange Tradition. Denn kein anderer als **Kephalos**, der Sohn des Gottes Hermes, soll die Rebe nach Kefalloniá – das nach ihm benannt ist – gebracht haben. 1262 bezeugt eine Urkunde für diese Insel bedeutenden Weinbau, und die Urkunde, mit der 1386 die Übernahme Korfus durch Venedig besiegelt wurde, lässt erkennen, dass Wein das wertvollste Erzeugnis der Insel war.

Korinthen und Wein

Über Jahrhunderte hinweg stand die Weinproduktion allerdings weit hinter der von **Korinthen** zurück. Unter den Venezianern, ab etwa 1540, entwickelte sie zu einem lukrativen Wirtschaftszweig, und noch 1887 bestritt Griechenland die Hälfte seiner Einfuhren durch den Export von Korinthen. Gegen Ende des 19. Jahrhunderts war Kefalloniá zur wichtigsten Wein-Insel des Ionischen Archipels aufgestiegen; am bekanntesten waren der süße Muscat und der Mavrodáfne, der wegen seiner Farbe und Würze in Nordeuropa – auch in Deutschland – als Verschnittwein viel verwendet wurde. Aber schon früh galt die **Robóla** als die edelste Rebe der Insel: »Kenner vergleichen sie am nächsten mit weißem Bordeaux«, schrieb der Geografieprofessor Joseph Partsch im Jahr 1890. Doch die beiden Weltkriege und das verheerende Erdbeben 1953 trafen die Weinwirtschaft empfindlich, und der wenig später einsetzende Tourismus zog das Interesse von der Produktion hochwertiger Weine ab.

Moderne Zeiten

Erst der Wandel, den die Weinwelt seit den 1980er-Jahren durchmachte, gab einen neuen Anschub. Wein stieg zum Lifestyle-Produkt auf, das hohe Preise erzielt und bereitwillige Ab-

Klein, aber fein: Moderne Technik im Weingut Metaxas auf Kefalloniá

nehmer in aller Welt findet; moderne, vor allem durch australische und kalifornische Weinmacher propagierte Methoden in Weinberg und Keller wurden bekannt, junge Mitglieder der Winzerfamilien orientierten sich neu, Quereinsteiger brachten neue Ideen und vor allem auch die Finanzkraft für notwendige Investitionen mit. Einige Erzeuger pflanzten auch »internationale« Sorten wie Chardonnay an, grundsätzlich aber besann man sich auf den großen Schatz alter, interessanter **heimischer Rebsorten**, der mit den neuen Methoden zu heben ist. Außerdem wurden die Ionischen Inseln kaum von der Reblaus behelligt, weshalb es noch viele alte, wurzelechte Rebstöcke gibt (auch heute wird kaum auf Unterlagsreben gepropft). Anstatt mit einer winzigen Produktion austauschbarer Weine auf dem internationalen Markt zu konkurrieren, setzt man also auf ein eigenständiges Profil. Gegebenenfalls legt man Weinberge neu an, um jeder Rebsorte den Boden und die Lage zur Verfügung zu stellen, die ihren Charakter am besten zur Geltung bringt: der Robóla-Traube etwa sehr magere, steinige Berghänge für schlanke Weine, der Zakynthinó, die einen körperreicheren Tropfen ergibt, tiefgründigen Boden in der Ebene.

Weine, Reben ...

Für 1601 wurden für Zákynthos über 30 Rebsorten bezeugt, über 80 listete Erzherzog Ludwig Salvator 1904 auf. Hier seien nur die wichtigsten genannt. Die **Robóla** liefert einen zitronig-fruchtigen, mineralischen Weißwein, der an Riesling erinnert und besonders gut zu Fisch und hellem Fleisch passt. Angebaut wird die Sorte auf den größeren Inseln, aber nur auf Kefalloniá besitzt sie den OPAP-Status (V.Q.P.R.D., höchste Qualitätsstufe) für ein 350 ha großes Gebiet; insgesamt sind dort über 1400 ha mit der Sorte bestockt. Ob sie mit der norditalienischen Ribolla identisch ist (immerhin wurde sie zuerst als »ribola« erwähnt), ist noch nicht geklärt. Der frische Traubensaft gärt in gekühlten Stahltanks, nach der Klärung wird der Wein ohne weitere Reifung abgefüllt. Dementsprechend ist er jung und gut gekühlt zu trinken. Weitere weiße Sorten Kefalloniás sind **Tsaoussi** und **Zakynthinó**. Eine Spezialität von Zákynthos ist der **Verdéa**, der als

»traditioneller Wein« (Onomasía katá parádosi) eingestuft ist. Das ist ein Verschnittwein aus verschiedenen alten Sorten, meist Goustolídi (auch Vostilídi genannt), Robóla, Pávlos und Skiadópoulo. Seinen Namen hat er von dem italienischen Wort »verde« für »grün«; einst wurden die Trauben sehr früh geerntet, so dass noch nicht ausgereifte darunter waren, die dem Wein eine typische grünliche Farbe und Säure gaben. Heute wird später geerntet, dennoch ist der Wein frisch und jung zu trinken. Eine Ausnahme ist die Grande Réserve von Komoutos, die fünf Jahre im Eichenfass reift und einem Fino-Sherry ähnelt. Auf Lefkáda ist die beherrschende Rebsorte die **Vertzamí** (die Marzemino des Trentinos), aus der ein farbkräftiger und extraktreicher, jedoch als eher bescheiden geltender Rotwein gewonnen wird. Davon zu unterscheiden ist der **Vertzámo**, ein Weißwein ebenfalls von Lefkáda. Auf Korfu werden vor allem die weiße **Kakotrýgis** und die rote **Petrokóritho** angebaut (von beiden Sorten gibt es auch andersfarbige Spielarten), wobei Rotwein vor allem im Norden und Weißwein im Süden gewonnen wird. Die Sorten Muscat (Moscato) und Mavrodáfne sind zwar für OPE-Weine (Kontrollierte Herkunft; zweithöchste Qualitätsstufe) zugelassen, heute aber kaum mehr anzutreffen. Der offene **Landwein** der Ionischen Inseln, ob weiß oder rot, ist ein sehr rustikales Getränk und besitzt häufig ein eigenartig sauer-süßliches Aroma. Das beruht darauf, dass der Winzer versucht, durch etwas Restsüße die Rauheit des Weins erträglich zu machen, die durch antiquierte Methoden der Vinifikation entsteht.

... und Weingüter

Eine Reise über die Ionischen Inseln wird erst vollständig durch den Besuch eines Weinguts. Die meisten präsentieren den Sommer über (ggf. nach Anmeldung) gerne ihre Weine. Einige gute Erzeuger: auf Korfu – wo nur mehr wenig Wein produziert wird – **Livadiótis** in Chalikounas (bei Ágios Matthéos); auf Kefalloniá **Gentilíni** in Miniés (nahe dem Flughafen), **Metaxás** in Mavráta und die **Kefalonian Robola Cooperative** in Omála (beim Gerásimos-Kloster); auf Zákynthos **Kómoutos** bei Macherádo. Telefonnummern und Besuchszeiten sind bei den Reisezielen genannt.

Fähren

Anreise von Italien

Die beste Alternative für die Anreise per Flugzeug sind die zahlreichen Fährverbindungen von italienischen Adriahäfen nach Korfu, Igoumenítsa und Patras. Igoumenítsa ist mit Korfu durch häufige Fähren verbunden, von Patras kann man nach Kefallonia und Zákynthos übersetzen. Die Fahrt von Venedig nach Korfu dauert 20–25 Stunden, von Ancona nach Korfu 15 Stunden und von Brindisi direkt nach Korfu 7 Stunden. Zwischen Brindisi und Korfu verkehren auch Katamarane der Italien Ferries (ca. 3.30 Std.). Die großen Fähren von Triest, Venedig und Ancona bieten allen Komfort mit Restaurants, Bars und Disco, Läden und Swimmingpool; die kleineren Fähren von Brindisi aus sind schlichter ausgestattet. Wohnmobile haben auf sog. Campingdecks Strom- und Wasseranschluss. In der Hauptreisezeit (Juli/August) sind die Fähren überfüllt, frühzeitige Buchung ist notwendig. Man sollte spätestens 3 Std. vor der Abfahrt da sein, um seinen reservierten Platz sicher zu bekommen.

Preise

Ein Vergleich der Preise für die verschiedenen Fahrttermine und Reedereien lohnt sich, denn auch in der Hauptreisezeit gibt es Unter-

Spätestens auf der Fähre beginnt der Urlaub.

schiede. Einige wichtige Preisbeispiele für die teuersten Termine der Hauptsaison: Für die einfache Fahrt von Venedig nach Korfu bezahlt man für zwei Erwachsene in der billigsten 2-Bett-Kabine und einen Pkw ca. 600 €, von Triest ca. 520 €, von Ancona ca. 550 €. Die Überfahrt von Brindisi nach Korfu kostet für eine Person ohne Fahrzeug ca. 35 €, für 2 Personen (Pullmansitz) und einen Pkw ca. 100 €, für 2 Personen im Wohnmobil ca. 120 €. Die meisten Reedereien gewähren diverse Rabatte, zum Beispiel bei gleichzeitiger Buchung der Rückfahrt (15–20 % auf den Gesamtpreis), für Familien, junge Leute bis 26 Jahre und Senioren.

Fährverbindungen

Triest – Korfu – Igoumenitsa – Patras: Anek Lines
Venedig – Korfu – Igoumenitsa – Patras: Anek Lines, Minoan Lines
Ancona – Korfu – Igoumenitsa – Patras: Anek Lines
Ancona – Igoumenitsa – Patras: Blue Star, Minoan Lines, Superfast Ferries
Bari – Korfu – Igouменítsa: Ventouris Ferries
Bari – Igoumenítsa – Patras: Superfast Ferries, Maritime Way, Blue Star
Brindisi – Korfu – Igoumenitsa: Agoudimos Ferries, Fragline Ferries
Brindisi – Korfu – Igoumenitsa – Paxí – Kefalloniá – Zákynthos – Patras: Hellenic Mediterranean Lines
Brindisi – Korfu – Paxí (Katamaran): Italian Ferries
Brindisi – Igoumenítsa: Med Link Lines
Brindisi – Kefalloniá: Med Link Lines

Informationen

Fahrpläne und Preise der verschiedenen Reedereien erhält man bei deren Agenturen (►S. (§) und den Reisebüros. Alle Fährverbindungen nach und in Griechenland sind in der monatlich erscheinenden Broschüre »Greek Travel Routes« verzeichnet (beim Griechischen Fremdenverkehrsamt zu bekommen; www.gtpnet.gr). Auskunft und Buchung im Internet unter www.ferries.gr und www.faehren.info. Für aktuelle Informationen über lokale Verbindungen wendet man sich an die Hafenbehörde oder die beauftragte Agentur (►S. 83).

Innergriechische Verbindungen

Nicht alle Inseln sind miteinander verbunden, so dass ggf. ein Umweg nötig ist. Verschiedene Zielhäfen werden oft von verschiedenen Häfen auf einer Insel angefahren. Da die Abfahrtszeiten der Fähren sich nach täglichen Gegebenheiten richten, sollte man sich immer vor Ort nochmals informieren. In der Hauptreisezeit ist (mit einem Auto) Buchung einen oder zwei Tage im Voraus zu empfehlen; es kann sonst durchaus vorkommen, dass man einen Tag auf einen freien Platz warten muss. Beachten: An Feiertagen (auch Ostermontag) gilt auf Hauptverbindungen (Igoumenítsa – Korfu, Kyllíni – Kefalloniá / Zákynthos) ein stark eingeschränkter Fahrplan, kleinere Verbindungen können ganz ausfallen.

AUSKUNFT FÄHREN

FÄHRAGENTUREN

▸ **DERTRAFFIC**
Emil-von-Behring-Str. 6
60439 Frankfurt a. M.
Tel. (0 69) 95 88 58 00
Fragline

▸ **Euronautic Tours**
Dennerstr. 6
90429 Nürnberg
Tel. (09 11) 27 74 03-0
www.euronautic.de
Agoudimos Lines, Fragline, Maritime Way, Marlines, Med Link, Minoan Lines

▸ **IKON Reiseagentur**
Schwanthalerstr. 31/1
80336 München
Tel. (0 89) 5 50 10 41
www.ikon-reiseagentur.de
Anek Lines, Ventouris Ferries

▸ **Neptunia**
Postfach 60 08 03
81208 München
Tel. 01805 31 61 91
www.neptunia.de
Agoudimos Lines, Fragline, Hellenic Mediterranean Lines, Maritime Way, Med Link

▸ **J. A. Reinecke**
Jersbeker Straße 12
22941 Bargteheide
Tel. (0 45 32) 20 55 14
www.jareinecke.de
Minoan Lines

▸ **Blue Star / Superfast**
Hermann-Lange-Str. 1
23558 Lübeck
Tel. (04 51) 88 00 62 00
Fax (04 51) 88 00 61 29
www.superfast.com
www.bluestarferries.com

HAFENBEHÖRDEN

▸ **Itháki**
Vathý Tel. 26740 32909
(auch für Fríkes und Piso Aetós)

▸ **Kefalloniá**
Argostóli Tel. 26710 22224
(auch für Pesáda)
Fiskárdo Tel. 26740 41400
Poros Tel. 26740 72460
Sámi Tel. 26740 22031

▸ **Korfu**
Korfu-Stadt Tel. 26610 32655
Lefkímmi Tel. 26620 23277

▸ **Lefkáda**
Nydrí Tel. 26450 92509
Vassilikí Tel. 26450 31555

▸ **Zákynthos**
Zákynthos-Stadt Tel. 26950 28117
(auch für Ágios Nikólaos)

Korfu

Zwischen Igoumenítsa und Korfu-Stadt pendeln unterschiedliche Fähren, kleine offene und große geschlossene; letztere fahren auch bei schwierigen Wetterverhältnissen. Sie gehören verschiedenen Firmen, die am Neuen Hafen in Korfu-Stadt getrennte Fahrkartenschalter nebeneinander haben. In der Hauptsaison pendeln die Fähren zwischen 5 Uhr und 22 Uhr in 30-minütigem bis 1-stündigem Abstand (Fahrtdauer 45 Min. bis 1 Std. 10 Min.), außerhalb der Saison bestehen mehrere Verbindungen täglich. Mit dem Tragflächenboot (mehrmals wöchentlich) dauert die Fahrt 30 Minuten. Außerdem verkehren mehrmals täglich Fähren zwischen Igoumenítsa und Lefkímmi im Süden Korfus (Fahrtdauer ca. 1 Std.). Von Patras auf der Peloponnes bestehen täglich Verbindungen mit Korfu-Stadt. Zweimal wöchentlich bedienen Autofähren die Strecke Korfu – Paxí, Tragflächenboote fahren täglich mehrmals.

Paxí Mit der Autofähre ist Paxí von Igoumenítsa täglich, von Korfu-Stadt mehrmals täglich zu erreichen. Tragflächenboote von Korfu-Stadt aus fahren täglich mehrmals, von Igoumenítsa zweimal wöchentlich. Auch per Wasserflugzeug ist Paxí zu erreichen: Die AirSea Lines fliegt vom Jachthafen Gouviá in 15 Min. nach Gaios (►S. 112)

Lefkáda Lefkáda ist über eine Pontonbrücke mit dem Festland verbunden; zwischen Korfu / Paxí und Lefkáda besteht keine Fährverbindung. Itháki (Fríkes) und Kefalloniá (Fiskárdo) – die meisten Schiffe laufen beide Inseln an – sind hauptsächlich von Vasilikí aus zu erreichen (einmal tägl. von Nydrí). Mehrmals täglich wird die östlich vorgelagerte Insel Meganísi von Nydrí aus angesteuert.

Itháki Von Piso Aëtós auf Itháki bestehen in der Saison Verbindungen nach Stávros im Norden der Insel. Zwischen Itháki und Kefalloniá pendeln Fähren auf den Strecken (Itháki jeweils zuerst genannt) Vathý – Sámi, Piso Aëtós – Sámi, Fríkes – Fiskárdo. Verbindungen bestehen auch mit Lefkáda (Nydrí, Vasilikí; s. o.) sowie mit Zwischenstopp auf Kefalloniá nach Kyllíni und Patras auf der Peloponnes.

Kefalloniá Vom Festland aus ist Kefalloniá in der Saison mehrmals täglich von Patras und Kyllíni (Peloponnes) aus erreichbar. Die Fähren von Patras legen in Sámi an, die Fähren von Kyllíni in Poros oder Argostóli. Die Verbindungen mit Itháki sind unter Itháki aufgeführt. Mehrmals täglich kann man von Fiskárdo nach Lefkáda (Nydrí, Vasilikí) übersetzen. Die Fähren nach Zákynthos fahren 2-mal tägl. von Pesáda ab.

Zákynthos Mehrmals täglich bestehen Fährverbindungen zwischen Zákynthos-Stadt und Kyllíni auf der Peloponnes (Fahrtdauer ca. 1.30 Std.) sowie zwischen Ágios Nikólaos und Kefalloniá (Pesáda).

Feiertage, Feste und Events

Bewegliche Feiertage Die orthodoxe Kirche berechnet den Ostertermin nach dem Julianischen und nicht nach dem Gregorianischen Kalender. Daher fällt das orthodoxe Osterfest nur alle vier Jahre mit dem der westlichen Kirchen zusammen. (Auf den Ionischen Inseln richten sich übrigens auch die Katholiken nach dem orthodoxen Ostertermin.) Ostersonntag fällt 2005 auf den 1. Mai, 2006 auf den 23. April, 2007 auf den 8. April und 2008 auf den 27. April. Auch Karfreitag und Ostermontag sind Feiertage. Die mit Ostern zusammenhängenden Feiertage – Rosenmontag (Katharí Deftéra, 49 Tage vor dem Ostersonntag) und Pfingsten (Pendikostí, 50 Tage nach Ostersonntag; auch Pfingstmontag ist Feiertag) – haben dementsprechende Termine. Weihnachten ist wie üblich am 25. Dezember.

Heiligenfeste

Fast jeder Ort auf den Ionischen Inseln hat seinen Schutzheiligen, der an seinem Namenstag mit einem Fest geehrt wird. Meist beginnen die Feierlichkeiten mit einer Messe, in einigen Orten finden farbenprächtige Prozessionen statt, im Anschluss daran wird – ganz weltlich – ausgelassen gefeiert.

TERMINKALENDER

FESTE FEIERTAGE

1. Januar: Neujahrstag
6. Januar: Heilige Drei Könige
25. März: Tag der Unabhängigkeit
1. Mai: Tag der Arbeit
21. Mai: Tag der Vereinigung der Ionischen Inseln mit Griechenland
15. August: Mariä Entschlafung
28. Oktober: »Óchi«-Tag: Gedenktag an das »Nein« zum Ultimatum Italiens 1940
25./26. Dez.: Weihnachten

KALENDER

▶ 1. Januar
Neujahr (Protochroniá, Tag des hl. Vasilios): Anschneiden der »Vasilopitta«, des Neujahrskuchens, in dem oft eine Münze versteckt ist. Wer sie findet, hat das ganze Jahr über Glück. In vielen Orten ziehen Kinder, mitunter auch Erwachsene von Haus zu Haus und singen. Als Lohn gibt es Geld und / oder Gebäck.

▶ 6. Januar
Dreikönigstag (Theophanía): Wasserweihe zur Erinnerung an die Taufe Christi; in Gewässern werden Kreuze versenkt.

▶ Februar
Karneval wird mit Festen an den drei Sonntagen vor Rosenmontag gefeiert. Vor allem in den Inselhauptorten finden prächtige Umzüge statt. Am Rosenmontag (Katharí Déftera) picknickt man in freier Landschaft.

▶ 25. März
Mit Militärparaden und Tanz wird der Beginn des griechischen Freiheitskampfs im Jahr 1821 gefeiert.

▶ März / April
Das bedeutendste Fest im Kirchenjahr ist Ostern. Bräuche und religiöse Feiern sind auf S. 23 f. beschrieben.

▶ 1. Mai
Den Tag der Arbeit begeht man mit Umzügen, Blumen- und Volksfesten.

▶ 21. Mai
Der Jahrestag der Vereinigung der Ionischen Inseln mit Griechenland (1864) wird mit großen Paraden begangen, vor allem in Korfu-Stadt.

Mai / Juni
Itháki: Mitte Mai bis Mitte Juni Laienspiel-Festival.

Anfang Juli
Korfu: Jahrmarkt mit Volkfest in Lefkímmi.

August
Lefkáda: Literatur- und Kunstfestival in Lefkáda-Stadt. Folklorefestival in Karyá mit traditioneller Hochzeit in heimischen Trachten.

Maitanz in Póros auf Kefalloniá

Zákynthos: Internationales Treffen des Mittelalterlichen und Volkstümlichen Theaters in Zákynthos-Stadt (Monatsmitte). Itháki: Festival mit moderner Musik und Theater in Vathý. Ende des Monats: Odysseus-Fest.

5. / 6. August
Itháki: Das große Kirchweihfest in Stavrós ist ein echtes Erlebnis.

11. August
Korfu-Stadt: Feier des des heiligen Spyridon. Bei einer prunkvollen Prozession werden die Reliquien des Inselpatrons durch die Stadt getragen. (Das geschieht auch an Palmsonntag, Ostersamstag und am ersten Sonntag im November, den Ehrentagen des Heiligen.). In Lefkímmi auf Korfu Fischerfest mit illuminierten Booten.

15. August
Zu Mariä Entschlafung (Kimísis) kommen viele Griechen in ihre Heimatdörfer zurück, mit Musik und Tanz wird überall ausgelassen gefeiert, besonders in Gáios auf Paxí und der vorgelagerten Insel Panagía. Das Fest dauert einen ganzen Tag und eine ganze Nacht; es endet mit Volkstanz auf dem Hauptplatz von Gáios. Auf Kefalloniá wird an diesem Tag in Markópoulo ein eigenartiger Schlangenkult zelebriert.

24. August
Zákynthos: Fest des hl. Dionysios, des Schutzpatrons der Insel. Seine Reliquien werden in einer feierlichen Prozession durch die Straßen des Hauptorts getragen, abends bildet ein Feuerwerk einen weiteren Höhepunkt. Auch am 17. De-zember wird der hl. Dionysios mit einer Prozession geehrt.

August – Oktober
In diesen Monaten finden eine Reihe von Festivals statt: Korfu-Festival mit Konzerten, Ballett-, Theater- und Opernaufführungen in Korfu-Stadt; auf Kefalloniá Internationales Musik- und Volkstanzfestival in Argostóli und Lixoúri, auf Zákynthos das Kulturfestival in der Inselhauptstadt sowie auf Paxí das Internationale Festival für Klassische Musik.

Geld

Euro

Zahlungsmittel in Griechenland ist der Euro (€). In Griechenland heißen die Cents auch »leptá« (ΛΕΠΤΑ, Einzahl »leptón«), wie früher die Münze unterhalb der Drachme genannt wurde. Für den Schweizer Franken gilt annähernd: 1 € = 1,55 CHF / 1 CHF = 0,65 €.

Geldautomaten

Die einfachste Art, sich mit Geld zu versorgen, sind die Bankautomaten, die man in größeren Orten und Touristenzentren findet. In Verbindung mit der Geheimnummer kann man mit der Bankkarte sowie den gängigen Kreditkarten Geld abheben. Die Gebühr bei den Bankkarten darf nicht höher sein als für eine Abhebung zu Hause bei einer Fremdbank (das können bis 5 € sein).

Verlust der Bankkarte

Bei Verlust einer Bankkarte sollte man umgehend den rund um die Uhr besetzten Zentralen Annahmedienst für Verlustmeldungen in Frankfurt a. M. benachrichtigen und die Karte sperren lassen: Tel. 00 49 / 18 05 / 021 021. Es meldet sich ein Sprachcomputer, der als Mindesteingabe die Kontonummer fordert. Notieren Sie deshalb Ihre Kontonummer separat.

Kreditkarten

Die internationalen Kreditkarten (American Express, Diners Club, Eurocard, Visa) werden von Banken, größeren Hotels, den meisten Geschäften, gehobenen Restaurants sowie den Mietwagenfirmen – dort muss dann auch keine Kaution hinterlegt werden – akzeptiert. Mit Kreditkarten kann man innerhalb 7 Tagen den Gegenwert von 1000 US-$ abheben, mit einer Goldkarte innerhalb 30 Tagen 5000 US-$.Für den Fall des Verlustes Kreditkartennummer und Rufnummer für die Sperrung notieren und separat aufbewahren.

Schecks

Gängige Reiseschecks können problemlos eingelöst werden. Normale Bankschecks werden nur nach Vorlage des Personalausweises und nach Rückfrage bei der bezogenen Bank eingelöst, was einige Tage dauern kann.

Öffnungszeiten von Banken

Die Banken haben auf den Ionischen Inseln Mo. – Fr. 8.00 – 14.00 Uhr (Fr. nur bis 13.30) geöffnet; einige (zumindest in der Saison) auch Sa. 8.00 – 13.00 Uhr.

Gesundheit

Medizinische Versorgung

Eine ausreichende medizinische Versorgung ist auf den Ionischen Inseln gewährleistet; die staatlichen Krankenhäuser sind jedoch nicht gut ausgestattet. Bei Bedarf lässt man sich am besten von der Rezep-

KRANKENHÄUSER & HEALTH CENTRES

- **Itháki**
  Vathý Tel. 26740 32222
- **Korfu**
  Odos Polichroni Konstanta
  Korfu-Stadt
  Tel. 26610 88200
- **Lefkáda**
  Ar. Valaoriti, Lefkáda-Stadt
  Tel. 26450 25371
- **Kefaloniá**
  Odos Souidias, Argostoli
  Tel. 26710 23230, 26710 24641
  Lixouri Tel. 26710 91233
- **Paxí**
  Tel. 26620 31466
- **Zákynthos**
  Ag. Spyridonas, Zákynthos-Stadt
  Tel. 26950 59100

tion des Hotels einen Arzt vermitteln, oder man wendet sich direkt an das zentrale Krankenhaus oder die Gesundheitszentren (ESY, Health Centre) der jeweiligen Insel. Ihre Lage ist den Stadtplänen im Kapitel »Reiseziele von A bis Z« zu entnehmen. Die meisten Ärzte sprechen englisch, einige deutsch; die Namen Letzterer erhält man über die Botschaften bzw. Konsulate. Erste Hilfe ▸Notrufe.

Apotheken In den Hauptorten der Inseln gibt es viele Apotheken, auch in den größeren Touristenzentren sind meist eine oder mehrere Apotheken ansässig. Man erkennt sie an dem runden Schild mit Kreuz über dem Eingang sowie der Aufschrift ΦΑΡΜΑΚΕΙΟΝ oder »Pharmacy«. Der Großteil der international üblichen Medikamente ist erhältlich. Geöffnet sind sie Mo. – Fr. 8.30 – 14.30 und 16.00 (oder etwas später) bis 19.30, Sa. 8.30 bis 16.00 Uhr. An jeder Apotheke findet man einen Hinweis auf die nächstgelegene Apotheke, die Nacht-, Sonn- oder Feiertagsdienst hat.

Mücken Der Wasserreichtum der Ionischen Inseln hat im Sommer eine unangenehme Kehrseite: die Mücken. Abwehrmittel und Salbe gegen den Juckreiz sollte man auf jeden Fall mitnehmen, empfindlichere Menschen sollten sich (und v. a. Kinder) mit Moskitonetzen schützen.

Kleiner Knigge

Kleidung Wie in anderen südlichen Ländern wird Wert auf korrekte Kleidung gelegt. Unangenehm fällt man auf, wenn man in Badekleidung durch Städte oder Dörfer bummelt oder im Strandoutfit abends essen geht. Auch beim Besuch von Kirchen und Klöstern sollte man sich den Sitten des Landes anpassen, da sonst der Zutritt verwehrt werden kann: lange Ärmel, lange Hosen bzw. für Frauen ein längerer Rock, keine Kopfbedeckung. Häufig werden aber entsprechende Kleidungsstücke ausgeliehen. Normalerweise braucht man auch für den Abend keine besonders elegante Garderobe. In gehobenen Hotels gilt jedoch, auf jeden Fall abends, ein entsprechender »dress code«, für Herren sind Jacke, lange Hose und Schlips angezeigt. Selbst im Hochsommer sollte ein dickerer Pullover oder eine Windjacke im Reisegepäck nicht fehlen, da es abends empfindlich kühl werden kann (insbesondere auf einem motorisierten Zweirad). Für Wanderungen sind feste Schuhe und lange Hosen dringend zu empfehlen, die Schutz vor dornigem Gestrüpp und Schlangen bieten.

Fotografieren

Will man Menschen fotografieren, versteht es eigentlich von selbst, mit dem »Objekt« mit einem Lächeln Kontakt aufzunehmen und sozusagen das Einverständnis einzuholen. Militäranlagen wie Kasernen und der Flugplatz in Préveza dürfen nicht fotografiert werden. In Museen ist das Fotografieren mit einer tragbaren Kamera fast überall gestattet, für Aufnahmen mit Stativ und / oder Blitz ist eine Sondergenehmigung erforderlich (Auskunft gibt die Griechische Zentrale für Fremdenverkehr). In den Kirchen ist das Fotografieren im Allgemeinen untersagt.

Trinkgeld

In Hotels, Restaurants und Cafés sind Bedienungsgelder im Preis enthalten. Ein Trinkgeld von 5 bis 10 % – als Aufrundung des Rechnungsbetrags – ist dennoch willkommen. Manche Restaurants rechnen in der Osterzeit ein »Geschenk« in Höhe von ca. 10 % ab. Bei Taxis rundet man in der Regel die zu entrichtenden Summen auf (ca. 10 %). An Ostern und Weihnachten erwarten Taxifahrer, Friseure usw. ein (obligatorisches) »Geschenk« (50 Cent).

Wasser und Toiletten

Wasser für den menschlichen Verbrauch ist auf den Ionischen Inseln knapp und der Verbrauch durch die vielen Gäste sehr hoch, oft muss im Sommer Wasser mit Tankschiffen vom Festland gebracht werden. Gehen Sie also sparsam damit um. Zwar sind in Griechenland inzwischen »normale« Sitztoiletten üblich, doch aufgrund der dünnen Abflussrohre wirft man das Papier in einen bereitstehenden Eimer.

Landkarten

Neben der zu diesem Reiseführer gehörenden Übersichtskarte sind Karten mit kleinerem Maßstab hilfreich. Die besten, die gegenwärtig zu haben sind (aber auch die sind nicht wirklich gut), sind die der Road Editions (Athen), Blätter 301 – 305, in unterschiedlichen Maßstäben. Sie sind auch zu Hause über eine Buchhandlung oder einen Reiseausstatter zu bekommen.

Literaturempfehlungen

Antikes

Homer: Die Odyssee
Auf den Ionischen Inseln, besonders auf Itháki, wird man ständig mit der Odyssee konfrontiert. Hier kann man sich die Geschichten in der richtigen Umgebung zu Gemüte führen, entweder in der klassischen Hexameter-Übersetzung von J. H. Voß oder in einer Prosaversion, z. B. von Wolfgang Schadewaldt.

Heinrich Schliemann: Ithaka, der Peloponnes und Troja. Nachdruck der 1. Auflage Leipzig 1869, Darmstadt 1963
Die Erinnerungen Schliemanns sind überaus interessant, auch in landeskundlicher Hinsicht. Antiquarisch preisgünstig zu bekommen.

Literarisches

Louis de Bernières: Corellis Mandoline. Frankfurt a. M. 1998
Eine Liebesgeschichte, eingebettet in die schlimmen Geschehnisse der italienischen und deutschen Besetzung Kefalloniás 1940–1943. Ein sehr lesenswertes, mitreißend geschriebendes Epos, verfilmt im Jahr 2000 auf Kefalloniá.

Gerald Durrell: Meine Familie und anderes Getier. Frankfurt a. M. / Berlin 1990
Der amüsante Bericht eines Korfu-Aufenthalts in den 1930er-Jahren erschien 1956 unter dem Titel »My Family and Other Animals«.

Lawrence Durrell: Schwarze Oliven. Korfu Insel der Phäaken. Reinbek 1963. Originaltitel: »Prospero's Cell«. London 1946
Lawrence Durrell (► Berühmte Persönlichkeiten) beschreibt sehr poetisch die Landschaft und beschäftigt sich einfühlsam mit den Einwohnern, ihrem Alltag, ihrer Religion und ihren Festen.

C. Christomanos: Die letzte Griechin. Die Reise der Kaiserin Elisabeth nach Korfu im Frühjahr 1892, erzählt aus den Tagebuchblättern von C. C. Verlag Krem-Bardischewski 1996
Der 24-jährige Christomanos, der in Wien studiert hatte, war Cicerone und Griechischlehrer der 30 Jahre älteren, vergötterten Kaiserin. Eine reizvolle Mischung aus Biografie und Reisebericht mit vielen zeitgenössischen Abbildungen.

Kaiser Wilhelm II.: Erinnerungen an Korfu. Berlin / Leipzig 1924
Seine Eindrücke von den Aufenthalten auf Korfu schrieb Kaiser Wilhelm II. im niederländischen Exil nieder.

Henry Miller: Der Koloss von Maroussi. Hamburg 1956
Einfühlsame Darstellung einer Griechenlandreise und Porträts von Persönlichkeiten, die Miller traf.

Landeskunde

SympathieMagazin »Griechenland verstehen«, Hrsg. Studienkreis für Tourismus und Entwicklung, Ammerland 2000
Wichtige Hintergrundinformationen für eine Begegnung mit dem Griechenland von heute jenseits aller Klischees.

Johannes Gaitanides: Griechenland ohne Säulen. München 1978
Standardwerk zur Geschichte Griechenlands.

Griechische traditionelle Architektur. Band 1: Ost-Ägäis, Sporaden, Ionische Inseln. Kunstbuchverlag Melissa, Athen 1983. Mit umfangreichem Bildmaterial wird die griechische Architektur erläutert.
U. Latermann u. a.: Kosmos NaturReiseführer Griechenland. Stuttgart 2001. Wer wissen möchte, was er in der Natur Griechenlands zu sehen bekommt, findet hier einen zuverlässigen Begleiter.
Joseph Partsch: Die Insel Korfu (1887) / Die Insel Leukas (1889) / Kephallenia und Ithaka (1890), Petermann's Mitteilungen, Gotha
Die »geographischen Monographien« des Breslauer Erdkundeprofessors sind immer noch eine einzigartige Fundgrube zu Geografie und Geschichte der Ionischen Inseln.
M. Pristl: Gebrauchsanweisung für Griechenland. München 1996
Griechische Lebensart, auf unterhaltsame Weise näher gebracht.

Küche

Farr Louis, D., Marinos, J.: Prospero's Kitchen. Mediterranean Cooking of the Ionian Islands. New York 1995, Corfu 2000
Die Spezialitäten der Ionischen Inseln »für zu Hause«, leider nur in Englisch.

Wanderführer

Landschaften auf Korfu. Ein Auto- und Wanderführer. London 2000 (Sunflower Books, in Deutsch).
Ausführliche Beschreibung der schönsten Wandertouren auf Korfu. Übersichtskarten erleichtern die Orientierung. Aktualisierung im Internet: www.sunflowerbooks.co.uk (ebenfalls in Deutsch)
H. Whitton Paipeti: The Second Book of Corfu Walks. Corfu 1995
23 reizvolle Wanderungen und vier Montainbike-Touren auf Korfu. In Englisch.
Trails of Ithaca. Auf Itháki in Vathý zu bekommen.
The Way to Go on Kefalonia. Eine Reihe von Führern für Motor- und Wandertouren, auf Kefalloniá zu bekommen.

Medien

Radio und Fernsehen

Die Staatliche Rundfunk- und Fernsehgesellschaft Elliniki Radiophonia Tileorassi (ERT) umfasst den Hellenischen Rundfunk (Elliniki Radiophonia, ERA) und das Hellenische Fernsehen (Hellenic Television; drei Programme: ET1, NET und ET3).

Hörfunk

Beliebte Privatsender im Hörfunk sind StarFM 88,8 und Sky 100,3. Das Fremdsprachenprogramm der ERA (Interprogram) strahlt auf Mittelwelle 1386 kHz Nachrichten in deutscher (16.30 Uhr), französischer (20.30 Uhr) und englischer Sprache (21.30 Uhr) aus. Der Sender Filia der ERA bringt u. a. auf Deutsch die Nachrichten des

BBC World Service, auf FM 105,7 von 8.00 bis 8.30 Uhr das Journal der Deutschen Welle (auch bei R5, AM 665, zu empfangen). In der Reisezeit sendet das deutschsprachige »Hellas live« im Gebiet Korfu/ Igumenitsa (94,4 und 107,3 Mhz).

Fernsehen Außer ERT existieren einige private Fernsehsender wie ANT 1, Mega, Alpha, Alter und Star. An ausländischen TV-Sendern sind über das terrestrische Netz CNN, TV5, Euronews und RAI zu empfangen. Über Satellit sind natürlich viele Sender präsent, wie SAT 1, CNN und Deutsche Welle TV.

Deutsche Welle Von der Deutschen Welle ist das aktuelle Programm mit Sendezeiten und Frequenzangaben kostenlos zu erhalten: Deutsche Welle, Tel. (02 28) 429-3208, Fax 429-3220, www.dw-world.de.

Zeitungen und Zeitschriften

Ausländische Periodika Die großen Tageszeitungen und Zeitschriften aus Deutschland, Österreich und der Schweiz sind in den Hauptorten der Inseln und in den touristischen Zentren meist mit nur einem Tag Verspätung erhältlich.

Griechische fremdsprachige Zeitungen Die in Athen erscheinenden Zeitungen »Athens News« (täglich) und »Athener Zeitung« (wöchentlich) informieren über das Geschehen innerhalb und außerhalb Griechenlands; darüber hinaus enthalten sie auch für den Touristen interessante Informationen. Auf Korfu halten die Zeitschriften »Korfu Leben« (2-monatlich) und »The Corfiot« (monatlich) auf dem Laufenden, auf Lefkáda der monatlich erscheinende englischsprachige »Planet Lefkas«.

Nachtleben

Bars, Diskotheken Vor allem auf Korfu und Zákynthos ist in den Urlaubsorten kein Mangel an Bars und Diskotheken. Die Vergnügungsmeile in Korfu-Stadt ist die Ethnikis Antistaseos, die Uferstraße westlich des Hafens. Ein größeres Unterhaltungsangebot gibt es auch in den Ferienzentren von Kefalloniá und Lefkáda, hier vor allem in Nydrí. Die Discos öffnen meist gegen 22 oder 23 Uhr, so richtig rund geht es aber erst ab Mitternacht. Eintritt wird meist nicht erhoben, dafür sind die Preise recht hoch. Folkloreabende in Hotels und Restaurants sind sehr beliebt. Ein besonderes Ambiente bietet eine Musik- oder Theateraufführung in einer der beiden Festungen von Korfu-Stadt.

Spielcasino Korfu Das Spielcasino von Korfu hat seinen Sitz im Hotel Corfu Holiday Palace auf der Halbinsel Kanoni. Hier kann man sein Glück bei Roulette, Black Jack und an Spielautomaten versuchen.

Notrufe

IN GRIECHENLAND

Polizei Tel. 100
Rotes Kreuz / Ambulanz Tel. 166
Feuerwehr Tel. 199

▸ **Touristenpolizei**
Die Touristikí Astynomía gibt in mehreren Fremdsprachen allgemeine Auskünfte und hilft in Notfällen weiter.
Notruf in ganz Griechenland:
Tel. 171

Itháki
Odos Evmeou, Tel. 26740 32205
Kefalloniá
Odos I. Metaxa 52, Argostóli
Tel. 26710 22815
Korfu
Odos Samartzi 4, Korfu-Stadt
Tel. 26610 30265
Lefkáda
Odos I. Polytechniou 30
Lefkáda-Stadt, Tel. 26450 26450
Zákynthos
Lomvardou 62, Zákynthos-Stadt
Tel. 26950 24483

▸ **Pannenhilfe ELPA**
Tel. 104
Der griechische Automobilclub ELPA leistet auch ausländischen Fahrern Hilfe (kostenpflichtig). Für Inhaber des ADAC-Euro-Schutzbriefs sind Pannenhilfe und Abschleppen bis zur nächsten Werkstatt kostenlos.

▸ **Touristentelefon ELPA**
Tel. 174
Besetzt 7.30 – 22.00 Uhr. Auskunft wird außer auf Griechisch auch in Englisch und Französisch gegeben.

▸ **Notruf über Mobiltelefon**
Tel. 112
Die internationale Notrufnummer ist in Griechenland für das Handy freigeschaltet.

▸ **Notrufdienst des ADAC**
Der ADAC betreibt ganzjährig eine Notrufstation in Athen mit deutschsprachigen Mitarbeitern:
Tel. 210 9601266.

IN DEUTSCHLAND

▸ **ACE-Notruf**
Tel. 00 49 / 18 02 / 34 35 36
(0 – 24 Uhr)
Fahrzeug- und Krankenrückholdienst

▸ **ADAC-Notrufzentrale München**
Tel. 00 49 / 89 / 76 76 76
Medizinische Beratung, Rückholdienst
Tel. 00 49 / 89 / 22 22 22
(0 – 24 Uhr)
Beratung bei Pannen, Unfällen, Verlust von Dokumenten etc.

▸ **DRK-Flugdienst Bonn**
Tel. 00 49 / 2 28 / 23 00 23

▸ **Deutsche Rettungsflugwacht**
Tel. 00 49 / 7 11 / 70 10 70

IN ÖSTERREICH

▸ **ÖAMTC-Notrufzentrale Wien**
Tel. 00 43 / 1 / 9 82 82 82

IN DER SCHWEIZ

▸ **Schweizerische Rettungsflugwacht Zürich**
Tel. 00 41 / 1 / 14 14, 3 83 11 11

Öffnungszeiten

Geschäfte In Griechenland gibt es keine festgelegten Ladenschlusszeiten. Geschäfte in Touristenzentren können werktags fast rund um die Uhr geöffnet sein, ebenso an Sonn- und Feiertagen. In größeren Orten haben viele Einzelhandelsgeschäfte Mo. – Fr. 8.30 – 14.00/15.00 und 18.00 – 21.00 Uhr geöffnet (Mo./Mi. kann nachmittags geschlossen sein), Sa. 8.00 – 14.00 Uhr, So./Feiertag 9.00 –13.00 Uhr.

Banken Die Banken haben auf den Ionischen Inseln Mo. – Do. 8.00 – 14.00 Uhr, Fr. bis 13.00 Uhr geöffnet; einige (zumindest in der Saison) auch Sa. 8.00 – 13.00 Uhr.

Post Die Postämter sind meist Mo. – Fr. von 7.30 bis 15.00 Uhr geöffnet, in Korfu-Stadt (Leoforos Alexandras) bis 20.00 Uhr.

Apotheken Mo. – Fr. 8.30 – 14.30 und 16.00 (oder etwas später) bis 19.30, Sa. 8.30 bis 16.00 Uhr. An jeder Apotheke wird darauf hingewiesen, welche außerhalb dieser Zeiten geöffnet hat.

Restaurants Restaurants können nachmittags etwa zwischen 15.00 und 19.00 Uhr eine Pause machen. Geschlossen wird meist um 24.00 Uhr; einige haben die ganze Nacht geöffnet, da es keine Sperrstunde gibt.

Museen In der Regel haben die Museen Di. – So. 8.30 – 15.00 Uhr geöffnet. Eingeschränkte Öffnungszeiten gelten in den Schulferien, am 6. Januar, Rosenmontag, Ostersamstag, Ostermontag, Pfingstsonntag, 15. August und 28. Oktober. Wichtig: Geschlossen sind die meisten Museen am 1. Januar, 25. März, Karfreitag sowie am Ostersonntag, am 1. Mai und an den Weihnachtsfeiertagen.

Post und Telekommunikation

Post bringt man am besten zu den Ämtern der staatlichen Post (Elliniká Tachydromía, ELTA) Postamt oder gibt sie an der Hotelrezeption ab; die öffentlichen Briefkästen werden teils nur in mehrtägigen Abständen geleert. Briefe und Ansichtskarten innerhalb der EU sollen nach der Eigenwerbung der ELTA in drei Tagen ankommen, brauchen aber bis zu vier Wochen.

Porto und Briefmarken Das Porto beträgt 0,65 € für Postkarten und Standardbriefe nach EU-Staaten und in die Schweiz. Briefmarken erhält man in Postämtern, in Geschäften, die Ansichtskarten verkaufen (Souvenirläden, Kioske) sowie in vielen Hotels. In den Geschäften und Hotels wird in der Regel ein Aufschlag von etwa 10 % verlangt.

LÄNDERVORWAHLEN

▶ **Nach Griechenland**
00 30

▶ **Von Griechenland**

nach Deutschland	00 49
nach Österreich	00 43
in die Schweiz	00 41

TELEFONAUSKUNFT

▶ **Inland**
Athen 131
Übriges Griechenland 132

▶ **Ausland**
161

Telefonieren Telefonieren ist in Postämtern nicht möglich; dafür zuständig ist das Telefon- und Telegrafenamt (OTE). Die zuverlässigen öffentlichen Telefone, die es überall gibt, funktionieren mit einer »Telekarta« zu 4, 6 und 18 € (Guthaben 4, 6,50 und 20 €). Ein 10-minütiges Gespräch nach Deutschland kostet ca. 3 €. Von jedem Festnetztelefon – ob privat, im Hotel oder von der Telefonzelle – kann man mit der »Chronocarta« telefonieren, die Gebühr wird ebenso vom vorausbezahlten Betrag (6, 13 oder 25 €) abgebucht. Dazu muss man vor dem Gespräch bestimmte Nummern eingeben. Beide Karten sind an Kiosken, in OTE-Niederlassungen, Supermärkten etc. zu haben.

Ortsvorwahl Auch bei Ortsgesprächen und bei Anrufen aus dem Ausland muss die ganze Ortsvorwahl gewählt werden. Die Ortsvorwahl im Festnetz beginnt mit einer 2, in den Mobilnetzen mit einer 6.

Mobiltelefon Fast überall funktioniert das Mobiltelefon im GSM-Netz (D- und E-Netz). Auch in Griechenland sind mit dem Mobiltelefon über die Nummer 112 Notrufe möglich. Griechische Gesellschaften: Cosmote (www.cosmote.gr), Panafon (www.panafon.gr) und Stet Hellas (www.telestet.gr). Über die Partnerfirmen, Modalitäten und Tarife informieren die heimischen Mobiltelefongesellschaften.

Preise und Vergünstigungen

Preisniveau In Griechenland hat sich der Euro deutlich auf die Höhe der Preise ausgewirkt, mehr noch aber die Tatsache, dass im gastronomisch-touristischen Bereich auch massive Preiserhöhungen leicht durchsetzbar sind. Daher muss man heute insgesamt mit etwa denselben Kosten rechnen wie etwa in Deutschland. Als Untergrenze für das tägliche Budget sind – in der Hochsaison, ohne Fahrtkosten und für zwei Menschen, die sich ein Zimmer teilen – etwa 50 € pro Nase anzusetzen; Einzelreisende, die etwas mehr Komfort wünschen, benötigen mindestens 100 – 120 €. Die teuersten Inseln sind Korfu und

WAS KOSTET WIE VIEL?

Einfaches Doppelzimmer
ab 35 €

Einfache Mahlzeit
ab 4 €

Drei-Gänge-Menü
ab 15 €

1 Liter Benzin 95 Oktan
0,90 €

1/2 l Bier griech. / ausld.
2,00 / 3,50 €

Frappé oder Orangenlimonade
2,00 – 3,00 €

Paxí, die preisgünstigste ist Lefkáda. Da die Übernachtungskosten den größten Posten ausmachen, kann man in der Nebensaison deutlich gunstiger urlauben (►Reisezeit); man kann dann auch über den Preis verhandeln, vor allem wenn man länger bleiben will.

Museen und Sehenswürdigkeiten Eine Reihe von Sehenswürdigkeiten wie Angelókastro auf Korfu, die früher frei zugänglich waren, kosten inzwischen. Die staatlichen Museen auf den Ionischen Inseln verlangen 3 €, das Achilleion 6 €. Museen sind gratis zugänglich an den Sonntagen von Nov. bis März, in den Monaten Mai, Juni und Okt. am 1. Sonntag, darüber hinaus am 6. März, 18. April, 18. Mai und 5. Juni sowie am letzten September-Wochenende. Keinen Eintritt bezahlen Jugendliche unter 18 Jahren und Studenten mit internationalem Ausweis.

Reisezeit

Hauptsaison Die Hauptsaison dauert auf den Ionischen Inseln von Mitte Juni bis Anfang September, an manchen Orten wie Kassiópi auf Korfu sogar noch länger. Dann herrscht Hochbetrieb, die Hotels sind ausgebucht, die Restaurants stark besucht, an den Stränden reiht sich eine Liege an die andere (manche – wie in der Laganás-Bucht auf Zákynthos – können so voll sein, dass selbst Hartgesottene fliehen). In diesen Monaten kann man mit beständig schönem Wetter rechnen (►Hintergrund, Klima). Die relativ hohen Tagestemperaturen lassen sich wegen des fast immer wehenden Windes meist gut ertragen. Abends kann es aber auch im Hochsommer kühl werden, einen Pullover oder eine Jacke sollte man immer im Reisegepäck haben, besondes wenn man ein motorisiertes Zweirad mieten will.

Vor- und Nachsaison

Angenehmer ist ein Aufenthalt auf den westgriechischen Inseln in der Vor- und Nachsaison, also in April / Mai und September / Oktober. Die Urlauberzahlen halten sich in Grenzen, die Hotelpreise sind niedriger und der Service meist besser. Auch zum Wandern sind diese Monate am besten geeignet. Allerdings ist damit zu rechnen, dass organisierte Ausflüge nicht in vollem Umfang durchgeführt werden und manche Einrichtungen (Tennisplätze, Wassersport, Diskotheken etc.) nicht geöffnet haben. Der wohl beste Reisemonat ist der Mai. Die Vegetation präsentiert sich dann in ihrer ganzen Üppigkeit, das Wetter ist meist sehr schön. Die Wassertemperaturen sind jedoch noch nicht angenehm.

Winter

Ein gutes Winterreiseziel sind die Ionischen Inseln nicht. Die Temperaturen bewegen sich im Dezember / Januar um 10 °C, es regnet häufig. Die meisten Hotels haben zwischen Mitte Oktober und April geschlossen, ebenso Restaurants und Läden. Ein Quartier findet man dann meist nur in den Hauptorten.

Shopping

Kunsthandwerk

Auf den Ionischen Inseln werden verschiedene kunsthandwerkliche Erzeugnisse angeboten. Allerdings ist viel Massenware darunter, die auf dem Festland oder im Ausland hergestellt wurde. Die größte Auswahl findet man in Korfu-Stadt, in den Altstadtgassen reiht sich ein Souvenir- oder Schmucklädchen an das andere. Nicht selten kann man hier ein schönes Stück aus Gold oder Silber zu annehmbaren Preisen finden.

Wer eine handgemalte Ikone erstehen will, muss auf die Angabe »hand painted« achten; »hand made« bezeichnet nur einen von Hand gemachten Siebdruck. Erstere sind auch deutlich teurer. Eine gute Adresse in Korfu-Stadt ist Icon (Vasileos Georgiou 18).

Schöne Stickereien in Korfu (▸ Tipp S. 190).

Keramik wird in allen Preislagen angeboten, von schlechten Nachahmungen antiker Vasen über gute Kopien bis hin zu künstlerisch Wertvollem. Beachten: Häufig sind die Farben nicht eingebrannt, die Töpferwaren sind also nicht abwaschbar. Gern gekauft werden auch Spitzen, Stickereien und Webwaren. Einen besonderen Ruf für die hohe Qualität der dort von Hand hergestellten Teppiche und Stickereien hat der Ort Karyá auf Lefkáda. Die aus Wolle geknüpften Flokati-Teppiche gibt es in verschiedenen Farben, am besten kauft man einen naturweißen oder naturbraunen; die gefärbten Exemplare bleichen schnell aus. Lederwaren findet man natürlich auch auf den Ionischen Inseln in großer Vielfalt, typischer für die Inseln sind aber Schnitzereien aus Olivenholz.

Kopien antiker Kunst Die besten Kopien von Museumsstücken kauft man im offiziellen Museumsladen in Korfu-Stadt in der Alten Festung.

Schwämme Naturschwämme werden oft angeboten. Am teuersten sind große Schwämme mit feinen Poren und gleichmäßiger Struktur.

Kräuter, Olivenöl, Honig In den Bergregionen werden am Straßenrand Kräuter und Honig angeboten. Auch Olivenöl erwirbt man am besten beim Erzeuger; einen besonders guten Ruf genießt das auf Paxí hergestellte Öl.

Süßigkeiten Die Griechen mögen's süß, so gibt es eine große Auswahl an Süßigkeiten. Typisch sind Mandolato (weißer Nougat, ähnlich dem Türkischen Honig), Mandoles (ganze karamellisierte Mandeln), mit Ouzo getränkter Feigenkuchen sowie Trockenfrüchte und Nüsse.

Liköre, Wein Eine Spezialität Korfus sind die Kumquats, aus China eingebürgerte Zwergorangen, die zu Likör, Schnaps und kandierten Früchten verarbeitet oder in Sirup eingelegt werden. Sehr gut sind die Weißweine Robóla von Kefalloniá und Vertzámo von Lefkáda.

Sprache

Meist wird man fast überall auf den Ionischen Inseln einen Einheimischen finden, mit dem man sich – vor allem in Englisch – verständigen kann. Auch Deutschkenntnisse nehmen allmählich zu. Abseits der Touristenzentren können Grundkenntnisse der neugriechischen Sprache hilfreich sein.

Umschrift Es gibt keine allgemein gültigen Richtlinien für die Umschrift der griechischen Buchstaben ins lateinische Alphabet. Die in diesem Reiseführer verwendete Umschrift orientiert sich an praktischen Gesichtpunkten: Sie soll so weit wie möglich die korrekte Aussprache wiedergeben, muss andererseits aber die Umschrift berücksichtigen, die sich in Griechenland eingebürgert hat. Daher sind für die richtige Aussprache – die für die Verständigung entscheidend ist – einige Regeln zu beachten.

GRIECHISCHES ALPHABET

Buchstaben	Umschrift	Aussprache
Α α (alfa)	a	a
Β β (wita)	v	w
Γ γ (ghamma)	g	gh, vor e und i: j
Δ δ (dhelta)	d	dh (wie in engl. »that«)
Ε ε (epsilon)	e	kurzes e
Ζ ζ (sita)	z	stimmhaftes s
Η η (ita)	i	i
Θ ϑ, θ (thita)	th	th (wie in engl. »thing«)
Ι ι (iota)	i	i
Κ κ (kappa)	k	k
Λ λ (lamvda)	l	l
Μ μ (mi)	m	m
Ν ν (ni)	n	n
Ξ ξ (xi)	x	ks
Ο ο (omikron)	o	o
Π π (pi)	p	p
Ρ ρ (rho)	r	r
Σ σ, ς (sigma)	s	stimmloses s
Τ τ (tav)	t	t, nach d: d
Υ υ (ipsilon)	y	i
Φ φ (fi)	f	f
Χ χ (chi)	ch	vor a, o, u wie in »ach«; vor e, i wie in »ich«
Ψ ψ (psi)	ps	ps
Ω ω (omega)	o	o

Buchstabenkombinationen

αι	e	e
αυ	av	aw (vor stimmhaftem Konsonant oder Vokal)
αυ	af	af (vor stimmlosem Konsonant)
γγ	ng	ng
γκ	g	g (am Wortanfang, selten im Wortinneren)
γκ	ng	ng (im Wortinneren)
ει	i	i
ει	j	j (unbetont, zwischen Konsonant und Vokal)
ευ	ev /ef	ev /ef (entspr. αυ)
μβ	mv	mw
μπ	b	b (am Wortanfang, selten im Wortinneren)

μπ	mb	mb (im Wortinneren)
ντ	d	d (am Wortanfang, selten im Wortinneren)
ντ	nt	nd (im Wortinneren)
οι	i	i
ου	ou	u

Akzent und Satzzeichen Die Betonung ist sehr unterschiedlich und entspricht oft nicht dem, was man vom Deutschen her erwarten würde. Für die Verständigung ist die richtige Betonung aber sehr wichtig, was der auf allen mehrsilbigen Wörtern gesetzte Akzent (der die verschiedenen historischen Akzentformen ersetzt hat) ohne Probleme ermöglicht. Bei den Satzzeichen unterscheiden sich nur das griechische Fragezeichen, das dem deutschen Strichpunkt entspricht (? = ;), und der Strichpunkt, der im Griechischen als Punkt über der Zeile (·) geschrieben wird.

Im folgenden Sprachführer wird in der zweiten Spalte die tatsächliche Aussprache möglichst genau wiedergegeben, daher wird die oben beschriebene Umschrift nicht verwendet.

KLEINER SPRACHFÜHRER

Das Allerwichtigste

Ja / Nein	nä / óchi	Ναί / Όχι
Vielleicht	'issos	Ίσως
Bitte	paraka'lo	Παρακαλώ
Danke (sehr)	äfchari'sto (pol'i)	Ευχαριστώ (πολύ)
Entschuldigung!	si'njomi!	Συγγνώμη!
Bitte? Sie wünschen?	o'ristä?	Ορίστε;
Ich verstehe Sie nicht.	ðä sass katala'wäno.	Δε σας καταλαβαίνω.
Bitte wiederholen Sie es.	na to ksana'pite, paraka'lo.	Νά το ξαναπείτε, παρακαλώ.
Sprechen Sie …	mi'late …	Μιλάτε …
Deutsch?	jermanik'a?	γερμανικά;
Englisch?	angglik'a?	αγγλικά;
Ich spreche nur wenig Griechisch.	mi'lo 'mono ligo ellinika*a.	Μιλώ μόνο λίγο ελληνικά.
Können Sie mir bitte helfen?	bo'ritä na mä woi'θisätä, paraka'lo?	Μπορείτε να με βοηθήσετε, παρακαλώ;
Ich möchte …	'θälo …	Θέλω …
Haben Sie … ?	'ächätä … ?	Έχετε …?
Wie viel kostet es?	'posso ko'stisi?	Πόσο κοστίζει;
Wie viel Uhr ist es?	ti 'ora 'inä?	Τι ώρα είναι
Heute / Morgen	'simära / 'awrio	Σήμερα / Αύριο

Grüßen

Guten Morgen!	kali'mära (su / sas)!	Καλημέρα (σου / σασ)!
Guten Tag!	kali'mära! / 'chärätä!	Καλημέρα / Χαίρετε!
Guten Abend!	kali'spära!	Καλησπέρα!
Gute Nacht!	kali'nichta!	Καληνύχτα!
(allgemeiner Gruß)	'jassas!	Γειά σας!
Hallo! Grüß dich!	'jassu!	Γειά σου!
Wie geht es Ihnen / dir?	ti 'kanete / 'kanis?	Τι κάνετε / κάνεις?
Danke. Und Ihnen / dir?	äfchari'sto. äs'sis / äs'si?	Ευχαριστώ. Εσείς / Εσύ?
Auf Wiedersehen!	a'dio!	Αντίο!
Tschüs!	'jassu!	Γειά σου!

Zahlen

0	mi'ðan	μηδέν	20	'ikossi	είκοσι
1	'äna	ένα	21	'ikossi 'äna	είκοσι ένα
2	'ðio	δύο	22	'ikossi 'ðio	είκοσι δύο
3	'tria	τρία	30	tri'anda	τριάντα
4	'tässära	τέσσερα	40	sa'randa	σαράντα
5	'pändä	πέντε	50	pä'ninda	πενήντα
6	'äksi	έξι	60	ä'ksinda	εξήντα
7	ä'fta	εφτά	70	äwðo'minda	εβδομήν-τα
8	o'chto	οχτώ	80	og'ðonda	ογδόντα
9	ä'näa	εννέα	90	änä'ninda	ενενήντα
10	'ðäka	δέκα	100	äka'to	εκατό
11	'ändäka	ένδεκα	200	ðia'kosja	διακόσια
12	'ðoðäka	δώδεκα	1000	'chilia	χίλια
13	ðäka'tria	δεκατρία	2000	'ðio chi'ljaðäs	δύο χιλιάδες
14	ðäka'tässära	δεκατέσσερα	10 000	'ðäka chi'ljaðäs	δέκα χιλιάδες
15	ðäka'pändä	δεκαπέντε			
16	ðäka'äksi	δεκαέξι	1/2	to / 'äna 'ðäftäro	το / ένα δεύτερο
17	ðäkaä'fta	δεκαεφτά			
18	ðäkao'chto	δεκαοχτώ	1/4	to / 'äna 'tätarto	το / ένα τέταρτο
19	ðäkaä'näa	δεκαεννέα			

Auskunft unterwegs

links / rechts	aristä'ra / ðäks'ja	αριστερά / δεξιά
geradeaus	ef'θia	ευθεία
nah / weit	ko'nda / makri'a	κοντά / μακριά
Ist das die Straße nach …?	'Ine af'tos o 'dromos ja …?	Είναι αυτός ο δρόμος γιά …?

Bitte, wo ist … ?	Parakaló, pú ínä … ?	Παρακαλώ, πού είναι …
Wie weit ist es nach … ?	'posso ma'kria 'inä ja … ?	Πόσο μακριά είναι γιά…?
Wie komme ich nach (zu) … ?	Pos θa 'pao ja (sto / stin) … ?	Πώς θα πάω γιά (στο / στην) … ?
Ich möchte … mieten.	'θälo na ni'kjasso …	Θέλω να νοικιάσω …
… ein Auto	'äna afto'kinito	ένα αυτοκίνητο
… ein Fahrrad	'äna po'ðilato	ένα ποδήλατο
… ein Boot	'mia 'warka	μία βάρκα

Wichtige Aufschriften

ΑΝΔΡΩΝ	Herren	ΓΥΝΑΙΚΩΝ	Damen
ΕΙΣΟΔΟΣ	Eingang	ΕΞΟΔΟΣ	Ausgang
ΑΝΟΙΧΤΟ	Offen	ΚΛΕΙΣΤΟ	Geschlossen
ΤΑΧΥΔΡΟΜΕΙΟΝ	Post	ΤΡΑΠΕΖΑ	Bank

Tanken

Wo ist bitte die nächste Tankstelle?	'pu 'inä, paraka'lo, to e'pomä-no wensi'naðiko?	Πού είναι, παρακαλώ, το επομένο βενζιναδικό;
Ich möchte … Liter …	θälo … 'litra …	Θέλω … λίτρα …
… Benzin.	… wän'sini.	… βενζινη.
… Diesel.	… 'disäl.	… ντίζελ.
… bleifrei / verbleit.	… a'moliwði / mä 'mo-liwðo	… αμόλυβδη / με μόλυβδο.
Volltanken bitte.	jä'mistä paraka'lo.	Γεμίστε παρακαλώ.
Prüfen Sie bitte den Ölstand.	äksä'tastä, paraka'lo, ti 'staθmi tu lað'ju.	Εξέταστε, παρακαλώ, τη στάθμη του λαδιού.

Panne und Unfall

Ich habe eine Panne.	'äpaθa zim'ja.	Έπαθα ζημειά.
Können Sie mir bitte einen Abschleppwagen schicken?	θa bo'russatä na mu 'stilätä 'äna 'ochima ri'mulkissis?	Θα μπορούσατε να μου στείλατε ένα όχημα ρυμούλκησης;
Wo ist hier in der Nähe eine Werkstatt?	'pu i'parchi ä'ðo kon'da 'äna sinär'jio?	Πού υπάρχει εδώ κοντά ένασυνεργείο;
Hilfe!	wo'iθja!	Βοήθεια!
Achtung! / Vorsicht!	proso'chi!	Προσοχή!
Rufen Sie bitte schnell …	ka'lästä, paraka'lo, 'grigora	Καλέστε, παρακαλώ, γρήγορα …
… einen Krankenwagen.	… 'äna asθäno'foro.	… ένα ασθενόφορο.
… die Polizei.	… tin astino'mia.	… την αστυνομία.
… die Feuerwehr.	… tin piroswästi'ki ipirä'sia.	… την πυροσβεστική υπηρεσία.

Geben Sie mir bitte Ihren Namen und Ihre Anschrift.	'pästä mu to 'onoma kä ti ðiäfθin'si sas, paraka'lo.	Πέστε μου το όνομα και τη διεύθυνσή σας, παρακαλώ.

Einkaufen

Wo finde ich …?	pu θa wro …?	Πού θα βρω …;
eine Apotheke	'ena farma'kio	ένα φαρμακείο
eine Bäckerei	'ena artopo'lio	ένα αρτοπολείο
ein Lebensmittelgeschäft	'ena ka'tastima tro'fimon	ένα κατάστημα τροφίμων
den Markt	tin ajo'ra	την αγορά

Arzt

Können Sie mir einen guten Arzt empfehlen?	bo'ritä na mu siss'tissätä 'änan ka'lo ja'tro?	Μπορείτε να μου συστήσετε έναν καλό γιατρό;
Ich habe hier Schmerzen.	'ächo 'ponnus ä'ðo.	Έχω πόνους εδώ.

Bank

Wo gibt es hier eine Bank?	'pu 'inä ä'ðo mja 'trapäsa?	Πού είναι εδώ μια τράπεζα;
Ich möchte … Schweizer Franken in Euro wechseln.	'θälo na a'lakso … älwäti'ka 'franga sä evró.	Θέλω να αλλάξω … ελβετικά φραγκα σε ευρώ.

Post

Was kostet …	'posso ko'stisi …	Πόσο κοστίζει …
… ein Brief …	… 'äna 'gramma	… ένα γραμμα
… eine Postkarte …	… mja 'karta	… μια κάρτα
… nach Deutschland / Österreich / Schweiz?	… ja ti järma'nia / afs'tria / elwe'tia?	… γιά τη Γερμανία / Αυστρία / Ελβετία;
Eine / zwei Briefmarken, bitte.	'äna/'ðio grammat'osimo/ grammat'osima, paraka'lo.	Ένα/δύο γραμματόσημο / γραμματόσημα, παρακαλώ.

Übernachten

Können Sie mir bitte … empfehlen?	bo'ritä na mu si'stissätä …, paraka'lo?	Μπορείτε να μου συστήσετε …, παρακαλώ;
… ein Hotel	… 'äna ksänoðo'chio	… ένα ξενοδοχείο

… eine Pension	… 'mia pan'sjon	… μία πανσιόν
Ich habe bei Ihnen ein Zimmer reserviert.	'äðo sä sas 'äklissa 'äna ðo'matjo.	Εδώ σε σας έκλεισα ένα δομάτιο.
Haben Sie noch ein Zimmer frei …	'ächätä a'komi 'äna ðo'matjo ä'läfθäro …	Έχετε ακόμη ένα δομάτιο ελεύθερο …
… für eine Nacht?	… ja mja 'nichta?	… γιά μια νύχτα;
… für zwei Tage?	… ja 'ðio 'märäs?	… γιά δύο μέρες;
… für eine Woche?	… ja mja wðo'maða?	… γιά μια βδομάδα;
Was kostet das Zimmer mit …	'posso ko'stisi to do'matjo mä …	Πόσο κοστίζει το δομάτιο με …
… Frühstück?	… proi'no?	… πρωινό;
… Halbpension?	… 'mäna 'jäwma?	… μένα γεύμα;

Essen gehen

Wo gibt es hier ein gutes Restaurant?	pu i'parchi ä'ðo 'äna ka'lo ästia'torio?	Πού υπάρχει εδώ ένα καλό εστιατόριο;
Gibt es hier eine gemütliche Taverne?	i'parchi ä'ðo ta'wärna mä 'anäti at'mosfära?	Υπάρχει εδώ μια ταβέρνα με άνετι ατμόσφαιρα;
Reservieren Sie uns bitte für heute Abend einen Tisch für 4 Personen.	kra'tistä mas ja 'simera to 'wraði 'äna tra'päsi ja 'tässära 'atoma, paraka'lo.	Κρατήστε μας για σήμερα το βράδυ ένα τραπέζι για 4 άτομα, παρακαλώ.
Ich möchte bitte bezahlen.	θä*alo na pli'rosso, paraka'lo.	Θέλω να πληρώσω, παρακαλώ.
Bitte alles zusammen.	'ola mas'i, parakal'o.	Όλα μαζί, παρακαλώ.
Wir möchten getrennt bezahlen.	θa θ'ä*alame na pli'rosume chorist'a.	Θα θέλαμε να πληρώσουμε χωριστά.
Messer	ma'chäri	μαχαίρι
Gabel	pi'runi	πηρούνι
Löffel	ku'tali	κουτάλι

Κατάλογος φαγητών · Speisekarte

πρoινώ	proin'o	**Frühstück**
καφές (σκέτο)	ka'fäs ('skäto)	(ungesüßter) Kaffee
καφές με γάλα	ka'fäs me 'jala	Kaffee mit Milch
καφές φίλτρου	ka'fäs 'filtru	Filterkaffee
τσάι με λεμόνι	'tsai mä lä'moni	Tee mit Zitrone
τσάι από βότανα	'tsai a'po 'wotana	Kräutertee
σοκολάτα	soko'lata	Schokolade
χυμό φρούτου	chi'mo 'frutu	Fruchtsaft
αυγό μελάτο	aw'jo mä'lato	weiches Ei
ομελέτα	omä'läta	Omelett
αυγά μάτια	aw'ja 'matja	Spiegeleier
αυγά με μπείκον	aw'ja mä 'bäiken	Eier mit Speck
ψωμί / ψωμάκι	pso'mi / pso'maki	Brot / Brötchen

τοστ	'tost	Toast
κρουασάν	krua'san	Hörnchen, Croissant
φρυγανιές	frigan'jäs	Zwieback
βούτυρο	'wutiro	Butter
τυρί	ti'ri	Käse
λουκανικό	lu'kaniko	Wurst
λουκανικό	lu'kaniko	Wurst
ζαμβόν	sam'bon	Schinken
μέλι	'mäli	Honig
μαρμελάδα	marmä'laða	Marmelade
γιαούρτι (με καρύδια)	ja'urti (mä ka'riðja)	Joghurt (mit Walnüssen)

ορεκτικά / σούπες	orektik'a / 'supes	**Vorspeisen / Suppen**
ποικιλίαελιές	ä'ljäs	Oliven
φέτα	'fäta	weißer Schafskäse
μελιτζάνα σαλάτα	mäli'dsana sa'lata	Auberginensalat
ντολμαδάκια	dolma'ðakja	gefüllte Weinblätter (kalt)
γαρίδες	ga'ridäs	Garnelen
γίγαντες	'jigandäs	große weiße Bohnen
σαγανάκι	saga'naki	gebratener Käse
σκορδαλιά	skorðal'ja	Püree aus Kartoffeln, Knoblauch und Öl
σπανακόπιτα	spana'kopita	Spinattasche
ταραμοσαλάτα	taramosa'lata	Fischrogenpüree
τζατζίκι	za'ziki	Joghurtcreme mit Gurke und Knoblauch
τυρόπιτα	ti'ropita	Käsetasche
κοτόσουπα	ko'tosupa	Hühnersuppe
κοτόσουπα αυγολέμονο	ko'tosupa awgo'lämono	Hühnersuppe mit Zitrone und Ei
ψαρόσουπα	psa'rosupa	Fischsuppe
ζωμός κρέατος	so'mos 'kräatos	Fleischbrühe
τοματόσουπα	toma'tosupa	Tomatensuppe
λαχανόσουπα	lacha'nosupa	Gemüsesuppe
φασολάδα	faso'lada	Bohnensuppe
μαγειρίτσα	maji'ritsa	Ostersuppe

σαλάτες	sa'lates	**Salate**
(ν)τοματοσαλάτα	tomatosa'lata	Tomatensalat
αγγούρι	an'guri	Gurke
χοριάτικι (σαλάτα)	chor'jatiki (sa'lata)	Dorfsalat
μαρούλι σαλάτα	ma'ruli sa'lata	Kopfsalat
λαχανοσαλάτα	lachanosa'lata	Krautsalat
πατατοσαλάτα	patatosa'lata	Kartoffelsalat
άγρια χόρτα	'agria 'chorta	Wildkräutersalat
λαδολέμονο	laðo'lämono	Öl-Zitronen-Sauce

ψάρια	ps'arja	**Fischgerichte**
αστακός	asta'kos	Hummer
γαρίδες	ga'ridäs	Garnelen
χταπόδι	chta'poði	Oktopus
μπαρμπούνι σχάρας	bar'buni 'ßcharas	Rotbarbe vom Grill
γλώσσα τηγανητά	'glossa tijani'ta	Seezunge gebraten
μύδια	'miðia	Muscheln
καλαμαράκια	kalama'rakja	kleine Tintenfische
μπακαλιάρος φούρνου	bakal'jaros 'furnu	Stockfisch aus dem Ofen
σολομός	solo'mos	Lachs
κακαβιά	kakaw'ja	Bouillabaisse
καραβίδες	kara'wiðes	große Scampi
χριστόψαρο	chris'topsaro	Petersfisch
σκουμπρί	skum'bri	Makrele
τσιπούρα	tsi'pura	Dorade
φαγκρί	fan'gri	Zahnbrasse
τόνος	'tonnos	Thunfisch
ξιφίας	ksi'fias	Schwertfisch

φαγητά με κρέας	fajit'a mä kr'äas	**Fleischgerichte**
άρνι ψητό	ar'ni psi'to	Lammbraten
άρνι στο φούρνο	ar'ni sto 'furno	Lammfleisch aus dem Ofen
βοδινό φιλέτο	woði'no fi'läto	Rinderfilet
γαλοπούλα ψητή	galo'pula psi'ti	Pute gebraten
γύρος	'jiros	Fleisch vom Drehspieß
κατσίκι	kat'siki	Zicklein
κεφτέδες	kef'tedes	Hackfleischbällchen
κοτόπουλο ψητό	ko'topulo psi'to	Brathuhn
κουνέλι	ku'näli	Kaninchen
μιξτ γκριλ	'mikst 'gril	Gemischtes Grillfleisch
μοσχάρι κοκκινιστό	mos'chari kokkini'sto	Kalbfleisch geschmort
μοσχάρι ψητό	mos'chari psi'to	Kalbsbraten
μπόν φιλέ	bon fi'lä	Filet
μπριζόλες χοιρινές	bri'soläs chiri'näs	Schweinekotelett
μπιφτέκι	bi'ftäki	Hacksteak vom Grill
παιδάκια αρνίσια	pai'ðakja ar'nisia	Lammkotelett
παστίτσιο	pa'stitsjo	Makkaroniauflauf mit Fleischfüllung
σουτζουκάκια	sudsu'kakja	Hackfleischröllchen
σουβλάκι(α)	su'wlaki	Fleischspieß(e)

λαχανικά	lachanik'a	**Gemüsegerichte**
ντολμάδες	dol'maðäs	Gefüllte Weinblätter (warm)
λάχανο	'lachano	Weißkraut
αγγινάρες	angi'naräs	Artischocken

μελιτζάνες γεμιστές	mäli'dsanäs jämi'stäs	Gefüllte Auberginen
ντομάτες γεμιστές	to'matäs jämi'stäs	Gefüllte Tomaten
πιπεριές γεμιστές	pipär'jäs jämi'stäs	Gefüllte Paprikaschoten
τουρλού	tur'lu	Bunter Gemüseeintopf
φασολάκια	faso'lakja	Grüne Bohnen
μουσακάς	mussa'kas	Auberginen-Hackfleisch-Kartoffel-Auflauf
μπαμιές	'bamjäs	Okraschoten
πιπεριές τηγανητές	pipär'jäs tigani'täs	gebratene Paprika
κολοκυθάκια	koloki'θakja	Zucchini
φασόλια	fa'solja	weiße Bohnen
πατάτες τηγανητές	pa'tatäs tigani'täs	Pommes frites
σπανακορύζο	spana'koriso	Spinat mit Reis

επιδόρπια	epid'orpia	**Nachspeisen**
φρούτα	'fruta	Obst
παγωτό	pagot'o	Eis(creme)
μπακλαβάς	bakla'was	Blätterteig in Sirup mit Nussfüllung
μπουγάτσα	bug'atsa	Blätterteigtasche, gefüllt mit Vanillecreme
κρέμα	'kräma	Grießpudding
ρυζόγαλο	ri'sogalo	Reispudding
σταφύλια	sta'filia	Trauben
καρπούζι	kar'pusi	Wassermelone
πεπόνι	pä'poni	Honigmelone
ροδάκινο	ro'ðakino	Pfirsich
μήλο	'milo	Apfel
αχλάδι	ach'laði	Birne
μούσμουλα	'musmula	Mispel

Αλκοολούχα ποτά	alkool'ucha pot'a	**Alkoholische Getränke**
άσπρο κρασί	'aspro kra'si	Weißwein
κόκκινο κρασί	'kokkino kra'si	Rotwein
ρετσίνα	rä'tsina	geharzter Wein
χύμα	'chima	Wein vom Fass
ξερό	kse'ro	trocken
ημίγλυκο	i'migliko	halbsüß
ούζο	'uso	Anisschnaps
τσίπουρο	'tsipuro	Tresterschnaps
(μια) μπύρα	(mja) 'bira	(ein) Bier

μη αλκοολούχα ποτά	mi alkool'ucha pot'a	**Alkoholfreie Getränke**
φραππέ	frap'pä	kalter Nescafé mit festem Schaum

ελληνικος καφές	elini'kos ka'fäs	griechischer Mokka
τσάι	tsai	Tee
πορτοκαλάδα	portoka'laða	Orangenlimonade
λεμονάδα	lämo'naða	Zitronenlimonade
(μια καράφα) νερό	(mja ka'rafa) ne'ro	(ein Krug) Wasser
μεταλλικό νερό	metalli'ko ne'ro	stilles Mineralwasser
σόδα	'soda	Mineralwasser mit Kohlensäure

Übernachten

Hotels

Alle Ionischen Inseln haben ein großes Angebot an Hotelbetten; am größten ist die Auswahl auf Korfu und Zákynthos. Dennoch kann es im Juli und August ohne rechtzeitige Reservierung problematisch werden, ein Quartier zu finden; viele Hotels und Ferienanlagen haben zudem große Kontingente an Reiseveranstalter vermietet (eine Buchung über Reiseveranstalter ist meist billiger als eine Direktbuchung). Unproblematisch ist es überall in der Vor- und Nachsaison, schwierig wäre es im Winter: Die meisten Hotels haben von Mitte / Ende Oktober bis Ende März oder April geschlossen.

Kategorien und Preise

Die Hotels in Griechenland werden von der Griechischen Zentrale für Fremdenverkehr klassifiziert, vom Luxushotel (L) über komfortable Häuser (A) bis zu einfachen Hotels (D). 2005 soll eine neue Klassifizierung mit 1 – 4 Schlüsseln eingeführt werden. Allerdings ist die Kategorie kein echter Anhaltspunkt für die tatsächliche Qualität und den Preis.

Die Zimmerpreise müssen an der Rezeption und in den Zimmern aushängen. In der Hauptsaison (Juli/August, z. T. bis Mitte Sept.; in Korfu-Stadt ist Ostern die teuerste Zeit) liegen die Zimmerpreise kaum unter dem Niveau mitteleuropäischer Reiseländer, in der Vor- und Nachsaison sind sie 20 – 30 % billiger, im Winter sogar bis zu 50 %. Manche Hotels verlangen bei einem Aufenthalt unter drei Tagen einen Aufschlag. Für ein drittes Bett werden 20 – 50 % des Zimmerpreises berechnet, ein Einzelzimmer kann (muß aber nicht) 20 – 25 % weniger kosten als ein Doppelzimmer.

Die in den Hotelempfehlungen im Teil »Reiseziele von A bis Z« genannten Preise beziehen sich, wenn nicht anders vermerkt, auf ein Doppelzimmer bzw. Zweier-Appartement mit Frühstück; der niedrigere Preis gilt für das billigste Zimmer in der Nebensaison, der höhere für das teuerste in der Hochsaison.

ADRESSEN FERIENWOHNUNGEN

► **Domizile Reisen**
Planegger Str. 9 A
D-81241 München
Tel. (0 89) 83 30 84
Fax (0 89) 8 34 17 60
www.domizile.de

► **Jassu Reisen**
Postfach 2106
D-53630 Königswinter
Tel. (0 22 23) 9 17 50
Fax (0 22 23) 91 75 23
www.jassu.de

► **TAKIS Ferienhäuser**
Schwere-Reiter-Str. 35 / Geb.14
80797 München
Tel. (0 89) 23 66 51-0
Fax (0 89) 23 66 51-99
www.takis.de

► **CV Travel**
Great Somerford, Chippenham,
Wiltshire SN15 5EH (GB)
Fax 00 44 / 12 49 / 72 14 90
www.cvtravel.net

► **Simply Travel**
Kings Place, Wood Street
Kingston-upon-Thames
KT1 1SG (GB)
Tel. 00 44 / 20 / 8541 2222
Fax 00 44 / 20 / 8541 2280
www.simply-travel.com

Ferienwohnungen und Privatzimmer

Ferienwohnungen

Auf allen Ionischen Inseln werden Ferienwohnungen und -häuser vermietet. Viele Reiseveranstalter und spezialisierte Unternehmen haben sie im Programm. Ein ausgezeichnetes Angebot haben auch britische Agenturen (Adressen rechts) .

Privatzimmer

In vielen Orten an den Küsten und im Inneren der Inseln werden – teils in sehr attraktiver Lage – preisgünstige Privatzimmer, aber auch komfortable Appartements und Studios vermietet. Es lohnt sich also, »auf die Jagd zu gehen« bzw. den Zufall zu nützen.

Camping und Caravaning

Die Campingplätze in Griechenland sind teils in privater Hand, teils stehen sie unter der Verwaltung der Griechischen Zentrale für Fremdenverkehr. Das Übernachten außerhalb von Campingplätzen, an Straßen, auf Rast- und Parkplätzen sowie im freien Gelände, ist grundsätzlich nicht erlaubt.

Campingführer

Die Griechische Zentrale für Fremdenverkehr (►Auskunft) gibt jährlich die Broschüre »Camping in Greece« heraus, die nur die allernotwendigsten Angaben enthält. Detaillierte Informationen gibt der jährlich erscheinende ADAC Camping Caravaning Führer, Band 1 Südeuropa, erhältlich in jeder ADAC-Geschäftsstelle.

Urlaub aktiv

Fahrradtouren Die Inseln mit den Fahrrad zu erkunden erfreut sich zunehmender Beiebtheit. Allerdings weisen auch flachere Inseln bzw. Inselteile immer wieder handfeste Steigungen auf, die insbesondere bei sommerlicher Hitze gute Kondition verlangen. Viele Hotels und Verleiher vermieten Mountainbikes und Fahrräder. Auch bei Charterflügen problemlos möglich ist die Mitnahme des eigenen Rades.

Golf Nur Korfu verfügt über einen Golfplatz. Er liegt in der Rópa-Ebene 17 km westlich von Korfu-Stadt und hat 18 Löcher (Corfu Golf Club, Tel./Fax 26610 94220, www.corfugolfclub.com). Hier werden auch Golfkurse angeboten, die Ausrüstung kann geliehen werden.

Kricket Die Briten brachten im 19. Jh. das Kricketspiel nach Korfu, bis heute ist es dort populär. Es gibt vier Mannschaften, die im Sommer am Mittwoch- und Samstagnachmittag auf dem Rasenplatz vor den Liston-Arkaden in Korfu-Stadt gegeneinander spielen. Alljährlich im September wird ein Kricket-Festival ausgetragen, bei dem die einheimischen Mannschaften gegen Teams aus Malta und Großbritannien antreten. Informationen bei der Hellenic Cricket Association in Korfu-Stadt, Tel. 26610 47753.

Reiten Auf Korfu gibt es eine Reitmöglichkeit in Áno Korakiána bei The Trailriders (Tel. 26630 23090); die britische Inhaberin führt auch Ausflüge (mit Picknick) in abgelegene Berggegenden durch. Auf Kefalloniá sind zwei Reitställe zu finden, deren stämmig-trittsichere Rassen auch für Anfänger und Kinder geeignet sind: bei Sami, an der Straße nach Poros zwischen Zervata and Koulourata, die Bavarian Horse Riding Stables (Tel. 26977 533203, deutsch), und in Valsamata in der Nähe des Gerasimos-Klosters das Omala Valley Riding Centre (Tel. 26946 614972, englisch).

Segeln Das Ionische Meer ist ein herrliches Segelrevier. Reizvolle Ziele sind nicht nur die größeren Inseln, sondern etwa auch die Othonischen Inseln nördlich von Korfu oder die der Ostküste von Lefkáda vorgelagerten Inselchen. Am besten ausgestattet ist die Marina von Gouviá auf Korfu mit Platz für etwa 1000 Schiffe, die als eine der schönsten Griechenlands gilt. Eine wichtige Station ist die moderne Marina in Lefkáda mit 700 Liegeplätzen. Wer nur eine Woche zur Verfügung hat, sollte auf Korfu verzichten und seinen Törn in Préveza oder Lefkáda beginnen; dann hat man Zeit, um auch die grandiosen Westküsten der südlichen Inselgruppe kennenzulernen. Informationen erhält man beim Griechischen Fremdenverkehrsamt (Broschüre »Segelsport«), beim Corfu Sailing Club (Tel. 26610 25957) und bei der Hellenic Yachting Federation (Akti Navarchou Koundourioti 7, GR-18534 Piräus, Tel. 210 4137351, Fax 210 4131191). Letztere gibt auch

Informationen zu Segelregatten (International Ionian Sailing Week, Korfu-Brindisi-Regatta). Bewährte Segelhandbücher sind Axel Kramer, Hafenführer Ionisches Meer (2. Aufl. 2004) sowie Rod Heikell, Greek Waters Pilot (9. Aufl. 2004).

Surfen

Auf den Ionischen Inseln gibt es gute Surfreviere, an vielen Orten werden Surfbretter vermietet. Als einer der besten Spots Europas gilt die Bucht von Vasilikí auf Lefkáda. Generell bieten die Nord- und Westküsten der Inseln wegen der meist starken westlichen Winde ideale Voraussetzungen; Ausnahmen sind Paxí und Zákynthos wegen der steil abfallenden Felsküsten. Der Wind frischt meist im Lauf des Tages auf, so dass für Anfänger der Vormittag geeignet ist, während Könner nachmittags auf ihre Kosten kommen.

Tauchen

Rund um die Ionischen Inseln sind viele Bereiche für das Tauchen mit Atmungsgeräten freigegeben. Wer in Begleitung eines erfahrenen Tauchlehrers dem Sport frönen oder einen Tauchschein machen möchte, wendet sich an eine der Tauchbasen: auf Korfu in Ágios Górdis, Dafnila Bay, Kassiópi, Ýpsos, Messongí und Paleokastrítsa; auf Paxí in Gáios; auf Kefalloniá in Agía Evfimía, auf Lefkáda in Nydrí, auf Zákynthos in Laganás. Weitere Informationen gibt die GZF, auch auf ihrer Website (▸Auskunft).

Tennis

Viele größere Hotels – vor allem auf Korfu und Zákynthos – haben eigene Tennisplätze. Der Corfu Tennis Club in Korfu-Stadt vermietet Plätze auch an Nichtmitglieder (Auskunft Tel. 26 610 37021).

Starkwindsurfen in Landnähe: Die besondere Topografie in der Bucht von Vasilikí auf Lefkáda macht's möglich.

Wandern 7Die Ionischen Inseln eignen sich mit ihrer üppigen Vegetation und der abwechslungsreichen Landschaft sehr gut für Wandertouren. Zu bedenken ist aber, dass – von Ausnahmen wie dem Corfu Trail abgesehen – kein ausgeschildertes Wegenetz besteht. Inzwischen sind viele Straßen im Binnenland der Inseln asphaltiert und teils in grotesker Weise ausgebaut, so dass Wanderer auch dadurch eingeschränkt werden. Über die schönsten Touren informieren Wanderführer (►Literaturempfehlungen). Die Engländerin Hilary Whitton Paipeti, die Korfu wie ihre Westentasche kennt und mehrere Führer geschrieben hat, entwarf auch den Corfu Trail (www.travelling.gr/corfutrail); über 200 km mit einer gelben Raute markierter Wege erschließen die Insel zwischen den Kap Agia Ekaterini im Norden bis zum Kap Asprokávos im Süden. Für den ganzen Weg muss man ca. 10 Tage veranschlagen. Frau Whitton führt außerhalb der Hochsaison auch kleinere Wanderungen durch (Tel. 26610 52833).

Verkehr

Fähren ►dort

Mit dem Flugzeug

Flughäfen Im internationalen Charterverkehr und im innergriechischen Linienverkehr werden die Flughäfen von Korfu, Kefalloniá und Zákynthos angeflogen; Lefkáda erreicht man über den 20 km entfernten Flughafen Préveza auf dem Festland. Verkehrsanbindung ►Anreise.

Olympic Airlines Von Préveza, Kefalloniá und Zákynthos fliegt die griechische Fluggesellschaft Olympic Airlines mindestens einmal täglich nach Athen, von Korfu aus mehrmals täglich. Dreimal in der Woche fliegt sie von Thessaloniki über Korfu, Prevéza und Kefalloniá nach Zákynthos

Aegaean Airlines und zurück. Die Aegaean Airlines, die inzwischen auch von Düsseldorf, Frankfurt, Stuttgart und München aus Athen anfliegt, bedient die Strecke Athen – Korfu.

AirSea Lines Die AirSea Lines will 2005 mit 15- bzw. 19-sitzigen Wasserflugzeugen den Verkehr zwischen Korfu und den anderen Ionischen Inseln aufnehmen, außerdem sollen Patras und Ioannina sowie in Italien Brindisi und Otranto angeflogen werden. Basis in Korfu ist Gouviá, von Korfu-Stadt kostenloser Zubringerbus.

Mit dem Bus

Fast jeder Ort auf den Ionischen Inseln ist von den Hauptorten aus per Bus erreichbar; zwischen den einzelnen Ortschaften bestehen jedoch kaum Verbindungen. Die Preise sind niedrig. Man kauft das Ticket beim Busfahrer oder bei längeren Strecken vor der Fahrt am Busbahnhof. Der letzte Bus fährt abends meist zwischen 19.00 und 20.00 Uhr. Fahrpläne hängen häufig nur an den Busbahnhöfen aus; sonst erkundigt man sich am besten im Hotel oder im nächstgelegenen Kafenion nach den Abfahrtszeiten. Will man unterwegs zusteigen, gibt man (auch an Haltestellen) dem Fahrer ein Zeichen.

Mit dem Taxi

Taxifahren ist preisgünstiger als z. B. in Deutschland; teilt man sich eines zu viert, ist es kaum teurer als ein Bus. In den Hauptorten findet man an zentralen Plätzen Taxistände, Taxis halten auch auf Winken vom Straßenrand. Es ist üblich, dass der Fahrer weitere Gäste aufnimmt; der Fahrpreis ermäßigt sich dadurch nicht. Außerhalb der Städte heißen die Taxis »Agoréon« und haben keinen Taxameter; abgerechnet wird nach einer Entfernungtabelle. Zusätzliche Gebühren werden für Gepäck, Nachtfahrten und Fahrten von / zu Flughäfen / Häfen berechnet. Ein kleines »Geschenk« wird zu Ostern und Weihnachten erwartet (z. Z. 50 Cent). Viele Taxifahrer sprechen zumindest etwas Deutsch oder Englisch.

Straßenverkehr

Straßennetz

Die Straßen auf den Ionischen Inseln sind fast alle asphaltiert, teils aber sehr schmal und kurvenreich. Auch im abgelegenen Binnenland wurden die meisten Pisten inzwischen asphaltiert, manche wurden in geradezu groteskem Maß ausgebaut und verbreitert. Einige Weiler, Strände und Sehenswürdigkeiten erreicht man nur auf unbefestigten, unter Umständen nur für Allradfahrzeuge zu empfehlende Pisten.

Verkehrsverhältnisse

Die Griechen sind für unberechenbare Fahrweise bekannt, Geduld und defensives Fahren sind daher angezeigt. Mit Hindernissen wie großen, tiefen Schlaglöchern, Querrillen oder Tieren, die auf der Straße gehen oder liegen, ist immer zu rechnen. Nachtfahrten sollte man vermeiden, denn die Fahrbahnränder sind meist nicht markiert und sehr unregelmäßig, anstatt eines Banketts gibt es häufig tiefe Gräben. Auf sehr breiten Hauptstraßen ist es durchaus üblich, auch bei Gegenverkehr zu überholen; der Entgegenkommende weicht aus. Im Sommer sind schmale Straßen und Ortsdurchfahrten häufig überlastet und verstopft, insbesondere durch Reisebusse.

Verkehrsvorschriften

In Griechenland gelten weitgehend die internationalen Verkehrsregeln. Verkehrssündern drohen drastische Geldbußen! Wer sein Auto im Parkverbot abstellt, muss mit einer Geldstrafe zwischen 30 und 66 € rechnen (zur Sicherstellung kann das Nummernschild abmontiert werden). In Ortschaften ist das Hupen untersagt. Sicherheitsgurte sind während der Fahrt anzulegen. Die Alkoholgrenze ist auf 0,5 Promille festgelegt. Für Motorradfahrer besteht Helmpflicht.

Höchstgeschwindigkeiten Geschwindigkeitsbegrenzungen für Pkws und Wohnmobile: innerorts 50 km/h, außerorts 80 km/h, auf Nationalstraßen und Autobahnen 120 km/h. Motorräder über 100 cm dürfen außerorts maximal 80 km/h und auf Schnellstraßen und Autobahnen nur 90 km/h fahren. Höchstgeschwindigkeit für Motorräder unter 100 cm ist auf allen Straßen außerhalb der Ortschaften 70 km/h.

Kraftstoff Das Tankstellennetz auf den Ionischen Inseln ist flächendeckend. Bleifreies Superbenzin ist mit 95 und 98 Oktan erhältlich, außerdem gibt es verbleites Superbenzin und Diesel. Auf Fähren ist die Mitnahme von gefüllten Kanistern aus Sicherheitsgründen nicht gestattet.

Mietfahrzeuge

Auf den Ionischen Inseln kann man Fahrräder, Mopeds, Motorroller, Motorräder und Autos mieten. Büros der internationalen Mietwagenfirmen gibt es an den Flughäfen, in den Hauptorten und teils auch in den Tourismuszentren. Außerdem bieten zahlreiche einheimische Unternehmen ihre Dienste an. Ihre Tarife sind meist niedriger, die Fahrzeuge weisen jedoch nicht immer den gewohnten Qualitätsstandard auf; auf den Zustand – vor allem der Bremsen – sollte man besonders bei Zweiradfahrzeugen achten. Auch Hotelrezeptionen übernehmen die Vermittlung. Wer ein Motorrad mieten will, sollte eigene Helme mitbringen. In Griechenland ist ein Helm Pflicht, und viele Verleiher haben keine oder schlechte Helme.

Mietbedingungen Voraussetzung für das Ausleihen eines Mietautos sind ein Mindestalter von 21 – 25 Jahren, ein nationaler Führerschein, der mindestens ein Jahr alt ist, und eine Kreditkarte. Für Motorroller und -räder genügt bis 125 cm^3 der Autoführerschein, darüber ist ein Motorradführerschein erforderlich. Z. T. wird der Tankinhalt in Rechnung gestellt, so dass man das Fahrzeug nicht mit vollem Tank zurückgeben muss. Das Befahren von nicht befestigten Straßen ist u. U. ausgeschlossen. Vor Vertragsabschluss sollte man dies klären, ebenso die Vorschriften über die Benützung von Fähren (Schäden auf Fähren können von der Versicherung ausgeschlossen sein sein). Auch bei der unverzichtbaren Vollkaskoversicherung sind Schäden an den Reifen und an der Unterseite des Autos nicht versichert. Bei jedem noch so kleinen Unfall sollte man die Polizei rufen, da die Versicherung sonst nicht bezahlt.

Preise Ein Kleinwagen (Economy) kostet in der Hochsaison bei internationalen Autovermietungen etwa 200 – 250 € pro Woche, ein Auto der unteren Mittelklasse (Compact) etwa 250 – 300 € inklusive aller gefahrenen Kilometer. Ein Preisvergleich lohnt sich, es ist aber zu beachten, ob eine Vollkaskoversicherung, die man unbedingt abschließen sollte, und eine Insassenversicherung extra berechnet werden. In der Vor- und Nachsaison werden Rabatte gewährt.

INFORMATIONEN VERKEHR

OLYMPIC AIRLINES

- **Auslandsbüros**
  Gutleutstr. 82
  60329 Frankfurt a. M.
  Tel. (0 69) 97 06 70
  www.olympic-airlines.de

  Bösendorferstr. 4/24
  1010 Wien
  Tel. 01 / 504 4165-0

  Tour de l'Ile 4
  1204 Genève
  Tel. 022 319 6470

- **Kefalloniá**
  Odos Vergoti 1, Argostóli
  Tel. 26710 28808
  Flughafen Tel. 26710 41511

- **Korfu**
  Odos Polyla 11, Kérkyra
  Tel. 26610 38694
  Fax 26610 36634
  Flughafen Tel. 26610 30180

- **Lefkáda**
  Odos Dairpfeld 1, Lefkáda
  Tel. 26450 22881
  Flughafen Préveza
  Tel. 26820 22355

- **Zákynthos**
  Odos Roma 16, Zákynthos
  Tel. 26950 28611
  Flughafen
  Tel. 26950 28322

AEGAEAN AIRLINES

- **Büro Frankfurt a. M.**
  Tel. (0 69) 23 85 630

- **Korfu**
  Flughafen, Tel. 26610 27100

AIRSEA LINES

c/o Corfu Travel Enterprises
E. Venizelou, Korfu-Stadt
Tel. 26610 49800
Fax 26610 40004
www.airsealines.com

MIETWAGEN

- **Avis**
  Tel. 0 18 05 55 77 55
  www.avis.de

- **Europcar**
  Tel. 0 18 05 80 00
  www.europcar.de

- **Hertz**
  Tel. 0 18 05 33 35 35
  www.hertz.de

- **Holiday Autos**
  Tel. 01805 17 91 92

- **Sixt**
  Tel. 0 18 05 25 25 25

Zeit

In Griechenland gilt die Osteuropäische Zeit (OEZ = MEZ + 1 Std.). Zu denselben Terminen wie in Deutschland beginnt und endet die Somemrseit. In Griechenland ist man also das ganze Jahr über eine Stunde »voraus«.

Touren

JEDE DER IONISCHEN INSELN HAT IHREN EIGENEN CHARAKTER. SEHR REIZVOLL IST DAHER EINE REISE ÜBER DEN GANZEN WEST-GRIECHISCHEN ARCHIPEL.

TOUREN DURCH DIE IONISCHEN INSELN

Eine Reise über die Ionischen Inseln in vier Teilen. Wer gern unterwegs ist und immer wieder Neues sehen will, braucht zwei Wochen dafür. Aber nehmen Sie sich für das richtige Urlaubsgefühl lieber mehr Zeit. Es lohnt sich.

TOUR 1 **Korfu**
Genießen Sie die venezianisch-englisch-griechische Atmosphäre von Korfu-Stadt und die pittoreske Westküste. Die Runde um den Norden der Insel führt an wunderbaren Buchten vorbei und zuletzt hinauf auf den Pantokrátor. ▶ **Seite 120**

TOUR 2 **Lefkáda**
Vom netten Hauptort im Norden bis zum Kap Lefkáta im Süden: herrliche Strände wie Mílos und Katsíki, raue Berglandschaft auf dem Mnimáti, Wassersport in Nydrí und Vasilikí ▶ **Seite 122**

TOUR 3 **Kefalloniá**
Besonders abwechslungsreich präsentiert sich Kefalloniá von Fiskárdo über Argostóli bis zum über 1600 m hohen Énos. ▶ **Seite 124**

TOUR 4 **Zákynthos**
Von der Blauen Höhle über den atemberaubenden Schiffswrack-Strand zu den Klippen von Kambí und Kerí, durch die üppig grüne Ebene der Risa zum Hauptort mit seinen sehenswerten Museen ▶ **Seite 127**

Der stimmungsvolle Hafen von Vasilikí auf Lefkáda

©Baedeker
Kap Drástis
Pantokrátor
Paleokastrítsa
Korfu
Pélekas
Achilleion
Igoumenítsa
Korfu
TOUR 1
Párga
Nekromanteion Ephyras
Árta
Acheloos
Nikópolis
Ambrakischer Golf
Préveza
Lefkáda
Lefkáda
Ágios Nikítas
Karyá
Nýdri
Vasilikí
TOUR 2
Trichonis-See
Fiskárdo
Ásos
Kefalloniá
TOUR 3
Acheloos
Patras
Golf von Patras
Sámi
Ionisches
Meer
Argostóli
Ágios Nikólaos
Kyllíni
Schiffswrack-Strand
Zákynthos
Kambí
TOUR 4
Zákynthos
Kéri
Olympia

Unterwegs auf den Ionischen Inseln

Inselhüpfen Für eine Reise über die westgriechischen Inseln muss man ein wenig organisieren, d. h. sich vorweg über den Fahrplan der Fähren informieren und jeweils bei der Ankunft auf einer Insel die Weiterfahrt planen. Da die Fährverbindungen ihre Tücken haben, sollte man aber immer noch einen Tag in Reserve behalten; in der Hochsaison empfiehlt es sich für Automobilisten, die Fähre schon am Vortag zu buchen. Bei der Hellenic Mediterranean Lines, die von Brindisi aus Korfu, Paxí, Kefalloniá und Zákynthos anläuft, kann man die ganze Passage bis Patras buchen; Unterbrechungen sind möglich. Man startet das »Inselhüpfen« auf der nördlichsten oder südlichsten der Ionischen Inseln, also auf Korfu oder Zákynthos; beide sind per Charter- und Linienflug zu erreichen. Wer mit der Fähre von einem italienischen Adriahafen anreist, kommt zuerst nach Korfu; die hier beschriebene Route beginnt daher dort. Die Rückreise von Zákynthos nach Korfu kann mit Fahrzeug, Schiff oder Flugzeug erfolgen; will man per Charter nicht vom Ankunftsflughafen nach Hause fliegen, sollte man sich frühzeitig im Reisebüro beraten lassen.

Wo nächtigen? Wo man sein Domizil nimmt – ob in einer Stadt, am Strand oder im Inselinneren – und welches, ist weitgehend eine Geschmacksfrage. Die Inseln sind nicht groß, so dass man von einem Standort aus sich jeden Tag woanders aufhalten kann (dafür braucht man jedoch ein eigenes Fahrzeug). Das Gros der Urlauber mietet sich über Reiseveranstalter in einem Hotel oder einer Ferienanlage ein, meist mit Vollpension, zunehmend auch All-inclusive. Reizvoller allerdings ist es, seinen Standort zu variieren und auch das große Angebot an schönen Punkten, wo man speisen kann, zu nützen.

Tour 1 Korfu

Start und Ziel: Korfu-Stadt **Dauer:** 4 – 5 Tage

Mit dem herrlichen Hauptort und vielen malerischen Punkten zu Recht die bekannteste und beliebteste der Ionischen Inseln.

Man kommt in ❶ ✶✶ **Korfu-Stadt** an, und das ist auch der beste Platz für die erste(n) Übernachtung(en). Die von zwei Festungen überragte, venezianisch geprägte Altstadt hat ein besonderes Flair und ist in den Abendstunden, wenn viele repräsentative Gebäude angestrahlt werden, besonders romantisch. Ein Ausflug auf die Halbinsel Kanóni zum ✶✶ **Kloster Vlachérna** und der Besuch im 12 km südlich gelegenen ❷ ✶✶ **Achilleion**, das zwei gekrönten Häuptern als Feriensitz diente, ist obligatorisch. Alternative Ausgangspunkte

Im Nordwesten Korfus sind pittoreske Sandsteinklippen zu bewundern, wie am Kap Drástis oder hier am sog. Canal d'Amour.

Die schönste Flaniermeile der Ionischen Inseln: die Listón-Arkaden an der Spianada von Korfu-Stadt

Zwei mächtige Vorgebirge sind Attraktionen an der Westküste, Angelókastro und das hier zu sehende Paleokastrítsa mit seinem Kloster.

wären auch die Ferienorte an der Westküste, z. B. Glyfáda, oder ❸ ✶✶ **Pélekas**, das für seine Aussicht und den Sonnenuntergang berühmt ist. An den schönen Stränden in der Umgebung kann man einen Badetag einlegen. Einen weiteren Tag erfordert ein Rundfahrt durch den Norden der Insel. Die wichtigsten Stationen sind dort das malerisch gelegene ❹ ✶✶ **Paleokastrítsa** mit dem bedeutendsten Kloster der Insel, das nahe Dorf Lakónes, das der grandiosen Aussicht wegen als »Balkon von Korfu« gerühmt wird, die Reste der einst mächtigen Festung ✶✶ **Angelókastro** und ganz im Nordwesten der Insel das ❺ ✶ **Kap Drástis** sowie der »Canal d'Amour« bei Sidári, wo Wind und Wasser bizarre Formen im hellen Sandstein geschaffen haben. An der Küste geht die Fahrt weiter nach ✶ **Kassiópi** und zum winzigen einstigen Fischerort ✶✶ **Kalámi**, wo der englische Schriftsteller Lawrence Durrell einige Zeit lebte. Den »krönenden« Abschluss bildet ein Ausflug auf den ❻ ✶✶ **Pantokrátor**.

Von Igoumenítsa nach Préveza

Mehrmals täglich (in der Hauptsaison alle 30 – 45 Minuten) pendeln Fähren zwischen Korfu-Stadt und **Igoumenítsa** Fähren. Der Hafenort bietet keine Sehenswürdigkeiten. Das 40 km südlich gelegene Städtchen ✶ **Párga**, ein beliebter Urlaubsort, gruppiert sich um eine idyllische Bucht; prächtig ist der Blick von der hoch gelegenen Burg. Von hier kann man auch einen Ausflug zur Insel **Paxí** unternehmen. Bei der Weiterfahrt nach Süden sollte man das ✶ **Nekromanteion Ephyras** (20 km südöstlich von Parga) nicht auslassen, das einzige Totenorakel Griechenlands. Von der gut ausgebauten E 55 ergeben sich schöne Ausblicke über die malerische Küstenlandschaft. 53 km südlich von Parga, wenige Kilometer vor Préveza, passiert man die Ruinen von ✶ **Nikópolis**; von der »Siegesstadt« sind eindrucksvolle Reste erhalten. Dann tauchen die ersten Häuser von **Préveza** auf. Hier dringt der Ambrakische Golf weit ins Land ein. Den Kanal nach Aktion (Flughafen von Préveza) unterquert man in einem gebührenpflichtigen Tunnel.

Tour 2 Lefkáda

Start und Ziel: Von Lefkáda-Stadt nach Vasilikí

Dauer: 3 –4 Tage

Die »Fast-Insel« Lefkáda gibt sich schlicht, was nicht heißt, dass man hier nicht sehr schöne Urlaubstage verbringen könnte.

Von Préveza aus erreicht man nach ca. 20 km in südwestlicher Richtung den Damm und die Pontonbrücke, die Lefkáda mit dem Festland verbinden. Das Städtchen ❶ ✶ **Lefkáda** eignet sich mit seiner netten Atmosphäre trotz längerer Wege durchaus als Standort. Strandfans werden sich für die Insel mehrere Tage reservieren, entlang der Westküste gibt es herrliche, größtenteils unverbaute Sand-

Ein ungewöhnliches, angenehmes Stadtbild besitzt der Hauptort von Lefkáda mit seinen bunten niedrigen Häusern.

Wassersport aller Art, Bootsausflüge und Faulenzen am Strand werden in Nydrí großgeschrieben.

Ein unverzichtbarer Ausflug von Vasilikí aus: das sagenumwobene Kap Lefkatás

strände und von steilen Felsen eingerahmte Buchten. Kann man dem nicht so viel abgewinnen, genügen zwei Tage, um Lefkáda kennenzulernen. Nahe an den schönen Stränden ist man im kleinen Ort ❷ ✶ **Ágios Nikítas**. Ein reizvoller Ausflug führt über abgeschiedene Orte wie **Exanthía** und **Drimónas** nach ❸ **Karyá**, einem ursprünglichen Dorf im Inselzentrum, auf den Berg ✶✶ **Mnimáti**, der zum Massiv des Eláti gehört, dann weiter zum sehr touristischen, aber hübsch gelegenen ❹ ✶ **Nydrí** an der Ostküste. Den Eláti in südlicher Richtung umrundend passiert man zunächst die wunderbare Bucht von ✶ **Vlycho**; später sollte man einen Abstecher nach ✶ **Sývota** machen, bevor man ❺ **Vasilikí** erreicht, einen bekannten, angenehmen Windsurfertreff und Fährhafen nach Kefalloniá. Von hier aus sollte man unbedingt (mindestens) einen weiteren Tag mit dem Ausflug zum »Ziegenstrand« ✶✶ **Pórto Katsíki** (30 km), einem der schönsten in Griechenland, und zum ✶✶ **Kap Lefkáta** verbringen.

Tour 3 Kefalloniá

Start und Ziel: Von Fiskárdo nach Argostóli

Dauer: 2 – 4 Tage

Mit seinen vielfältigen landschaftlichen Schönheiten kann Kefalloniá ohne Weiteres mit Korfu konkurrieren.

Von Vasilikí und Nydrí auf Lefkáda verkehren Fähren zur südlichen Nachbarinsel Kefalloniá, und zwar zum kleinen ❶ ✶ **Fiskárdo** ganz im Norden, einem der hübschesten Orte der westgriechischen Inseln. So plant man trotz der verkehrstechnisch weniger günstigen Lage zumindest eine Übernachtung ein. Über das malerische ❷ ✶✶ **Ásos** und vorbei an der von hohen Felwänden eingerahmten ✶✶ **Mýrtos-Bucht** führt die Fahrt ins Zentrum der Insel zum angenehmen Hauptort ❸ ✶ **Argostóli**. Hier findet man auch in der Hochsaison meist ohne Probleme eine Unterkunft.

Von Argostóli geht es quer über die ganze Insel Richtung Sámi. Nicht auslassen sollte man die Abstecher zum ✶ **Gerásimos-Kloster** und auf den Gipfel des ✶✶ **Énos**. Eine Besichtigung lohnen in der Nähe von Sámi die ✶ **Drongoráti-Höhle**, eine imposante Tropfsteinhöhle, und die ✶ **Melissáni-Höhle**, deren See mit seinem Farbenspiel verzaubert; ein schöner Platz zur Rast wäre das Restaurant am Meer beim **Karavómylos-Teich**. Von ❹ **Sámi** fährt man über Póros weiter an der eindrücklichen, herben Ostküste entlang nach **Skála**, einem uninteressanten, aber recht beliebten Strandurlaubsort. Die Straße verläuft dann durch die hübsche Landschaft der ✶ **Ikosimía** zwischen Küste und Énos. Einen Halt lohnen das Weingut Metaxas, das auf einem 320 m hohen Bergrücken gelegene ✶ **Kastro Agíou Georgíou** sowie das **Kloster Ágios Andréas**. Über Metaxáta erreicht man schließlich wieder die Inselhauptstadt.

Am Hafen von Fiskárdo, einem der hübschesten Plätze der Ionischen Inseln, lässt sich's gut sein.

Blaues Meer, weißer Sand, grünes Land: die herrliche Mýrtos-Bucht

Die majestätischen Kefallonia-Tannen geben dem Énos, dem höchsten Berg der Insel, sein besonderes Bild.

Ein Provinzstädtchen ist Argóstoli durchaus, aber nicht unangenehm.

Beim Blick in die Bucht mit dem Schiffswrack bleibt einem fast das Herz stehen.

Malerische Felsentore säumen die Küste im Nordosten.

Recht ursprünglich sind die Orte im Inneren der Inseln gebleiben. Hier eine einfache Wirtschaft in Kilioméno.

Zákynthos, der Hauptort der Insel, gesehen vom Bóchali-Hügel

Von Sámi und Fiskárdo auf Kefalloniá fahren mehrmals täglich Fähren hinüber nach Itháki. Für die Erkundung der Odysseus-Insel genügt notfalls ein Tag, den man mit einer Runde um den Nordteil – mit Auto oder Fahrrad – schön verbringen kann.

Abstecher nach Itháki

Tour 4 Zákynthos

Start und Ziel: Von Ágios Nikolaos nach Zákynthos-Stadt

Dauer: 2 – 3 Tage

Auf Zákynthos sind die Klippen und Höhlen an der Küste die größten Attraktionen, sehr reizvoll ist aber auch das Innere der Insel.

Zákynthos

Von Pesáda an der Südküste von Kefalloniá fährt man hinüber nach ❶ **Ágios Nikólaos** auf Zákynthos. Von hier sollte man die Bootsfahrt entlang der Küste zur ✶✶ **Blauen Grotte** und einen Ausflug (per Boot oder über Land) zum ❷ ✶✶ **Schiffswrack-Strand** machen. Ebenfalls reizvoll ist ein Besuch der Bergdörfer **Volímes** und **Anafonítria** mit seinem Kloster. Von dort fährt man parallel zur Westküste Richtung Süden, mit einem Abstecher zur Steilküste bei ❸ ✶ **Kambí**. Das Dorf ❹ **Kerí** ganz im Süden zeichnet sich durch eine malerische Umgebung mit dem ✶✶ **Kap Kerí** aus. Wer mag, kann die zeitgenössische Tourismus-Unkultur an der Laganás-Bucht besichtigen, sonst erreicht man auf der Straße 35 direkt die lebhafte Inselhauptstadt ❺ ✶ **Zákynthos**. Zu den Highlights gehören hier der Blick vom Hügel Bóchali auf die Stadt und der Besuch des Museums für sakrale Kunst sowie der Kirche Ágios Dionýsios. Für Ausflüge von Zákynthos-Stadt aus sind **Áno Gerakári** mit großartiger Aussicht, **Macherádo** mit der Kirche Agía Mávra sowie die **Skopós-Halbinsel** mit ihren Sandstränden zu empfehlen.

Ausflug nach Olympia

Die Fähre von Zákynthos-Stadt nach Kyllíni auf der Peloponnes benötigt etwa 90 Minuten. Von Kyllíni lohnt sich der Abstecher zur weltberühmten antiken Kultstätte ✶✶ **Olympia** (ca. 70 km).

Rückfahrt

Eine direkte **Fährverbindung** von Zákynthos oder Kyllíni zurück nach Korfu gibt es nicht. Die Olympic Airlines bedient die Strecke dreimal in der Woche; sonst muss man über Athen fliegen. Von Patras auf der Peloponnes verkehrt täglich eine Fähre nach Korfu (Ankunft frühmorgens), oder man fährt direkt zu einem italienischen Adriahafen. Der **Landweg** nach Igoumenítsa beansprucht einen ganzen Tag (von Kyllíni ca. 360 km, Fahrzeit ca. 7 Std.), bietet aber vielfältige Eindrücke. Man überquert 6 km nordöstlich von Patras den Golf von Korinth mit der Fähre (Fahrtdauer 10 Minuten, ständige Verbindungen) oder auf der grandiosen neuen Brücke (Gebühr ca. 10 €) und fährt dann über Arta oder an der akarnanischen Küste entlang nach Igoumenítsa.

Reiseziele von A bis Z

LANGE SANDSTRÄNDE ODER ABGESCHIEDENE BUCHTEN, DRAMATISCHE FELSKÜSTEN UND GRÜNE LANDSCHAFTEN – AUF DEN IONISCHEN INSELN GIBT ES VIEL ZU ENTDECKEN.

ITHÁKI · Ιθάκη

In aller Welt bekannt ist Itháki als die Insel des antiken Königs Odysseus, dessen Abenteuer Homer in zwei großen Epen besang. Heute ist die bergige Karstinsel, die nur über wenige steinige, dafür sehr schöne Strände verfügt, etwas für Individualisten, die einen ruhigen Platz zum Ausspannen schätzen.

Die Insel des Odysseus

Itháki, das deutsch als Ithaka und griechisch auch als Thiáki bezeichnet wird, ist ►Kefalloniá nordöstlich vorgelagert. Wahrscheinlich von hier zog Odysseus in den zehn Jahre währenden Trojanischen Krieg, und erst nach nochmals zehn Jahre dauernder Irrfahrt kehrte er zurück. Viele Stätten auf der Insel sind als **Schauplätze der Odyssee** ausgewiesen, obwohl nicht bewiesen werden konnte, dass Homers Ithaka und das heutige Itháki identisch sind. Die Einwohner sind sich jedoch ganz sicher: Hier befand sich das Königreich des listenreichen Odysseus, und diese Annahme beschert ihnen einen gewissen Tourismus. Sonst sind die Erwerbsmöglichkeiten auf der kargen, hoch aus dem Meer ragenden Insel gering, und während in der Antike hier über 10 000 Menschen lebten, sind es heute noch gut 3000. Zu ihnen kommen im Sommer viele abgewanderte einstige Bewohner und natürlich einige Touristen.

Denkmal des Helden Odysseus in Stavrós

Eine nur 620 m breite Landenge teilt das 96 km² große, knapp 24 km lange und maximal 7 km breite Itháki ungefähr in der Mitte. Das Bergland von Anogí im Norden erreicht im Níritos 809 m Höhe, im Süden steigt der Merovígli auf 669 m an. Siedlungszentren sind der Hauptort Vathý, der sehr schön in einem Seitenarm des Golfs von Mólos liegt, und einige Dörfer im Norden. Weite Bereiche der Küste sind felsig und von Land aus nur schwer zugänglich, nur vereinzelt gibt es schmale, ausnahmslos steinig-kiesige, jedoch sehr schöne Strände. Landwirtschaft kann nur in wenigen kleinen Tälern betrieben werden; Wein und Öl sind die wichtigsten Erzeugnisse.

← *In neuem Glanz erstrahlt die Kirche von Exogí im Norden von Itháki.*

Ithaka · Itháki *Orientierung*

ITHÁKI ERLEBEN

AUSKUNFT

Auf Itháki gibt es kein Tourismusbüro. Touristenpolizei: Vathý, Odos Evmeou, Tel. 26740 32205.

AUSFLUGSZIEL

Viele Tagesausflügler kommen von Kefalloniá, das von Itháki durch einen 2 – 4 km breiten Kanal getrennt ist. Man kann dort morgens in Sami oder Fiskárdo starten und nachmittags zurückkehren. Die Fahrt dauert je nach Zielhafen (Píso Aëtós, Fríkes, Vathý) 45 – 90 Minuten. Die Zeit reicht aus, um von Itháki einen Eindruck zu bekommen und an einer der schönen Buchten zu baden.

VERKEHR

Zwischen Vathý und Kióni bzw. Perachóri verkehrt Mo.– Fr. zweimal täglich ein Bus (eigentlich der Schulbus). Verbindung vom bzw. zum Fährhafen Píso Aëtós nur mit Taxi.

ESSEN

► Fríkes

Penelope
Am Hafen
Im winzigen Hafen von Frikes reiht sich eine Taverne an die andere. Das »Penelope« hat griechische und internationale Speisen auf der Karte.

► Kióni

Avra
Am Hafen. Beliebter Treffpunkt mit angenehmer Atmosphäre.

► Vathý

Gregori
Nördlich des Orts am Ostufer der Bucht, an der Straße zum Loutsa-Strand. Spezialitäten sind Lamm und Fisch; die schöne Aussicht bezahlt man natürlich mit.

Kantouni
Beliebte Taverne mit mittlerem Preisniveau südlich des Hafens. Man sitzt sehr angenehm unmittelbar am Meer.

ÜBERNACHTEN

Auf der Insel stehen nur wenige hundert Gästebetten zur Verfügung – in einer Handvoll Hotels, sonst in Privathäusern –, die im Sommer häufig ausgebucht sind.

► Vathý

Mentor
Tel. 26740 32433
Fax 26740 32293
www.hotelmentor.gr
Kat. B, 32 Z., 4 Suiten, 100 €
Das größte Hotel der Insel, an der schönen Hafenbucht gelegen. Vor wenigen Jahren renoviert.

Odysseus
Tel. 26740 33400
Fax 26740 32668
www.agn.gr/hotels/odyssey
Kat. C, 9 Z., 70 – 100 €
Attraktives Haus in Panoramalage, die meisten Zimmer bieten Meeresblick. Mit Pool.

Perantzada 1811
Tel 26740 23914
Fax 26740 33493
www.arthotel.gr/perantzada
Kat. L, 12 Z., 155 – 245 €
Eines der besten Hotels der Ionischen Inseln (►Baedeker Tipp S. 136). Die Zimmer mit Balkon zur Bucht sind die schönsten (und teuersten).

Apartments Calypso
Tel. 26740 33138
Fax 26740 23934
www.ithaki-calypso.com
Kat. B, 14 Z./App., 30 – 100 €
Neues Appartementhotel 1 km von Vathý Richtung Perachóri, sehr schöner Blick über die Bucht. Geschmackvoll-schlichte Einrichtung mit viel Holz und kräftigen Farben.

► Fríkes

Nostos
Tel. 26740 31100
Fax 26740 31716
Kat. C, 27 Z., 60 – 85 €
Das gepflegte kleine, familiär geführte Hotel liegt ruhig an der Hauptstraße am Ortsrand von Frikes, 200 m vom Hafen. Gutes Restaurant.

► Kióni

Captain's Apartments
Tel. 26740 31481
Fax 26740 31090
www.captains-apartments.gr
10 App., DZ 40 – 75 €
Am Ortseingang von Kióni gelegenes, proper renoviertes Haus mit großen, geschmackvoll und gut ausgestatteten Appartements für 2 – 4 Personen (mit Balkon oder Terrasse).

Geschichte Seit Anfang des 19. Jh.s versuchen Altertumsforscher nachzuweisen, dass die »Odyssee« auf historischen Tatsachen beruht. **Heinrich Schliemann** nahm als Erster 1868 und 1878 systematische Grabungen auf Itháki vor. Er ging davon aus, dass sich der Palast des Odysseus auf dem Berg Aëtós westlich von Vathý befand, konnte diese Annahme jedoch nicht durch Ausgrabungsfunde belegen. Verwirrung stiftete der deutsche Archäologe **Wilhelm Dörpfeld**, der in seinem 1927 erschienenen Buch »Alt-Ithaka« nachweisen wollte, dass das bei Homer erwähnte Ithaka in ►Lefkáda zu suchen sei. Spätere Archäologen konzentrierten sich wieder auf Itháki. Die hier vor allem tätigen griechischen und britischen Forscher entdeckten zwar jahrtausendealte Siedlungsspuren, konnten aber nicht nachweisen, dass Itháki zur Zeit des Trojanischen Kriegs, also um 1200 v. Chr., ein besonders mächtiges Königreich war, das – wie in der »Odyssee« erwähnt – auch über andere Inseln herrschte. Die frühesten Keramikfunde belegen eine Besiedlung gegen Ende des 3. vorchristlichen Jahrtausends. Eine erste Blüte mit regem Handel mit Italien und dem Festland muss die Insel im 1. Jahrtausend v. Chr. erlebt haben.

Seit römischer Zeit teilte Itháki die Geschicke der anderen Ionischen Inseln. Im Mittelalter vertrieben Seeräuber die Bewohner und setzten sich im heutigen Vathý fest. 1085 landeten die Normannen, 1204 übernahm Venedig die Herrschaft; nach einer türkischen Invasion 1479 wurde die Insel aufgegeben. Ab 1500 ließen sich, angezogen durch kostenloses Land und Steuererleichterungen, neuerlich Bauern von Kefalloniá hier nieder. 1791 sollen 10 000 bis 12 000 Menschen auf Itháki gelebt haben. 1860 wurde auf der Insel der Gelehrte und Politiker Lorenzos Mavilis geboren (►Berühmte Persönlichkeiten).

Eine an verheerenden Überfällen und Erdbeben reiche Geschichte hat die historischen Bauwerke fast ausnahmslos vernichtet. Bei dem Erdbeben im Jahre 1953, das die Ionischen Inseln schwer traf, wurden 80 % der Gebäude zerstört; viele Einwohner wanderten damals nach Australien aus.

Highlights Itháki

Vathý

Beschauliche Atmosphäre in pittoresker Bucht: der Hauptort der Insel

► Seite 135

Kióni

Nicht nur Segelcrews schätzen den hübschen kleinen Hafen mit seinen Tavernen.

► Seite 144

Aëtós und Dexiá-Bucht

Man muss nicht unbedingt nach Odysseus' Spuren suchen, um die Schönheiten von Itháki zu genießen.

► Seite 138

Exogí

Im abgelegenen Nordwesten der Insel ist man fast »außerhalb der Welt«.

► Seite 143

Katharón-Kloster

Das religiöse Zentrum von Itháki mit stupender Aussicht

► Seite 145

Der zauberhaft gelegene Inselhauptort Vathý

★ Vathý · Βαθύ

K 9

Beschaulicher Inselhauptort

Vathý (auch Itháki genannt), der 1800 Einwohner zählende Hauptort der Insel, liegt – worauf der Name verweist, der »tief« bedeutet – im Grund einer **tief eingeschnitteen Bucht**, die einen hervorragenden natürlichen Hafen bildet. Obwohl beim Erdbeben 1953 fast vollständig zerstört, bietet er mit seinen pastellfarbenen Häuschen ein hübsches Bild. Der Wiederaufbau orientierte sich größtenteils an der historischen Bauweise, und nach einem 1978 erlassenen Gesetz müssen sich alle Neubauten der traditionellen Architektur anpassen. Das Leben konzentriert sich auf die Straße um den Hafen mit Cafés, Restaurants, zwei, drei kleinen Hotels, Läden, Reisebüros etc. Blickfang an der Uferstraße ist die neoklassizistische **Villa Drakoulis** – heute ein nettes Café, mit seinem Teich ein beliebter Treffpunkt –, die dem reichen ithakischen Reeder Georgios Drakoulis gehörte. Der sorgte auch dafür, dass Vathý als erster Ort Griechenlands eine Stromversorgung bekam; das alte Kraftwerk wurde zu einem **Schiffs- und Volkskundemuseum** umgestaltet (westlich der Villa Drakoulis, geöffnet Mo.– Fr. 9.30 – 15.30 Uhr). In der hinter der Uferstraße verlaufenden Straße ist das bescheidene **Archäologische Museum** zu finden (geöffnet Di.– So. 8.30 – 15.00 Uhr). Die meisten Exponate kamen in den 1930er-Jahren bei den Ausgrabungen auf dem Berg Aëtós zutage. Viele Fundstücke sind Opfergaben für den Gott Apollon. Einen Besuch wert ist auch die **Mitropolis** (Kathedrale) mit einer überaus prächtigen geschnitzten Ikonostase. In der kleinen Kirche **Ágios Nikólaos**, zu finden südlich der Hafenbehörde, ist eine Christus-Ikone zu sehen, die dem berühmten von Kreta stammenden Maler El Greco (1541 – 1614) zugeschrieben wird

Baedeker TIPP

Art Hotel

Östlich der Hafenbucht von Vathý fällt der himmelblaue Komplex des Hotels Perantzada 1811 auf – ein reicher Reeder hat das klassizistische Haus aus dem 19. Jh. zu einem kleinen, feinen Luxushotel umgestaltet (s. S. 133). Zur Art-Hotel-Gruppe gehört auch das Emelisse in Fiskárdo auf Kefalloniá.

Lazareto

Bei der Einfahrt in den Hafen passieren die Schiffe das Inselchen Lazareto mit der 1668 erbauten Sotiros-Kirche. Bis 1836 war das Eiland – das Lord Byron ebenso wie Schliemann als Ziel des morgendlichen Schwimmtrainings diente – Quarantänestation, dann fungierten die Bauten bis 1912 als Gefängnis. Sie wurden beim Erdbeben von 1953 zerstört und nicht wieder aufgebaut.

Badebuchten bei Vathý

Einige schöne Kiesstrände liegen nördlich und östlich von Vathý. Vom nur 50 m langen **Loútsa Beach** nordöstlich von Vathý mit den Ruinen eines französischen Forts (1805) hat man einen reizvollen Blick hinüber auf das Inselchen Lazareto. Nördlich von Vathý öffnet sich die große **Skínos-Bucht** mit zwei (eigentlich) schönen Stränden, Mnimáta und Skinos; mit Mauern umgebene Privatvillen lassen allerdings nur wenige Meter breite Uferstreifen frei. In der **Sarakíniko-Bucht** östlich von Vathý ließen sich Ende der 1970er-Jahre deutsche Aussteiger nieder. Einige wenige Familien leben noch hier, die meisten Mitglieder des Vereins kommen auf Urlaub; sonst gibt es noch ein nettes Café mit deutschen Zeitungen.Die **Filiatró-Bucht** weiter nordöstlich zählt mit weißen Kieseln und klarem Wasser eigentlich zu den schönsten der Insel, ein provisorischer Campingplatz und eine Bar schlagen jedoch zivilisierte Urlauber in die Flucht.

Der Süden von Itháki

K 9

★ Perachóri Περαχώρι

Der **Weinbau** auf Itháki zentriert sich um Perachóri, das sich 3 km südlich von Vathý in 300 bis 340 m Höhe mit herrlichem Ausblick an den Berghang schmiegt. Gegründet wurde Perachóri im 16. Jh. von Einwohnern des etwas oberhalb gelegenen Dorfs Paleochóra, schon bald entwickelte es sich zu einer der bedeutendsten Siedlungen der Insel mit zeitweise mehr als 1000 Einwohnern. Ende August wird das Weinfest gefeiert.

Paleochóra Παλαιοχώρα

Von einer halb verfallenen Kirche im oberen Ortsbereich von Perachóri führt ein beschilderter Pfad in etwa 15 Min. hinauf zu den **Ruinen des mittelalterlichen Paleochóra**. Die Häuser des im 16. Jh. aufgegebenen Inselhauptorts waren aus Furcht vor Piratenüberfällen als kleine Festungen konzipiert. Es gab nur einen schmalen Eingang und wenige kleine Fenster; jedes Haus besaß einen größeren Vorratsraum und eine Zisterne, um auch längere Belagerungen zu überstehen. Ein stimmungsvoller Ort ist die Ruine der **Kirche Johannes des Evangelisten**; ihr Dach ist eingestürzt, so dass die steinerne Ikonostase unter freiem Himmel steht. Sonne und Regen haben den Fresken stark zugesetzt; man erkennt noch von links nach rechts Johannes, Maria mit dem Kind, den thronenden Christus und Johannes den Täufer. Reizvoll ist die Aussicht auf Buchten und das tiefblaue Meer.

Paleochóra: Fresken unter freiem Himmel

Kloster Taxiarchón

Auf der durch Perachóri führenden Straße erreicht man – am besten macht man den Weg zu Fuß – nach 3 km das Kloster Taxiarchón in 510 m Höhe. Es wurde 1645 gegründet und war bis Anfang des 20. Jh.s bewohnt. Der Konvent wurde nach dem Erdbeben 1953 nicht wiederhergestellt, anders als die Kirche, die allerdings nur bei besonderen Anlässen genutzt wird, so am 1. Mai bei einem Volksfest.

Aréthusa-Quelle Πηγή Αρέθουσας

Eine steinige, 5 km lange Piste führt von Vathý südlich zur **Marathiá-Hochebene**. Nach gut 4 km weist ein Schild auf die nahe Höhle des Eumaios hin. Kurz darauf zweigt ein Pfad zur Aréthusa-Quelle ab. Der Sage nach trauerte hier die **Nymphe Arethusa** an dieser Stelle um ihren Sohn Coryx und vergoss dabei so viele Tränen, dass sich die Quelle bildete. Mehr als das Ziel lohnt der Weg, von Vathý aus zu Fuß gut 1.30 Std. für eine Strecke. Zunächst geht es durch Olivenhaine, dann durch Macchia über der Küste. Landschaft und Blick aufs Meer sind atemberaubend, der Weg aber nicht ungefährlich, man sollte ihn nicht allein gehen. Die Quelle liegt unterhalb bemooster Felsen, Wasser bekommt man aber nur, wenn man ein Gefäß hinablässt. Homer schildert, dass Odysseus nach seiner Rückkehr hier den treuen Schweinehirten Eumaios getroffen habe, der ihn über die Situation in seinem Königreich informierte und beim Kampf gegen die Freier der Penelope unterstützte. Im Marathiá-Plateau vermutete man die Weideplätze des Eumaios.

Nymphengrotte Σπήλαιο των Νύμφων

Westlich von Vathý weist am Ortrand ein Schild zur etwa 2 km entfernten Nymphengrotte, auch Marmorhöhle genannt. Vom Ende der Straße steigt man auf einem Pfad in wenigen Minuten zur wenig aufregenden Grotte auf (2004 wegen Restaurierungsarbeiten geschlossen.) Durch einen schmalen Felsspalt gelangt man in die zweiteilige, »romantisch« beleuchtete Höhle. Neben einer Vertiefung im Boden ist eine Marmorbasis erhalten, die einst eine kleine Götterstatue trug. In dieser Höhle soll Odysseus die wertvollen Geschenke, die er von den Phäaken erhalten hatte, nach seiner Rückkehr verborgen haben. Homer zufolge hatte die Höhle zwei Eingänge: einen im Norden für die Sterblichen und einen weiteren, der den Göttern vorbehalten war. Tatsächlich gibt es in dieser Höhle einen zweiten Zugang: eine kleine Öffnung in der Decke im großen Raum.

Dexiá-Bucht
Δεξιά

Die zum Norden der Insel führende Hauptstraße passiert die Dexiá-Bucht mit dem wohl **schönsten Strand der Insel** (und einer Meerwasserentsalzungsanlage). Olivenbäume säumen die kleine Bucht und machen den Aufenthalt am Kiesstrand auch im Hochsommer angenehm. Die Einheimischen sehen in dieser Bucht das alte Phorkys, den Platz, an dem die Phäaken den schlafenden Odysseus an Land brachten – kein unpassender Gedanke.

Aëtós
Αετός

Bald zweigt links die Straße zum Hafen Píso Aëtós ab. Nach wenigen Metern liegt rechts am Hang des 378 m hohen **Bergs Aëtós** eine Grabungsstätte mit Resten eines aus hellenistischer Zeit stammenden Turms. Er gehörte zu einer polygonalen Stadtmauer, die in drei Phasen ab dem 7. Jh. v. Chr. rund um den Gipfel des Aëtós errichtet wurde. Wer vor dem etwas mühsamen Aufstieg nicht zurückschreckt (ein großartiger Ausblick lockt), stößt auf weitere Reste der Stadt-

Blick über die Molos-Bucht auf Dexiá und den Aëtós (rechts)

mauer, eines Apollon- oder Artemis-Tempels sowie von Zisternen. Schliemann nahm wie eine Reihe anderer Altertumsforscher an, dass sich hier einst **Stadt und Palast des Odysseus** befanden. Lange konnte das durch die Grabungsfunde, die einer anderen Epoche angehörten, nicht nachgewiesen werden. Schließlich stießen amerikanische Archäologen auf Funde, die ins 14./13. Jh. v. Chr. datiert werden können; somit ist Schliemanns Annahme zumindest nicht mehr unmöglich. Wahrscheinlicher ist jedoch, dass sich auf dem Berg Aëtós die bei Plutarch erwähnte Stadt **Alalkomenai** befand. In römischer Zeit wurde die Akropolis auf dem Berg Aëtós aufgegeben, die Bewohner siedelten nach Vathý um.

Píso Aëtós
Πίσω Αετός

An der Mole von Píso Aëtós legen die von Kefalloniá kommenden Fähren an. Erfrischungen bietet eine improvisierte Bar; oberhalb des gut 100 m langen Kiesstrandes gibt es eine einfache Taverne.

Der Norden von Itháki

K 9

Ágios Ioánnis
Άγιος Ιωάννης

Die Straße in den Norden der Insel umrundet die weite Bucht Prós Aëtós (»beim Aëtós«) und steigt dann in Serpentinen an, großartige Ausblicke sind garantiert. Links zweigt die Straße nach **Ágios Ioánnis** ab (Berichten zufolge gesperrt; Zufahrt von Léfki möglich); um eine Kirche gruppieren sich wenige Häuser, die sauberen, schattenlosen, **sehr schönen Kiesstrände** in der Nähe, Vrísi und Áspros Gialós, sind wenig besucht. Hoch über der weitgehend unzugänglichen Westküste verläuft die Straße weiter nach **Léfki**, noch Anfang des 20. Jh.s eine prosperierende Ortschaft mit über 400 Einwohnern; heute leben hier noch gut 50 Menschen. Auch von Léfki führen Wege hinab zu attraktiven Kiesbuchten.

Léfki
Λεύκη

Stavrós
Σταυρός

Stavrós ist mit etwas über 300 Einwohnern die größte Ortschaft im Inselnorden. Um die zentrale Platia gruppieren sich Kafenia, Läden, Pensionen und die große Kreuzkuppelkirche, die am 5./6. August Mittelpunkt des **größten Kirchweihfestes** der Insel ist. In einer Grünanlage steht gegenüber der Kirche eine Büste des Odysseus.
Hält man sich kurz hinter der Platia links, gelangt man zum **Archäologischen Museum** im Ortsteil Pilikáta (geöffnet sommers Di.–So. 9.30–14.00 Uhr; Tel. 26740 31305, englisch). Auf dem Pilikáta-Hügel nahe dem Museum befand sich nach Ansicht mancher Altertumsforscher der Palast des Odysseus (andere sehen nach wie vor im Berg Aëtós ihren Standort). Homer zufolge umgaben drei Berge den Palast des Helden, und man überblickte von ihm »drei Teile des Meeres«. Wie zahlreiche im Museum aufbewahrte Grabungsfunde zeigen, war das Gebiet seit neolithischer Zeit besiedelt. Wichtigstes Exponat ist eine Tonscherbe, Rest einer Frauenmaske aus hellenistischer Zeit, auf der in Griechisch die Worte »Odysseus gewidmet«

Diese römische Marmorstatue aus der Zeit um 50 n. Chr. stellt Odysseus dar, wie er kriechend aus der Höhle des Polyphems flieht.

AUF ODYSSEUS' SPUREN

War es auf Itháki, wo sich einst das Königreich des Odysseus befand? Machte sich der Held von hier auf, um zehn Jahre im Trojanischen Krieg zu kämpfen und anschließend eine zehnjährige abenteuerliche Heimfahrt überstehen zu müssen, bis er seine Gemahlin Penelope wieder in die Arme schließen konnte?

Es ist eine alte Frage, welche realen Orte in den beiden großen Epen der griechischen Antike, der **Ilias** und der **Odyssee** von Homer, beschrieben sind. Für John V. Luce, Professor an der Universität Dublin, war es ganz klar: Das mythische Ithaka ist mit der heute Itháki genannten Insel gleichzusetzen und Homer der Verfasser der »Odyssee«, wie man in seinen Büchern »Archäologie auf den Spuren Homers« und »Die Landschaften Homers« – Letzteres mit überzeugenden Fotos und Karten – nachlesen kann.

Mythos und Fakten

Itháki ist zwar kleiner und zerklüfteter als Zákynthos oder Kefalloniá, doch strategisch viel wichtiger. Von hier aus ließen sich der Seehandel entlang der Küste sowie die Seestraßen zwischen Itháki, Kefalloniá und Lefkáda besser kontrollieren. Homer bezeichnet Odysseus' Heimatinsel in der »Odyssee« als »niedrig«, »schmal«, mit Inseln »ringsumher«, »deutlich sichtbar« und untauglich, um »Rosse zu tummeln« – Beschreibungen, die auf Itháki viel mehr zutreffen als auf jede andere der Ionischen Inseln.

Odysseus' letzte Station vor seiner Rückkehr nach Ithaka war die Insel **Scheria**. Schon im Altertum meinte man, dass es sich dabei um Korfu, damals Kerkyra genannt, gehandelt haben müsse. Hier erzählte er dem Phäakenkönig Alkinoos und dessen Tochter Nausikaa von seiner zehnjährigen Irrfahrt und den Abenteuern, die er dabei erlebte, etwa mit dem einäugigen Kyklopen Polyphem, mit den todbringenden Sirenen und mit Kalypso, die ihn sieben Jahre auf ihrer Insel festhielt. Mit Hilfe des Herrschers von Scheria gelangte Odysseus auf seine Heimatinsel zurück, wo er,

Dexiá-Bucht auf Itháki: Brachten die Phäaken hier Odysseus an Land?

als Bettler verkleidet und von seinem Sohn Telemachos unterstützt, die Freier vernichtete, die seine Gattin Penelope bedrängten.

Das Schiff der Phäaken, das Odysseus nach Ithaka brachte, setzte ihn in der **Phorkys-Bucht** unterhalb der Nymphengrotte schlafend ab. Als er erwachte und ihm jede Orientierung fehlte, erklärte ihm seine Schutzgöttin Athene in der Gestalt eines Hirtenjungen, dass er sich auf Ithaka befinde. John Luce setzt die Phorkys-Bucht mit der heutigen Dexiá-Bucht gleich und die **Nymphengrotte** mit einer Tropfsteinhöhle oberhalb der Bucht. Sie hat, wie in der »Odyssee« geschildert, zwei Eingänge: einen für Menschen und einen, der Göttern vorbehalten ist – Letzterer sei die Öffnung in der Höhlendecke.

Nach dem Besuch der Höhle, in der er gebetet und seine Schätze versteckt hatte, machte sich Odysseus mit Athene auf die Suche nach Eumaios, dem Schweinehirten. Dabei ging er »den rauen Pfad vom Hafen über die waldbewachsenen Gebirge« – für Luce ein Fußpfad, der am Osthang des Merovígli entlang zum Marathiá-Plateau führte und, wie er herausfand, immer noch existiert. »Der **Rabenfelsen** am arethusischen Borne«, wo Eumaios' Gehöft lag, befinde sich am Nordostrand des Marathiá-Plateaus. Bei dem Felsen, der auf einer Länge von 550 m rund 60 m tief senkrecht abfällt, gibt es immer noch viele Raben, und er trägt auch heute den Namen »stefáni tou korákou«, »Fels des Raben«. Hier entspringt die **Aréthusa-Quelle**. Und die Behausung des Schweinehirten – »hoch, auf weitumschauendem Hügel« – könnte auf dem 240 m hohen Gelände über der Klippe mit der wunderbaren Fernsicht gelegen haben. Auf Itháki wird heute eine nahegelegene Höhle als Wohnstätte des Eumaios ausgegeben. Dort traf Odysseus seinen Sohn Telemachos. Dieser schickte den Schweinehirten zum Palast seiner Eltern, um Penelope die Rückkehr ihres Gemahls melden zu lassen.

Der **Palast** des Odysseues befand sich wohl bei Stavrós am entgegengesetzten Ende der Insel, etwa 24 km entfernt – Eumaios benötigte für den Fußmarsch hin und zurück immerhin einen ganzen Tag. Für den Dubliner Professor gibt es noch weitere Hinweise, dass der Palast und die Hauptstadt von Odysseus' Reich bei Stavrós lagen. Vom Palast-Vorhof erblickte man laut Odyssee »unseren« Hafen und den etwas weiter entfernten Hafen »Rheithron unter dem waldigen Neion« – der erste wäre wohl die Polis-Bucht, der zweite die Frikes-Bucht und »Neion« der Berg von Exogí. Beide Häfen sind von dem bei Stavrós nach Norden verlaufenden Höhenrücken zu sehen, und am Schnittpunkt beider Sichtlinien, nämlich im heutigen Pilikáta, habe sich wohl Odysseus' Palast befunden. Hier wurden bei britischen Ausgrabungen zwar mykenische Scherben entdeckt, sogar Spuren einer Befestigungsmauer freigelegt, doch Reste eines Palastes kamen, wie Luce einräumt, nicht zum Vorschein. Dennoch: Wenn es je einen Odysseus-Palast gegeben hat, dann nur hier – so die Schlussfolgerung des Professors, der auch davon überzeugt ist, dass Homer, für ihn ein genauer Kenner der Topografie Ithákis, die Insel besucht haben muss.

Ein altes Rätsel

Ganz so einfach wird das von vielen Wissenschaftlern nicht gesehen. Spottete doch einst **Friedrich Schiller** (angemessenerweise im Distichon): »Sieben Städte zankten sich drum, den Homer geboren zu haben. / Nun, da Wolf ihn zerriss, nehme sich jede ihr Stück!« Der deutsche Philologe **Friedrich August Wolf** hatte 1795 das schon in der Antike bekannte Problem aufgegriffen, nämlich wie viele Dichter sich hinter dem Namen Homer verbergen und wann die beiden großen Epen »Ilias« und »Odyssee«, die Homer zugeschrieben werden, verfasst wurden. Heute wird vielfach die Ansicht vertreten, dass die beiden großen Heldenlieder mehrere Urheber haben. Diese griffen auf mündlich überlieferte Seefahrergeschichten aus mykenischer Zeit (um 1300 v. Chr.) zurück, die sie mit den sozialen Gegebenheiten und den Mythen ihrer eigenen Epoche verflochten. Man nimmt an, dass die »Ilias« um 730 v. Chr. und die »Odyssee« 50 Jahre später entstand. Sicher kann das Rätsel um Homer wohl nie geklärt werden, ebenso wie es wohl für immer unklar bleibt, welche Insel dem mythischen Ithaka entspricht. Vielleicht war es ja doch Lefkáda, wie der deutsche Altertumsforscher **Wilhelm Dörpfeld** behauptete?

Vom Weg nach Pernarákia geht der Blick auf Exogí.

eingraviert sind (sie zieren auch das Odysseus-Denkmal in Stavrós). Die damaligen Einwohner bezweifelten also nicht, dass ihre Heimatinsel das in der Odyssee erwähnte Ithaka war.

Pólis
Πόλις

Von Stavrós aus führt eine 2 km lange Straße zur hübschen Pólis-Bucht hinab, dem wichtigsten **Fischerhafen** im Norden der Insel (zum Baden nicht zu empfehlen). Die eingestürzte **Loizos-Höhle** an der Nordwestseite barg nicht nur die erwähnte Tonscherbe, sondern auch Dreifußständer, Schwerter und verschiedene Opfergegenstände aus mykenischer Zeit.

✶
Exogí
Εξωγή

Ca. 100 m hinter dem Museum in Pilikáta gabelt sich die Straße. Links geht es in Kurven hinauf zum 2 km entfernten Exogí – der Name bedeutet so viel wie »außerhalb der Erde«, und hier »ist die Welt zu Ende«, so abgelegen und exponiert ist der Ort. Zu Ende des 19. Jh.s lebten etwa 1000 Menschen hier, heute noch etwa 40. Viele Häuser sind zerstört und verlassen, dennoch grünt und blüht es überall, und das Dorf macht einen netten Eindruck. Kirchweih wird am 17. Juli gefeiert. Von Exogí führt eine kleine Wanderung auf der Piste (2 km) hinauf zum verlassenen **Kloster Pernarákia**. Eine Tafel erinnert an den letzten Mönch, der 1943 von deutschen Soldaten hingerichtet wurde. Die Kirche wurde erst kurz vor dem Erdbeben 1953 errichtet. Der Aufstieg lohnt sich vor allem wegen des **grandiosen Ausblicks**; an klaren Tagen überblickt man fast den ganzen Ionischen Archipel.

Platrithiás
Πλατρειθιάς

Von Exogí geht es auf demselben Weg zurück, dann nach links nach Platrithiás. Auch hier kann man auf Homers Spuren wandeln; oberhalb des Orts soll sich die »Schule Homers« befunden haben. Am Ortsanfang führt ein betonierter Weg (beim seit langem geschlosse-

! *Baedeker* TIPP

Ithákis Norden erkunden

Einigermaßen Kondition sollte man für die Runde mit dem Rad von Vathý nach Fríkes / Kióni und zurück schon haben, die sich inklusive Strandaufenthalt gut an einem Tag bewältigen lässt. Mountainbikes können in Vathý gemietet werden. Im Bereich Stavrós / Exogí hat die Naturschutzorganisation Archipelagos einige schöne Wanderwege eingerichtet, beschrieben im Faltblatt »Wanderwege auf Itháki«, das in Reisebüros, Hotels etc. zu bekommen ist.

nen Kafeneion »Leventi«) links in wenigen Minuten zur **Melanýdros-Quelle**, deren Wasser der Legende nach den blinden Homer heilte. Etwa 300 m von hier entfernt befinden sich die Reste der **Ágios-Athanásios-Kirche** in einem in der Antike besiedelten Gebiet. Ausgrabungen brachten u. a. Hausruinen und ein mykenisches Kuppelgrab zum Vorschein. Dass die Stätte in Zusammenhang mit Homer steht, konnte nicht bewiesen werden. Der Spaziergang zu dem idyllischen Fleck lohnt dennoch.

Koliéri
Κολιερή

Im Nachbardorf Koliéri (Zufahrt vom Zentrum von Platrithiás beschildert) stehen gleich am Ortsanfang neben einer alten Ölpresse zwei **Obelisken** aus aufgeschichteten Mahlsteinen. Gewidmet sind sie all denen, die in mühevoller Arbeit das Land auf Itháki bestellt haben und bestellen. Folgt man dem durch Koliéri führenden Sträßchen weiter, erreicht man die verlassene Siedlung Kálamos; der Strand dort ist nicht zu empfehlen.

Fríkes
Φρίκες

Das winzige Fischerdorf Fríkes wird von Fähren aus Fiskárdo (Kefalloniá) und Vasilikí (Lefkáda) angelaufen. Um den netten Hafen gruppieren sich eine Handvoll Tavernen. Eine Tafel an der nach Kióni führenden Straße erinnert daran, dass griechische Partisanen das deutsche Schiff »Antoinette« am 13. September 1944 zerstörten.

✶ Kióni
Κιόνι

Als hübschester Ort Ithákis gilt Kióni 5 km südöstlich von Fríkes, entsprechend beliebt ist es als Ausflugsziel und **Jachthafen**. (Nicht zum Hafen fahren, es gibt weder Parkplätze noch eine Wendemöglichkeit.) Pastellfarbige Häuschen mit roten Ziegeldächern säumen die Bucht mit ihren guten Tavernen, in der sich im Sommer die Segel- und Fischerboote drängen. Das Angebot an Zimmern und Appartements ist klein und im Sommer schnell erschöpft.

Anogí
Ανωγή

Die Rückfahrt nach Vathý erfolgt über Stavrós. In kurvenreicher Fahrt durch landwirtschaftlich genütztes Land (Weinbau) mit vielen grandiosen Ausblicken erreicht man Anogí. Der »Gipfel der Erde«, so lässt sich der Name übersetzen, liegt 500 m hoch in einer verkarsteten Berglandschaft; am Ortsrand fallen zwei seltsam geformte Felsblöcke auf. In der Vergangenheit war Anogí einer der größten Orte der Insel, heute ist das Dorf fast verlassen (50 Einw.). Die Kirche Panagía aus dem 16. Jh., die alle Erdbeben überdauerte, besitzt **schöne Fresken und eine Ikonostase** mit bedeutenden Heiligenbildern aus dem 15. und 16. Jh. (Schlüssel im Kafenion); aus venezianischer Zeit

(1682) stammt der Glockenturm. Das Fest Mariä Entschlafung wird am 14./15. August groß gefeiert.

✶ Katharón-Kloster Μονή Καθαρών

Eine **fantastische Aussicht** lohnt den Abstecher zum Katharón-Kloster. Etwa 3 km südlich von Anogí zweigt die Straße zum 550 m hoch gelegenen Kloster ab, das der Schutzherrin der Insel geweiht ist (großes Fest am 7./8. September). Die Kirche wurde 1696 an der Stelle errichtet, an der vermutlich ein der Artemis oder Athena geweihter Tempel stand. Kostbarstes Ausstattungsstück ist die **Ikone der Panagía** – nach Meinung der Einheimischen wurde sie von dem Apostel Lukas gemalt (in der orthodoxen Kirche wird derartiges von Hunderten von Ikonen angenommen).

Nachbarinseln von Itháki

K 9

Echinaden

Östlich von Itháki ist dem Festland, genauer dem Mündungsdelta des Achéloos, die Inselgruppe der Echináden vorgelagert. Drakonéra, Petalás und Oxiá sind die fruchtbaren Hauptinseln des kleinen Archipels. Petalás ist heute durch Landanschwemmungen mit dem Festland verbunden. Bei Oxiá fand am 7. Oktober 1571 die bedeutende Seeschlacht von Lepanto statt (►S. 38).

Beliebte Etappe auf Segeltörns durch die Ionischen Inseln: Kióni

KEFALLONIÁ · Κεφαλλονιά

Von herrlichen Stränden unter hohen Klippen oder grünen Hängen bis zum 1628 m hohen, kiefernbestandenen Berg Énos: Kefalloniá, die größte der Ionischen Inseln, besitzt eine besonders interessante, abwechslungsreiche Landschaft. Was den Aufenthalt noch angenehmer macht, ist der bisher wenig entwickelte Tourismus.

Charakter der Insel

Die 781 km² große, etwa 45 km lange und bis zu 30 km breite Insel, die etwa auf der Höhe des Golfs von Patras zwischen Lefkáda und Zákynthos liegt, ist mit zwei großen, weit vorspringenden Halbinseln stark gegliedert: im Norden Erissós, im Westen Palikí. Hauptort ist **Argostóli**, in dem etwa ein Viertel der 39 500 Inselbewohner ansässig ist. Eine Bergkette durchzieht die Insel, die in der Mitte auf über 1100 m ansteigt und im Süden, im **Énos-Massiv**, sogar 1628 m erreicht. Die höheren Lagen des Énos sind dicht bewaldet, hier findet man große Bestände der seltenen Kefallonia-Tanne (*Abies cephalonica*). Im Norden überziehen Olivenhaine die Insel, durchsetzt von schlanken Zypressen. Ganz anders das Landschaftsbild auf der **Palikí-Halbinsel**: Südwestlich von Lixoúri entstanden im hellen, nur spärlich bewachsenen Kalkstein durch Erosion tiefe Täler. Dieser kargen, steppenhaft wirkenden Landschaft sind lange Strände mit rötlichem Sand vorgelagert.

Intensivere Landwirtschaft ist auf Kefalloniá nur in wenigen Tälern und Hochebenen möglich. Sehr fruchtbar und dicht besiedelt ist die Ebene **Livátho** südöstlich von Argostóli; wohlhabende Einwohner haben sich hier schmucke Häuser errichtet.

Neben dem Tourismus sind Landwirtschaft und Fischzucht die wichtigsten Erwerbszweige. Gerühmt wird das Olivenöl der Insel, und der weiße Robóla zählt zu den besten Weinen Griechenlands (►Baedeker Special S. 78).

Die »ältesten« Touristenzentren sind die recht kleinen Sandstrände südwestlich von Argostóli (Makrýs Gialós, Platýs Gialós). Allmählich nimmt der Fremdenverkehr auch die Küste südwestlich von Lixoúri und die Südostecke der Insel in Besitz. Die felsige Südostküste zwischen Póros und Skála ist von herber Schönheit, bietet aber kaum Bademöglichkeiten; erst Skála hat sich mit seinem Sand-Kies-Strand zu einem (v. a. bei Briten beliebten) einfachen Ferienort entwickelt.

← *Ein Strand wie aus dem Bilderbuch: Mýrtos-Bucht*

Kefalloniá Orientierung

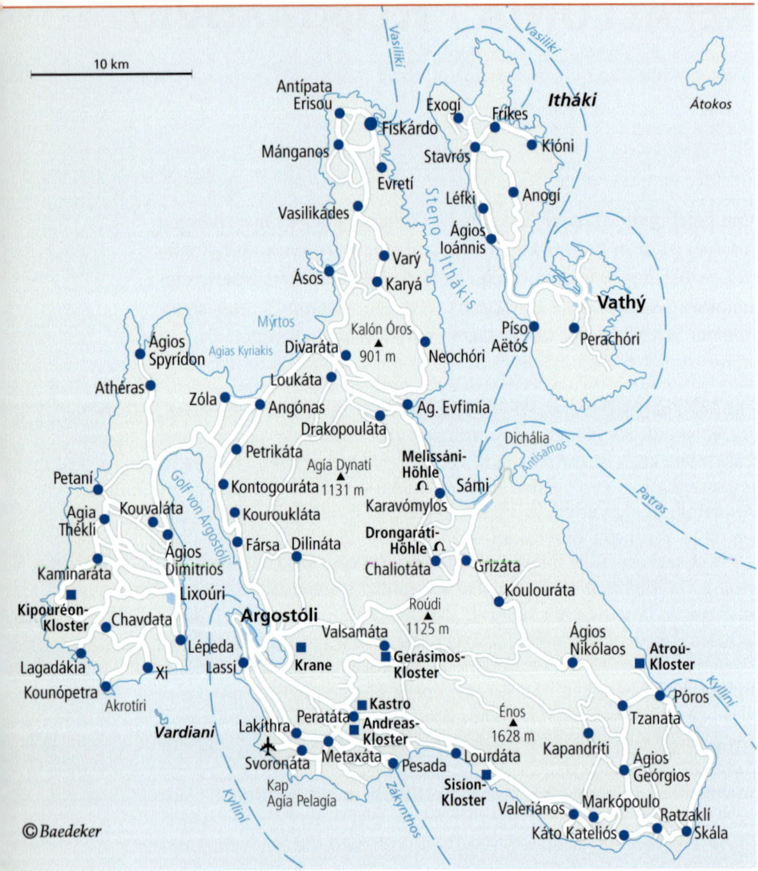

In der Meerenge zwischen der Nordostküste Kefalloniás und Itháki lebt eine der letzten Kolonien der **Mönchsrobbe** (*Monachus monachus*) des Mittelmeers. Diese Tierart ist vom Aussterben bedroht, ihr weltweiter Bestand wird auf 400 – 500 Tiere geschätzt. Ungefähr die Hälfte davon lebt in griechischen Gewässern (►S. 20).

Geschichte Kefalloniá wird mit dem von Homer erwähnten Same identifiziert. In der Odyssee gehört das Inselpaar Same und Dulichion zum Königreich Ithaka, doch werden die Untertanen des Odysseus auch Kephallener genannt. Vom 8. bis ins 5. Jh. v. Chr. war die Insel Kolonie und Stützpunkt der Korinther, bis der Athener Admiral Tolmides 456 v. Chr. sie zum Anschluss an Athen zwang. Damals bestanden auf Kefalloniá die vier Stadtstaaten Kráne, Pále, Prónnoi und Sáme (bei Thukydides »Tetrapolis« genannt). Mit dem Äolischen Bund kämpften die Bewohner der Insel gegen Philipp V. von Makedonien (220 – 217 v. Chr.) und gegen die Römer, unter deren Herrschaft die Insel dann geriet (189 v. Chr. Zerstörung von Same). Im Mittelalter gehörte es zunächst zu Byzanz, bis sich 1085 die Normannen der Insel bemächtigten. Ihnen folgten wechselnde Herrscher. 1479 fiel Kefalloniá erstmals in die Hände der Osmanen, die die Insel mit kurzem Intermezzo bis 1500 halten konnten. Unter venezianischer Oberhoheit (1500 – 1797) setzte eine Phase der Stabilität und des wirtschaftlichen Wachstums ein. Die Zahl der Einwohner erhöhte sich von 14 000 im Jahre 1548 auf 60 000 im Jahr 1655. Das 18. Jh. war dagegen von Kämpfen unter den mächtigen Adelsfamilien gekennzeichnet. Venedig gelang es nicht, die rivalisierenden Geschlechter zu befrieden; erst unter dem britischem Protektorat 1809 –1864 kehrte Ruhe ein. Von dem Erdbebendes Jahres 1953 wurde die Insel schwer getroffen; etwa 70 % der Gebäude wurden zerstört, manche Ortschaften vollständig verwüstet.

! *Baedeker* TIPP

Corellis Mandoline

Eine gewisse Publicity erhielt Kefalloniá durch diesen Roman von Louis de Bernières, eine Liebesgeschichte vor dem Hintergrund des Massakers, das die deutschen Wehrmacht 1943 an italienischen Soldaten verübte. Der Film mit Nicolas Cage und Penelope Cruz, der auf Kefalloniá gedreht wurde, war zwar ein Flop, aber das mitreißend geschriebene Epos ist eine gute Urlaubslektüre.

Highlights Kefalloniá

Argostóli

Zwar erstand der Inselhauptort nach dem Erdbeben 1954 nicht zu alter Pracht, doch besitzt er eine angenehmes, teils sogar wohlhabendes Flair.

▸ Seite 152

Mýrtos-Bucht

Leuchtendweißer Kiesstrand, glasklares Wasser in allen Türkis-Schattierungen, von steilen Hängen eingefasst und (fast) naturbelassen – ein »Traumstrand«.

▸ Seite 159

Ásos

Zauberhafter Platz mit kleinem, idyllischem Hafen und Kiesstrand, geschützt von einer venezianischen Festung.

▸ Seite 160

Fiskárdo

Der charmante Fischerort ganz im Norden hat sich zum internationalen Seglertreff gemausert.

▸ Seite 160

Weininsel

Auf Kefalloniá soll der griechische Wein seinen Ursprung haben. Moderne Güter wie Gentilini oder Metaxas machen heute hervorragende Weine.

▸ Seite 167

Gerásimos-Kloster

Das Kloster des Inselheiligen, herrlich unter dem Énos gelegen, ist das geistliche Zentrum von Kefalloniá.

▸ Seite 163

Énos

Ausflug in luftige Höhen 1600 Meter über dem Meer, im Schatten mächtiger Kefallonia-Tannen.

▸ Seite 164

KEFALLONIÁ ERLEBEN

AUSKUNFT

EOT Argostóli
am Hafen beim Zollamt
Tel. 26710 22248, Fax 26710 24466
Touristenpolizei Argostóli
gegenüber dem Zollamt
Tel. 26710 22815

VERKEHR

Busse verbinden Mo.–Sa. mehrmals tägl. Argostóli mit Lixoúri, Sámi, Póros, Skála und Fiskárdo, einmal tägl. fahren sie die »Ostlinie« zwischen Fiskárdo und Káto Kateliós über Sámi und Póros.

ESSEN

► Agía Evfimía

Finikas
Am Hafen. Neben dem üblichen Angebot an griechischen Speisen gibt es auch Pizza.

Dendrinos
Am Paradies-Strand. Die beste Adresse für heimische Küche. Wein vom Fass.

► Argostóli (s. Plan S. 154)

① ***Captain's Table***
An der Hafenstraße
Eines der ordentlichen Restaurants am Wasser, gutes Angebot an heimischen Spezialitäten. Der Ableger nördlich des Hauptplatzes (Rizospaston 3) ist etwas »edler« und teurer.

② ***Patsouras***
Ioannou Metaxa 40
Sehr preiswerte, gute Taverne gegenüber dem Kai der Fähre nach Lixouri.

③ ***Kalafatis***
Einfache, typische Taverne an der Markthalle. Einheimische genießen hier deftige Hausmannskost.

► Fiskárdo

Am Hafen reihen sich Cafés und Tavernen. *Captain's Cabin* ist bei Seglern beliebt, das Angebot entspricht dem Standard; das benachbarte teurere *Tassia* befriedigt auch höhere Ansprüche (vorzüglich z. B. Spaghetti mit Hummer). Sehr nett sitzt man auf dem »Dorfplatz« im *Café Tselenti*.
Nicola's Taverna ►Übernachten

► Póros

Dionysos
Am Hafen.
Kleine Auswahl, aber wirklich fangfrischer Fisch und sehr freundliche Bedienung.

► Sámi

Saoulis
An der Hafenpromenade. Leckere Fleisch- und Fischgerichte vom Grill.

The Lake
Beliebtes Ausflugsrestaurant nahe dem Wasserrad in Karavómylos. Man sitzt sehr schön am Meer.

► Skála

The Pines
Am Strand.
Das »Pines« gibt's zweimal: eine Snackbar am Strand und ein Restaurant mit griechischer und internationaler Küche.

ÜBERNACHTEN

► Argostóli (s. Plan S. 154)

② ***Olga***
Ioannou Metaxa 82
Tel. 26710 24981
Fax 26710 24985
Kat. C, 43 Z., 46 – 99 €
An der Hafenpromenade steht das 1989 eröffnete, ein wenig nüchterne, dennoch sehr angenehme Hotel.

① *Ionian Plaza*
Tel. 26710 25 581, Fax 26710 25 585
Kat. A, 43 Z., 60 – 80 €
Sehr ansprechendes, elegantes, dennoch preiswertes Haus an der zentralen (trotzdem nicht übermäßig lauten) Platía Vallianoú. Schön eingerichtete Zimmer mit Balkon zum Platz. Gepflegtes, italienisch orientiertes Restaurant.

③ *Vivian Villa*
D. Deladetsima 9
Tel. 26710 23396, Fax 26710 28670
www.kefalonia-vivianvilla.gr
Kat. C, 40 – 65 €
An der Platia Rizospaston hübsch gelegenes kleines Haus mit schlichten Zimmern. Das freundliche Inhaberpaar lebte längere Zeit in Neuseeland.

► Fiskárdo

Nicola's Taverna
Tel. / Fax 26740 41307
www.greekhotel.com/ionian/kefaloni/fiskardo
Kat. B, 6 Z., 80 – 110 €
Eine Veranda mit schönem Blick auf die Hafenbucht haben die gut ausgestatteten Zimmer des modernen Hauses. Auch die Taverne ist empfehlenswert; man sitzt schön unter Weinlaub.

Emelisse
Tel. / Fax 26740 41200
www.arthotel.gr63 Z./App., Kat. A, 290 – 360 €
Modernes, elegantes und luxuriöses Hotel in großartiger Panoramalage über der Emblíssi-Bucht nördlich von Fiskardo. Mit 2 Restaurants, 2 Bars und 2 Pools und weiteren, der Preiskategorie angemessene Annehmlichkeiten. Zimmer, Suiten und Appartements für bis zu 6 Personen.

Kiki Apartments
Tel. 26740 41208
Fax 26740 41278, 75 €
Stella Apartments
Tel. 26740 41211, Fax 26740 41262
www.stella-apartments.gr, 70 – 95 €.
An dem Sträßchen, das vom Hafen südlich an der Küste entlangführt, liegen einige hübsche Appartementhäuser, die z. T. nur über britische Agenturen zu mieten sind. Hier zwei angenehme Häuser mit komfortabel ausgestatteten Appartements für 2 – 5 Personen mit Küche, teils mit Terrasse oder Balkon.

► Karavádos

Karavados Beach
Tel. 26710 69400
Fax 26710 69689
www.kbh.gr
Kat. B, 75 Z., 60 – 100 €
In Strandnähe (300 m) gelegene moderne Anlage mit Hauptgebäude und vier Bungalowkomplexen, auch für Familien geeignet. Gepflegter Pool, Tennisplatz, freitags Barbecue.

► Lourdáta

Lara
Tel. 26710 31157
Fax 26710 31156
www.lara.gr
Kat. C, 39 Z., 50 – 80 €
Das gepflegte Hotel liegt zwischen Lourdata und dem etwa 300 m entfernten Strand, umgeben von viel Grün. Auch Studios mit Kochnische für bis vier Personen stehen zur Verfügung.

Thalassino Trifilli
Tel. 26710 31114, Fax 26710 31484
www.trifilli.com, 35 – 55 €
Idyllisches Haus mit familiärer Atmosphäre und 2 – 4-Bett-Zimmern bzw. -Studios, geführt von dem griechisch-schweizerischen Ehepaar Dimitratos-Fisch, das sich im Umweltschutz engagiert. In der Taverne werden auch Gemüse und Olivenöl aus eigener Produktion verwendet. Gegenüber dem Lara gelegen.

► Platýs Gialós
White Rocks
Tel: 26710 28332, Fax 26710 28755
http://agn.hol.gr
Kat. A, 163 Z., 120 – 180 €
Das beste Hotel am Platz, trotz wenig einladendem Äußerem; britisches Stammpublikum. Das vierstöckige Hauptgebäude und 1 – 2-geschossige Bungalows liegen sehr schön über dem hoteleigenen, von Felsen gerahmten Sandstrand. (►Foto S. 156).

► Sámi
Kastro Hotel
Tel. 26740 22656, Fax 26740 23004
Kat. C, 54 Z., DZ 65 €
Standardhotel an der Hafenfront.

Sami Beach
Tel. 26740 22824, Fax 26740 22846
Kat. B, 49 Z., 45 – 80 €
Das einstöckige Gebäude liegt an einem kleinen Kiesstrand. Nette, familiäre Atmosphäre.

► Spartiá
Panas
Tel. 26710 69941, Fax 26710 69505
www.travel-guide-greece.com
Kat. B, 35 Z., Bungalow 50 – 160 €
Die 1989 erbauten Bungalows 2 km außerhalb von Spartiá liegen im Grünen über einer hübschen Bucht mit Sand-Kies-Strand. Fast alle Zimmer haben Balkon oder Terrasse mit Blick aufs Meer.

► Xi
Cephalonia Palace
Tel. 26710 93112, Fax 26710 92638
www.agn.gr/hotels
Kat. A, 136 Z., 100 –150 €
Komfortable Hotelanlage aus mehreren zweistöckigen Gebäuden auf der Paliki-Halbinsel 6 km südwestlich von Lixoúri. Der Sandstrand ist 150 m entfernt. Rundum-Programm mit Pool, Tennisplatz und vielen weiteren Sportmöglichkeiten.

✶ Argostóli · Αργοστόλι

L 7

Vor dem verheerenden Erdbeben von 1953 galt der Inselhauptort Argostóli, der sich über etwa 2 km entlang der Ostküste der Lássi-Halbinsel erstreckt, als eine der schönsten Städte Griechenlands. Innerhalb weniger Stunden wurden damals die herrschaftlichen Wohnhäuser zerstört, die den Reiz des Städtchens ausmachten. Zum Hauptort erhoben es die Venezianer im Jahre 1757; Mitte des 16. Jh.s gab es hier nur einen provisorischen Landesteg und ein paar Fischerhütten. Der Aufschwung setzte nach 1800 ein, schnell entwickelte sich Argostóli zu einer eleganten Provinzstadt. Heute ist es ein moderner Ort mit etwa 9500 Einwohnern, der sich in den letzten Jahren ein recht **angenehmes Bild** gegeben hat. Es gibt eine Handvoll ordentliche bis sehr gute Hotels, so dass man – mit fahrbarem Untersatz – Strandferien mit einem urbanen Standort verbinden kann. Hauptachsen der Stadt sind die Uferpromenade (Ioannou Metaxa / Antoni Tritsi), an der Hotels und Restaurants sowie die Markthalle liegen, und die parallel verlaufende Lithostroto, eine herausgeputzte Fußgängerzone mit Cafés und guten Geschäften. Auch der große Hauptplatz, die Platia Vallianou, ist abends ein bevorzugter Treffpunkt.

Straßendamm

Den schönsten Blick auf die Inselmetropole hat man von der 700 m langen **Drapano-Brücke** über die Koútavos-Lagune. Sie wurde 1812 / 1813 von den Briten errichtet, woran die Inschrift auf dem Obelisken neben der Brücke erinnert.(Überholungsarbeiten sind geplant.)

Platia Vallianou

Der von Palmen umstandene Hauptplatz, die Platia Vallianou, wird von repräsentativen Verwaltungsbauten und Hotels gesäumt. Restaurants und Cafés haben Tische draußen aufgestellt, lebhaft geht es in den Abendstunden zu. Westlich schließt sich der Napier-Park an.

Stiftung Fokas-Kosmetatos

Gleich südlich des Platzes (Vallianou 1) wurde ein altes Privathaus rekonstruiert, in dem die Stiftung Fokas-Kosmetatos Lithografien aus dem 18. / 19. Jh. zeigt, darunter Landschaften von **Edward Lear** (1812–1888), der für seine Nonsense-Gedichte und Limericks berühmt wurde (geöffnet Mo.–Sa. 9.30 – 13.00, 19.00 – 22.00 Uhr). Die

Angenehmes städtisches Flair in der Lithostroto

Argostóli Orientierung

bedeutende Familie Kosmetatos – die Schriftsteller, Bankiers und Diplomaten hervorbrachte – will mit ihrer Sammlung beitragen, das kulturelle Erbe der Insel zu erhalten.

Archäologisches Museum

Weiter südlich, an der platzartig verbreiterten Rokou Vergoti, ist das Archäologische Museum einen Besuch wert (geöffnet Di.– So. 8.30 – 15.00, im Winter bis 13.00 Uhr). Zu den bedeutendsten **Funden von der Insel** gehören Waffen, Schmuck und Gebrauchsgegenstände aus spätmykenischer Zeit (12. Jh. v. Chr.). An die römische Epoche erinnern ein Mosaik aus einer Villa auf der Palikí-Halbinsel mit vier schwarzen Delfinen vor rötlichem Hintergrund, der Kopf einer Bronzestatue (3. Jh. n. Chr.) sowie ein Grab aus dieser Zeit mit Skeletten und Grabbeigaben. Umfangreich ist die Münzsammlung aus Antike und Mittelalter.

Kéfalos-Theater

Zentrum des kulturellen Lebens der Insel ist das Kéfalos-Theater schräg gegenüber dem Archäologischen Museum. Der Bau des 1857 gegründeten Theaters wurde im Zweiten Weltkrieg beschädigt und durch das Erdbeben von 1953 völlig zerstört, der Neubau erst in den 1990er-Jahren fertiggestellt.

✶ Museum für Geschichte und Volkskunst

Einblick in das Leben auf Kefalloniá vor dem Erdbeben gibt das Museum im Erdgeschoß der **Korgialénios-Bibliothek** (weiter westlich an der Rokou Vergoti, geöffnet Mo.– Sa. 9.00 – 14.00 Uhr). Spitzen und Stickereien zeigen, womit sich höhere Damen beschäftigten und schmückten. Interieur, Kleidung, Accessoires und viele weitere Dinge fügen sich zu einem Gesamtbild einer Epoche zusammen. Aufwendige Trachten und festliche Roben verraten, dass man im 19. Jh. auf Kefalloniá zu leben wusste. Interessant ist die Sammlung historischer Fotos, die zeigen, wie hübsch Argostóli einst war und welche Schrecken das Erdbeben von 1953 verursachte. Die 1924 gegründete Korgialénios-Bibliothek hat einen Bestand von ca. 50 000 Büchern und bewahrt das historische Archiv der Insel mit wertvollen Handschriften und Quellen ab 1531.

! Baedeker TIPP

Schildkröten schauen gehen

Auch Schildkröten können sich neuen Umständen anpassen. Morgens kommen die Loggerheads in den Hafen von Argostóli, um sich an den Abfällen von den Fischerbooten gütlich zu tun, am frühen Abend kann man am Drapano-Straßendamm (Achtung auf den Verkehr) beobachten, wie sie die Entenmuscheln abweiden.

Ágios Spyrídon

Zu einem Schaufensterbummel lädt die Fußgängerzone der Lithostroto ein. Nahe ihrem nördlichen Ende steht die dem hl. Spyrídon geweihte Kirche. Beachtenswert im Innern sind die **vergoldete geschnitzte Ikonostase** sowie die in den 1970er-Jahren entstandenen Wandmalereien. Im Zentrum der Decke ist Christus als Pantokrator dargestellt, umgeben von den Evangelisten und Propheten.

Umgebung von Argostóli

Katavóthres Καταβόθρες

Man kann die **Lássi-Halbinsel**, an deren Ostseite Argostóli liegt, auf einer in Küstennähe verlaufenden Straße umfahren. Verlässt man die Inselhauptstadt über die Uferstraße in nördlicher Richtung, passiert man nach 2,5 km bei der Ruine eines Restaurants ein **Naturwunder Kefalloniás**: Ein Mühlrad (heute eine dürftige Replik) wurde durch Meerwasser angetrieben, das durch eine Rinne landeinwärts fließt und dann durch Klüfte (»Katavóthres«) im Karst versickert. Wie österreichische Wissenschaftler 1963 feststellten, fließt das Wasser unter

Den Strand Makrýs Gialós hat man nur in der Nebensaison für sich.

der gesamten Insel hindurch, nimmt dabei Regenwasser auf und tritt nach 14 Tagen an der Ostküste in der über (!) dem Meeresspiegel gelegenen Melissáni-Höhle (►S. 162) bzw. in der Bucht von Sami wieder an die Oberfläche. Die Forscher erklärten diese Paradoxie mit Strömungs- und Druckverhältnissen in den unterirdischen Kanälen. Bei dem Erdbeben 1953 wurde das Bodenniveau angehoben, so dass das Wasserrad, mit dessen Vorgänger Getreide gemahlen wurde, sich nur mehr träge dreht.

Napier-Leuchtturm

An der Nordspitze der Lássi-Halbinsel steht der schlichte Leuchtturm Ágii Theodóri. Der britische Gouverneur Charles Napier ließ 1829 einen tempelartigen Rundbau errichten, der durch das Erdbeben 1953 zerstört und in vereinfachter Form wieder aufgebaut wurde. Man kann hier einen schönen **Sonnenuntergang** genießen.

Monumento Caduti

Etwa 1 km südlich des Leuchtturms zweigt von der Küstenstraße die Zufahrt zum Monumento Caduti ab. Das Denkmal erinnert an das **Massaker an über 5000 italienischen Soldaten**, die im September 1943 nach der Kapitulation Italiens von den deutschen Truppen erschossen wurden, obwohl sie sich ergeben hatten. Dieses grauenhafte Verbrechen bildet das Zentrum des Romans »Corellis Mandoline« von L. de Bernières (►Literaturempfehlungen).

Makrýs Gialós, Platýs Gialós Μακρύς Γιαλός, Πλατύς Γιαλός

Südlich von Lássi erstreckt sich an der Küste das größte **Touristenzentrum** der Insel, die malerischen, jeweils etwa 500 m langen Buchten von Makrýs Gialós und Platýs Gialós. An den schönen, von Felsen eingerahmten, aber nur 10 bis 20 m breiten Sandstränden, die zum Teil für Hotelgäste reserviert sind, ist es sommers natürlich voll. Einen Ortskern gibt es in diesem Küstenbereich nicht; entlang der Durchgangsstraße findet man Supermärkte, Restaurants etc. in großer Zahl.

Miniés
Μηνιές

In Miniés beim Flughafen gründete Nikolaos Kosmetatos 1984 das international erfolgreiche **Weingut Gentilini**. Besucher sind von Juni bis Mitte Sept. Di., Do., Sa. ab 17.30 Uhr willkommen, sonst n. V. Tel./Fax 26710 41618.

Krane
Κράνη

Etwa 6 km östlich von Argostóli liegen die Reste der antiken Stadt Krane (oder Kranioi; ► Hintergrund, Geschichte). Von der Straße Argostóli – Sámi zweigt eine mit »Cyclopean Walls« beschilderte ca. 2 km lange Piste ab. Von der Mauer aus dem 5./4. Jh. v. Chr., die die antike Stadt auf einer Länge von ca. 5 km umgab, sind noch eindrucksvolle Reste erhalten. Lohnend ist die Fahrt oder der Spaziergang hierher auch wegen der schönen Landschaft.

Palikí-Halbinsel · Παλική

L 7

Lixoúri
Ληξούρι

Zwischen Argostóli und Lixoúri, der auf der Palikí-Halbinsel gelegenen zweitgrößten Stadt der Insel (4000 Einwohner), pendelt die Fähre in stündlichem Turnus (Überfahrt ca. 20 Min.); für die 33 km lange Strecke um den **Golf von Argostóli** braucht man mit dem Auto 30 – 40 Minuten.
Früher stand Lixoúri in Konkurrenz zu Argostóli. Als das 1534 erstmals urkundlich erwähnte Städtchen um 1800 Sitz des Landgerichts und der Gesundheitsbehörde wurde, hoffte man, dass der Hauptstadtstatus einmal ganz an Lixoúri übergehen werde. Ein Erdbeben zerstörte 1867 den größten Teil der Bausubstanz, ein Übriges besorgte das von 1953. Heute hat das Städtchen an den Segnungen der wirtschaftlichen bzw. touristischen Entwicklung kaum Anteil und macht einen vergessenen Eindruck. Das Leben konzentriert sich, vor allem abends, auf den weiten **Platz am Hafen** mit einigen Tavernen und Cafés. An der Uferpromenade erinnert ein Denkmal an den aus Lixoúri stammenden Schriststeller und Juristen **Andreas Laskaratos** (1811 – 1901), der für seine satirischen Schriften bekannt wurde. Seine engagierte Gesellschaftskritik brachte Laskaratos Gefängnisstrafen und den Bann der orthodoxen Kirche ein. Geht man die Dellaporta landeinwärts und die M. Avlichou nach links, erreicht man das **Museum von Lixoúri** (geöffnet Di.– Fr. 8.00 – 13.30, Sa. 9.30 – 12.30 Uhr). Es hat mit der Stadtbibliothek seinen Sitz in der gegen Ende des 19. Jh.s errichteten neoklassizistischen Villa der wohlhabenden Familie Iakovatos, die das Erdbeben weitgehend unbeschädigt überstand. Zu sehen sind unter anderem wertvolle Ikonen, Evangelien-Handschriften, ein fünfsprachiges Psalmenbuch von 1560, liturgische Gewänder und Mobiliar (Führung auf Englisch).

Lépeda
Λέπεδα

Der nächste Strand ist 2 km südlich bei Lépeda zu finden. Der rötliche Sandstrand ist nicht der sauberste. Vom Strand aus kann man zu einer Höhle gehen, die bereits seit 1568 als Kirche genutzt wird.

Mégas Lákkos, Xi
Μέγας Λάκκος, Ξι

Schön sind die **Strände im Süden der Halbinsel** bei Mégas Lákkos und Xi. Über mehrere Kilometer erstrecken sich flache Strände mit feinem rötlichem Sand, die von hellen Kalksteinfelsen gesäumt werden. Eine gewisse touristische Infrastruktur ist vorhanden, doch ist die Küstenlandschaft bis auf einige größere Hotels bei Xi noch unverbaut. Wer hier seinen Urlaub verbringen möchte, ist weitgehend auf das Unterhaltungsangebot der Hotels angewiesen und muss die karge, im Sommer, wenn das Gras vertrocknet ist, sogar etwas trostlos wirkende Landschaft mögen.

Kounópetra
Κουνόπετρα

Ebenfalls **prächtige Sandstrände** erstrecken sich bei Kounópetra am südlichsten Punkt der Halbinsel. Im winzigen Hafen dümpeln einige Fischerboote, von einer Taverne aus kann man die Szenerie genießen. Die **Kounópetra** ist ein Felsen, der unmittelbar vor der Küste aus dem Wasser ragt und früher ein ungeklärtes Rätsel der Natur war; er schien sich etwa zwanzig Mal pro Minute zu bewegen. Das Erdbeben von 1953 veränderte die Unterlage des Felsens, und mit den Bewegungen ist es seitdem vorbei.

Vardianí
Βαρδιανοί

Vorgelagert ist im Süden der Palikí-Halbinsel das karge Eiland Vardianí, das bis Mitte des 20. Jh.s bewohnt war.

Im schön gelegenen Kloster Kipoureon werden heute viele Hochzeiten und Taufen gefeiert.

Nordwestlich von Kounópetra ändert sich das Landschaftsbild. Die Kalklandschaft mit spärlicher Vegetation geht in einen grün bewachsenen Höhenzug über, der den ganzen Westen der Palikí-Halbinsel einnimmt und zum Meer hin steil abfällt. In dieser malerischen Landschaft steht unmittelbar am Steilabbruch der Küste das **Kloster Panagía Theotókou Kipouréon**. Die erste, 1759 errichtete Kirche fiel mit den anderen Klosterbauten dem Erdbeben von 1953 zum Opfer. Inzwischen sind Kirche und Kloster wieder aufgebaut. In seinem Besitz sind einige **kostbare Ikonen**, darunter eine von Emmanuel Tzanes (► Hintergrund, Kunstgeschichte). Gegründet worden war es von Mönchen des östlich in der Nähe gelegenen Klosters Tafíon, von dem nur noch verfallende Bauten zeugen.

Kloster Kipouréon
Μονή Κηπουραίων

! *Baedeker* TIPP

Platýs Ámmos

Auf einer steilen Treppe geht es gut 100 m hinunter zum »Weiten Strand«, also sollte man sich für einen Tag dort mit allem Notwendigen ausrüsten. Nur geübte Schwimmer sollten hier ein Bad nehmen, da der Kies-Sand-Strand unter der Felswand rasch abfällt. Von der Straße vom Kloster Kipoureon nach Kaminarata führt eine Piste zu einer Plattform und besagter Treppe.

Eine gute Straße führt vom Kloster durch die **reizvolle Berglandschaft** über Kaminaráta und zuletzt in halsbrecherischen Kurven zur Bucht von Petaní. Der Strand ist kiesig, die Szenerie in der von hohen Felsen eingefassten Bucht malerisch wie die berühmte Mýrtos-Bucht (s. u.). Tavernen bieten guten Fisch und Grillgerichte.

✶ Petaní
Πετανοί

Über das noch recht ursprüngliche Bergdorf Athéras gelangt man zur Bucht von Ágios Spyrídon im äußersten Norden der Halbinsel, mit schmalem Sandstrand und einer Taverne.

Ágios Spyrídon
Άγιος Σπυρίδων

Der Norden von Kefalloniá

L 7

Von der Straße, die Argostóli mit dem Norden verbindet, hat man einen herrlichen Ausblick auf den Golf von Argostóli, in dem einige Fischfarmen arbeiten. In Angónas sind an der Durchgangsstraße die Reste eines naiven Gemäldes zu sehen, mit dem der einheimische, 1994 verstorbene Maler Gerassimos Livadas Razos eine Betonmauer verziert hat. Westlich zweigt eine Straße zum Dorf Zóla ab; sie führt zur schönen, einsamen Bucht Agía Kyriakí mit Sand-Kies-Strand, Fischerhafen und Taverne.

Angónas
Αγκώνας

Agía Kyriakí

Nach weiteren 8 km biegt man zum Mýrtos-Strand ab. Die von hohen Felswänden gerahmte Bucht mit feinem Kies gilt zu Recht als **einer der malerischsten Strände Griechenlands** (►Foto S. 146). Den besten Blick auf die unverbaute Bucht hat man bei der Weiterfahrt von der Hauptstraße aus.

✶✶ Mýrtos
Μύρτος

✶ **Ásos** **Άσος**

Hier hat man auch schon die von den Ruinen einer großen Festung gekrönte **Halbinsel Ásos** im Blick. Serpentinen führen hinunter zum kleinen Ort Ásos (120 Einw., ► Foto S. 116/117), der an einer hübschen Bucht mit Kiesstrand liegt. Hier lässt sich ein gemütlicher Tag verbringen, in den Tavernen kann man unter schattenspendenden Bäumen speisen. Nächtigen kann man in Privatzimmern, Pensionen und Ferienwohnungen. Im Winter leben nur noch wenige Menschen in der Ortschaft, die nach dem Erdbeben von 1953 mit französischer Hilfe wieder aufgebaut wurde; einige pittoreske Ruinen sind stehen geblieben. Die **Festung** wurde ab 1593 von den Venezianern errichtet. Durch ihre Position auf der vorgelagerten Halbinsel, die nur über eine schmale Landverbindung zugänglich ist, bot sie den Bewohnern des Inselnordens Schutz vor den Piraten und den Türken; allerdings wollten sie sich nicht hier niederlassen, wie von den Venezianern geplant. Bis 1797 blieb die Festung Sitz des venezianischen Statthalters. In dem wenig aufregenden Gelände, das von 2 km langen Mauern umschlossen wird, sind nahe dem Haupttor die Grundmauern der katholischen Markuskirche (1604) erhalten.

✶ **Fiskárdo** **Φισκάρδο**

Vorzeigeort von Kefalloniá ist Fiskárdo (450 Einw.) ganz im Norden der Insel. Er überstand das Erdbeben von 1953 als einziger nahezu unbeschädigt. In Pastelltönen gestrichene Häuschen, von denen einige noch aus dem 18. Jh. stammen, säumen mit ihren Tavernen den **malerischen Hafen**. Damit sich am hübschen Bild nichts ändert, wurde Fiskárdo 1975 zur »traditionellen Siedlung« erklärt. Der Ortsname geht auf den **Normannenfürsten Robert Guiscard** zurück, der 1081 den byzantinischen Kaiser Alexios I. besiegt hatte und bei einem weiteren Kriegszug am 17. Juli 1085 hier starb. Im Hafen sind Fischerboote eher in der Minderzahl; in der Saison liegen hier viele Jachten – Fiskárdo ist ein beliebter und relativ teurer Treffpunkt von Seglern aus aller Welt. Vom Fähranleger ist der Weg zum großen Parkplatz oberhalb des Orts ausgeschildert.

Vom Hafen erklimmt man die Treppe zum kleinen **Naturmuseum** des Fiskardo Nautical und Environmental Club, einer nichtkommerziellen Einrichtung, die auch Tauchfahrten und -kurse nach PADI-Standard durchführt (Fax 26740 41182). Vor dem Haus ist ein römischer Sarg des 2.–4. Jh.s v. Chr. aufgestellt. Rechter Hand liegt die **Platýteras-Kirche**; hier stand sein byzantinischer Zeit eine Kapelle und später ein Kloster. Auf der Halbinsel, die den Hafen nach Norden abschließt, ist außer den Resten eines Leuchtturms aus venezianischer Zeit die Ruine einer Kirche zu sehen, die vermutlich auf das 11. Jh. zurückgeht. Hier könnte Guiscard bestattet worden sein. Badeplätze gibt es in Fiskárdo kaum. 1,5 km südöstlich des Orts liegt die schöne, von Olivenbäumen umstandene **Foki-Bucht** mit Kiesstrand und Taverne. Weitere Badeplätze findet man im Norden der Halbinsel: ca. 1,5 km von Fiskárdo die schöne **Emblísi-Bucht** (Abzweigung bei der Taverne) und weiter westlich der **Dafnoúdi-Strand** (von Antipáta ausgeschildert), beide ohne Infrastruktur.

Blaue Stunde in Fiskárdo

Eine abgeschiedene Bergregion lernt man kennen, wenn man bei **Vasilikádes** (auch Énosis genannt) auf die östliche Nebenstrecke abbiegt. Man durchfährt Dörfer wie **Varý** (fantastische Aussicht von der Terrasse der Taverne) und **Karyá**, die vom Erdbeben 1953 relativ wenig in Mitleidenschaft gezogen wurden. Dennoch verfallen viele Häuser, da ihre Bewohner in andere Inselregionen oder auf das Festland abgewandert sind. Von der ab **Komitáta** hoch über der Ostküste verlaufenden Straße bietet sich ein herrlicher Blick auf Itháki und schließlich auf Agía Evfimía und die Bucht von Sámi.

✶ Varý, Karyá
Βαρύ, Καρυά

Das hübsche Fischerdorf Agía Evfimía (650 Einw.) ist ein beliebter Stopp für Jachten, der Tourismus hält sich in Grenzen. Die ordentlichen Tavernen am Hafen offerieren frischen Fisch. Baden kann man am kurzen Kiesstrand beim Hafen, am Paradise Beach oder – viel schöner – in der 4 km südlich gelegenen **Bucht Agía Paraskeví**.

Agía Evfimía
Αγία Ευφημία

Von Agía Evfimía führt eine Hauptstraße nordwestlich durch die Senke zwischen dem Kalón Oros (»Schöner Berg«, 901 m) und dem Agía Dináti (1031 m) nach Divarata. Es lohnt sich, einmal auf der südlichen Nebenstraße nach Drakopouláta und Makryótika hinaufzufahren, zwei altertümlichen Dörfern. Das südöstlich gelegene **Kloster Theotókou Themáton** ist von mächtigen Kastanien, Steineichen etc. (mit Picknickplatz) umgeben und bietet herrliche Aussicht auf Itháki und den Golf von Patras. Die Kirche besitzt eine prächtige vergoldete Ikonostase. Vom Sträßchen zum Kloster zweigt eine Piste zum verlassenen Dorf Tarkasáta ab, in dem noch die Bauweise des 19. Jh.s zu erkennen ist.

Drakopouláta, Makryótika
Δρακοπουλάτα, Μακρυότικα

✶ **Melissáni-Höhle Σπήλαιο Μελισσάνη**

Von der Straße nach Sámi zweigt die Zufahrt zum Höhlensee Melissáni ab (geöffnet Mai–Okt. tägl. 9.00 – 19.00, sonst Do., Sa., So. 10.00 – 16.00 Uhr). Durch einen kurzen Tunnel gelangt man hinunter zur Höhle, deren Felsdach ein großes Loch aufweist. Ein Führer rudert die Gäste über den See. Der 60 m lange, 45 m breite und 13 m tiefe See hat eine konstante Wassertemperatur von 14 °C. In dem Gemisch aus Süß- und Meerwasser leben einige Muschelarten und eine Meeräschenart. Geologen der Universität Graz fanden 1963 heraus, dass Wasser, das bei Argostóli (►S. 155) versickert, unter der Insel hindurchfließt, in der Melissáni-Höhle austritt und sich schließlich in der Bucht von Sámi ins Meer ergießt. Funde belegen, dass die Grotte in der Antike ein **Nymphen- und Panheiligtum** war. Auf der kleinen Insel im See, zu der sich die Gläubigen durch das Loch in der Decke mit Seilen hinabließen, fand man u. a. eine Tonstatue des sitzenden Pan, Tontafeln und -lampen. Die Funde, die aus dem 3. Jh. v. Chr. bis Ende des 4. Jh.s n. Chr. datieren, sind im Archäologischen Museum von Argostóli zu sehen.

Die Melissani-Höhle beeindruckt mit magischen Farbeffekten.

✶ **Karavómylos Καραβόμυλος**

An der Hauptstraße liegt nach ca. 300 m direkt am Meer der Teich von Karavómylos, der mit dem aus der Melissáni-Höhle abfließenden Wasser gespeist wird. Das Wasser trieb früher ein Mühlrad an, mit dem Getreide gemahlen wurde. Der **idyllische Teich** mit Enten, Gänsen und einem Wasserrad ist ein beliebtes Ausflugsziel. Nebenan ein schön am Meer gelegenes Restaurant; die nördlich anschließende Strandpartie ist ebenfalls ein sehr hübscher Platz.

Sámi Σάμη

Bedeutendster **Fährhafen** von Kefalloniá ist Sámi (1200 Einw.), von hier bestehen Verbindungen mit Italien, dem Festland, mit Korfu und Itháki. Es gibt einige kleine Hotels und Pensionen, rund um den Hafen haben Tavernen ihre Tische aufgestellt. Man kann einen Zwischenstopp in Sámi einlegen, für einen Aufenthalt ist der Ort, der eigentlich recht hübsch liegt, jedoch nicht attraktiv genug.

Die weite Hafenbucht und das fruchtbare Umland boten bereits im Altertum ideale Bedingungen für die Anlage einer Stadt. Von der antiken Polis **Same**, einem der vier auf Kefalloniá bestehenden Stadtstaaten, zeugen Reste der gewaltigen Stadtmauer (Kastro) auf dem Hügel östlich des Hafens (s. u.). Südöstlich des Hafens fand man Reste römischer Thermen.

Sehr lohnend ist der Ausflug auf die nordöstlich gelegene Halbinsel (vom Ortsrand mit »Antisamos« beschildert, später »I. M. Agrilion« und »Kastro«). Rechts der Straße liegen zwischen Olivenbäumen noch mehrere Meter hoch aufragende Steinblöcke der antiken Stadtbefestigung von **Same**. In hellenistischer Zeit war die Mauer 3,4 km lang und umschloss ein Gebiet von 36 ha. 189 v. Chr. wurde die Akropolis von den Römern eingenommen. Vom Kastro kann man noch 1,3 km bis zum Hügel **Ágii Fanéntes** weiterfahren. Hier stößt man auf die Reste zweier mittelalterlicher Kirchen mit Mosaiken und byzantinischen Fresken. Dann zurück und der Beschilderung folgend zum **Kloster Agrílion**, das nach dem Erdbeben von 1953 neu errichtet wurde (ein Turm blieb stehen) und eine prächtige Aussicht bietet. Schließlich geht es in östlicher Richtung zur großartigen Antísamos-Kiesstrand vor grüner Bergszenerie. Leider stört zuzeiten ein lärmiges Café (mit britischen Besitzern) die Idylle erheblich.

✶ Antísamos

! *Baedeker* TIPP

Ostern auf Kefalloniá

Im Kloster Theotókos Sisíon kann man in der Nacht zum Ostersonntag eine eindrucksvolle Auferstehungsmesse erleben. Auf der Platía Vallianoú in Argostóli gibt man der österlichen Freude einen ganz anderen Ausdruck: Bis Mitternacht steigert sich das Krachen der Knallkörper zum Inferno. Das Kloster Theotókou Thematon schließlich ist am Vormittag des Ostermontags, nach der Messe, Schauplatz eines großen Festes mit Musik und Volkstanz.

Etwa 3 km südlich von Sámi zweigt von der Straße nach Argostóli die Zufahrt zur Drongaráti-Höhle ab (geöffnet tägl. 9.00 – 18.00 Uhr). Die effektvoll ausgeleuchtete, ca. 30 × 35 m große **Tropfsteinhöhle** mit Stalaktiten und Stalagmiten in unterschiedlichen Farbtönen besitzt eine hervorragende Akustik, weshalb hier schon Konzerte gegeben wurden. Von hier kann man nach Argostóli zurückkehren. Man überwindet dabei einen Pass mit der Abzweigung zum Énos, später kann man einen Abstecher zum Gerásimos-Kloster machen (s. u.). Kurz vor der Inselhauptstadt liegen linker Hand die Reste der antiken Stadt **Krane** (►S. 157).

✶ Drongaráti-Höhle Σπήλαιο Δρογκαράτι

Der Süden von Kefalloniá

L 7

Westlich unterhalb des Énos breitet sich die fruchtbare, landwirtschaftlich genützte Ebene **Omála** aus, an den umgebenden Berghängen werden Trauben für den ausgezeichneten weißen **Robóla** produziert (► Baedeker Special S. 78). Weithin sichtbar liegt in Ebene das **Gerásimos-Kloster**, das bedeutendste und größte Kloster der Insel (von Argostóli über Frangáta ca. 11 km). Viele Pilger kommen hierher, um den hl. Gerásimos, den Schutzpatron der Insel, um Hilfe zu bitten. Seine Gebeine werden in einem Silbersarkophag in der alten Klosterkirche aufbewahrt. Um den Strom der Wallfahrer bewältigen

✶ Gerásimos-Kloster Μονή Αγίου Γερασίμου

zu können, wurde in den 1980er-Jahren eine riesige **neue Kirche** errichtet. Die Fertigstellung der überaus prächtigen Ausstattung wird wohl noch Jahre dauern, so dass sich die Gläubigen weiterhin in der alten Kirche drängen. In einer kleinen Höhle unter dieser soll der 1579 verstorbene und 1622 heilig gesprochene Gerásimos einige Zeit als Eremit gelebt haben. An den **feierlichen Prozessionen** an den Jahrestagen seines Todes (16. August) und der Überführung der Reliquien (20. Oktober) nehmen Tausende von Wallfahrern teil. In der Nähe des Klosters hat die **Kefalonian Robola Cooperative** ihren Sitz (geöffnet Juni – Sept. 8.00 – 21.00, sonst 8.00 – 15.00 Uhr). Am Wochenende nach dem 15. August findet hier ein großes Weinfest statt.

✶✶ Énos Αίνος

Von der Straße Argostóli – Sámi zweigt nach ca. 12 km die Straße auf den Berg Énos ab. Sie führt an der schlichten Kapelle Ágios Eleftherios und an einer Radarstation der NATO vorbei. Kurz danach beginnt die Piste, auf der noch 8 km bis zum Gipfel zurückzulegen sind. Nach etwa 1 km passiert man das Tor zum Nationalpark. Ein 2862 ha großes Gebiet (inklusive des nahen Bergs Roúdi) wurde 1962 zum **Nationalpark** erklärt, weil es hier noch große Bestände der majestätischen **Kefallonia-Tanne** (*Abies cephalonica*) gibt. Diese bereits bei Homer erwähnte Baumart kommt in so großen Beständen sonst nur noch in Südrussland vor. Die Waldfläche im Énos-Gebiet wurde schon in vergangenen Jahrhunderten durch Brände und Rodungen erheblich dezimiert. Wer zu Fuß unterwegs ist, wird den Picknickplatz, den man nach 4 km passiert, zu schätzen wissen.

Im Gerásimos-Kloster, dem bedeutendsten Kloster auf Kefalloniá, werden die Reliquien des Inselheiligen aufbewahrt.

Schließlich taucht die Feuerbeobachtungsstation auf. Ein herrlicher, leider durch Bäume eingeschränkter Blick belohnt auf dem Gipfel (1628 m) für die Mühen des Aufstiegs bzw. der Fahrt.

Ávythos
Άβυθος

Bei der erwähnten Kapelle Ágios Elefthérios zweigt von der Straße zum Énos östlich eine schlechte Piste ab (nach 3,3 km asphaltiert); hinter Tsakarisiános stößt man auf die Hauptstraße durch den Osten der Insel. In Ágios Nikólaos weist ein Schild zum idyllischen See von Ávythos. Er liegt 100 m links der Zufahrt umgeben von hohen Bäumen und Schilf. Ein Zaun verhindert, dass man direkt ans Ufer gelangt (leider ist der Ort nicht einladend gestaltet). Gespeist wird der angeblich grundlose See von Quellen, deren Schüttung ausreicht, um das ganze Tal bis hinunter nach Póros zu bewässern.

Tzanáta
Τζανάτα

Griechische Archäologen machten beim 6 km südöstlich gelegenen Tzanáta (500 m abseits der Straße nach Póros) Anfang der 1990er-Jahre eine sensationelle Entdeckung: ein großes **Kuppelgrab**, das es in dieser Form sonst nirgends in Griechenland gibt. In der Nähe grub man bescheidenere Gräber aus, die zwischen 1400 und 1050 v. Chr. angelegt wurden. Zugänglich Di.– So. 8.30 – 15.00 Uhr.

Atroú-Kloster
Μονή Ατρού

Kurz vor Póros zweigt die 4,5 km lange, schlechte Schotterpiste zum 535 m hoch gelegenen Kloster Theotókou Atroú ab, das bereits im Jahre 1248 erwähnt wurde. Neben den modernen Gebäuden steht noch die Ruine des alten Klosters. Prächtig ist die **Aussicht**, die man hier über Póros und das Umland hat.

Póros
Πόρος

Der Hafenort Póros (Fähren nach Kyllíni) ist zwar recht hübsch gelegen, aber nicht sehr attraktiv und kräftig vom Tourismus geprägt. In der Saison ist hier allerdings noch eher eine Unterkunft zu bekommen als in Skála. Bei Póros gibt es nur schmale Kiesstrände, schöner sind die Buchten weiter südlich, die auch als gutes Schnorchelrevier bekannt sind.

Skála
Σκάλα

Die felsige, karge Küste südlich von Póros ist von herber Schönheit, allerdings auch wenig einladend und völlig unbesiedelt. Erst weiter südlich entstehen Hotelanlagen, die in dieser Umgebung als Fremdkörper wirken. Kurz vor Skala sind bei der Kirche Ágios Geórgios die Reste eines **dorischen Tempels** (6. Jh. v. Chr.) zu sehen. Lange, nicht sonderlich schöne Sand-Kies-Strände und ein reizvolles, mit Kiefernwäldchen und Zypressen durchsetztes hügeliges Hinterland haben Skála zu einem beliebten Ferienzentrum gemacht; das Ambiente ist einfach, die meisten Gästebetten sind von britischen Reiseveranstaltern gebucht. Die Karettschildkröte, die auch an diesen Stränden ihre Eier ablegte, ist weitgehend vertrieben (► Baedeker Special S. 260). Sehenswert sind die Reste einer **römischen Villa** des 2. Jh.s n. Chr., in deren Mosaiken u. a. Phthonos, der Neid, mit zwei Paaren wilder Tiere dargestellt ist.

Ratzaklí
Ρατζακλί

Káto Kateliós
Κάτω Κατελιός

Der westlichen Nachbarorte, Ratzaklí und das einstige Fischerdorf Káto Kateliós, besitzen weite **Sand-Kies-Strände**. Die Landschaft hier ist sehr reizvoll, und dementsprechend entstanden auf halber Höhe mehrere Hotels; Kato Katelios und sein Strand sind allerdings noch bescheidener als Skála. Die »Katelios Group for the Research und Protection of Marine Life« unterhält ein Informationszentrum zum Schutz der Karettschildkröten, die hier ihre Eier ablegen.

Golf von Lourdáta

Der Bergrücken des Énos fällt nach Südwesten gleichmäßig zum Meer ab. Um **Chionáta** nordwestlich von Káto Kateliós bildet eine Geländestufe ein **weites Plateau** mit einer sehr hübschen Landschaft. In dieser Gegend werden v. a. Reben angebaut.

Ikosimía

Im weiteren Verlauf der Hauptstraße nach Argostóli – durch die **Ikosimía** genannte Landschaft, den »einundzwanzigsten« Bezirk der Insel – führen da und dort steile Schottersträßchen hinunter zur Küste mit langen, einsamen Sandstränden, so am **Kap Koróni** und beim Kloster Sisíon (►S. 167).

Markópoulo
Μαρκόπουλο

Das nordwestlich von Kateliós gelegene Dorf Markópoulo kann sich einer merkwürdigen Erscheinung rühmen. Jedes Jahr tauchen zwischen dem 6. und 15. August harmlose kleine **Schlangen** auf, die angeblich auf die Kirche zukriechen (manchmal hilft man ein wenig nach, fängt die Schlangen ein und trägt sie in die Kirche). Die Gläu-

Bei Mavráta breitet sich die sanfte Landschaft der »Ikosimía« aus.

bigen berühren die »Schlangen der Muttergottes« ohne Furcht, sie sind ihnen heilig, zumal sie am Kopf ein kreuzförmiges Mal haben. Angeblich kann man auch auf der Zungenspitze der Reptilien ein Kreuz entdecken. Einen Tag nach Mariä Entschlafung, am 16. August, sind alle Schlangen wieder verschwunden. Die Einheimischen werten ihr Auftauchen als gutes Omen. Während der deutschen Besatzung im Zweiten Weltkrieg und 1953, im Jahr des Erdbebens, seien sie nicht erschienen. Wer nicht an ein Wunder glauben mag, dem kann als Erklärung dienen, dass sich die Katzennattern (*Telescopus fallax*) im August paaren. Sie verlassen ihre Schlupfwinkel und kriechen – vielleicht auch durch das Glockengeläut und den Lärm des Kirchweihfestes angelockt – in Richtung Kirche. Der Schlangenkult wird zur selben Zeit auch im nahen Dorf **Argínia** zelebriert.

! *Baedeker* TIPP

Robóla und Zakynthinó

In Mavráta ist das kleine, moderne Weingut Metaxás ansässig. Die interessantesten (weißen) Weine sind der schlanke, mineralische Robóla und der körperreichere Zakythinó, beide aus heimischen Rebsorten reinsortig ausgebaut. Yannikostas Metaxas und seine englische Frau Martine heißen von Mai bis Okt. 10.00 – 18.00 Uhr Besucher willkommen, in den übrigen Zeiten wird um Anmeldung gebeten (Tel. 26710 81292, Fax 26710 81692).

Sisíon-Kloster
Μονή Θεοτόκου Σισίων

Ein Abstecher führt von der Küstenstraße zum nahe der Westküste schön gelegenen Kloster Theotókos Sisíon. Der Klostername nimmt angeblich auf **Franz von Assisi** Bezug, der 1218 auf der Rückreise von Ägypten wegen eines Sturms hier Station gemacht haben soll. Das im 16. Jh. gegründete Kloster wurde beim Erdbeben 1953 zerstört, die Ruinen der alten Gebäude liegen etwa 200 m unterhalb des modernen Klosters. In der Osternacht wird eine eindrucksvolle **Auferstehungsmesse** gefeiert.

Lourdáta
Λουρδάτα

Lourdáta, das unterhalb der Küstenstraße in viel Grün zwischen Gärten und Feldern liegt, hat seinen Namen von den **englischen Lords**, die sich 19. Jh. gerne hier aufhielten. Der lange, schmale Sand-Kies-Strand und die attraktive Umgebung machen es auch heute zum frequentierten Urlaubsort, auch bei Gutbetuchten, deren Sommervillen über den Hang verteilt sind. Trotzdem macht alles einen etwas chaotisch-improvisierten Eindruck. Die Ortsmitte wird von einer großen alten Platane neben dem Waschhaus markiert. Entlang der Straße zum Strand und am Strand selbst gibt es Hotels, Pensionen und Tavernen. Ein Faltblatt mit Wandervorschlägen ist in der Pension Thalassino Trifilli zu haben (►Praktische Informationen, Hotels).

✶
Kastro Agíou Georgíou
Κάστρο Αγίου Γεωργίου

Fährt man nach Argostóli weiter, hat man bald einen markanten **Bergrücken mit einer Festung** im Blick. Bei Travliáta zweigt die Zufahrt zum Kastro Agíou Georgíou ab, das schon im 12. Jh. in 320 m Höhe errichtet und ab 1504 von den Venezianern – nachdem sie die Türken im Jahr 1500 besiegt hatten – ausgebaut wurde (geöffnet

Di.– Sa. 8.00 – 19.00, So. 8.30 – 15.00 Uhr). Um die Burg entwickelte sich die Inselhauptstadt **San Giorgio**, in der zeitweise über 15 000 Menschen lebten. Bei Erdbeben im 17. Jh. wurde ein Großteil der Häuser zerstört. Nachdem Argostóli 1757 Hauptort geworden war, verließen fast alle Bewohner San Giorgio. Die 600 m langen Umfassungsmauern der Festung sind weitgehend erhalten. Durch das rekonstruierte Tor gelangt man in das von Pinien beschattete Innere der Festung, in dem Ruinen einer katholischen Kirche und der Kasematten die Zeiten überdauerten; v. a. im Frühjahr ein malerischer Ort, wenn der Klatschmohn zwischen den verfallenden Mauern leuchtet. Grandios ist der **Ausblick**, der sich von hier (und dem Café am Fuß der Festungsmauer) über weite Teile der Insel und hinüber nach Zákynthos bietet. Schön ist auch die Weiterfahrt in nördlicher Richtung über Troianáta zum Gerásimos-Kloster (►S. 163).

✶ Andreas-Kloster Μονή Άγιος Ανδρέας

Südlich unterhalb der Festung liegt das Nonnenkloster Ágios Andréas (in Peratáta als »Milapidia Monastery« beschildert). Als **Kloster des Apostels Andreas** wurde es erstmals in einer Urkunde von 1264 erwähnt. Die um 1600 errichtete Klosterkirche ist seit 1990 **Museum** (geöffnet im Sommer Mo.– Sa. 9.00 – 13.00, 17.00 – 20.00 Uhr). Zu sehen sind Wandmalereien des 13. Jh.s, weitere Fresken aus dem 16. und 17. Jh. kamen 1953 zum Vorschein, als der Putz nach dem Erdbeben von den Wänden blätterte. Die Ikonostase datiert von 1612. Ausgestellt sind liturgisches Gerät, Handschriften und kostbare Gewänder. In der modernen Klosterkirche wird in einem silbernen Schrein ein Teil des rechten Fußes des hl. Andreas verehrt.

Pesáda Πεσάδα

Von der Straße nach Metaxáta zweigt links die Straße nach Pesáda ab. Vom Hafen verkehren im Sommer mehrmals täglich Fähren nach ► Zákynthos; die abenteuerliche Zufahrt lässt allerdings nicht vermuten, dass hier je eine Fähre anlegt. Viele Häuser hier sind Urlaubsdomizile, die nur wenige Wochen im Jahr bewohnt werden.

Gräber von Mazarakáta

Biegt man von der Straße nach Metaxáta anstatt links nach Pesáda rechts ab, gelangt man nach 100 m zu den 83 **Gräbern aus spätmykenischer Zeit**, die 1908 von griechischen Archäologen entdeckt wurden, darunter ein Kuppelgrab mit einem Dromos (Korridor).

Metaxáta Μεταξάτα

Villen und üppige Gärten kennzeichnen die Landschaft **Livátho**, in der man sich hier befindet. Auch Metaxáta macht einen wohlhabenden Eindruck. Bis heute ist die Erinnerung an **Lord Byron** lebendig, der hier 1823 vier Monate lang lebte, bevor er nach Mesolóngi auf dem Festland weiterreiste, wo er am 19. April 1824 an Malaria starb. Das Haus, in dem er wohnte, wurde durch das Erdbeben 1953 zerstört, an seinen Aufenthalt erinnert eine Gedenktafel.

Kourkoumeláta Κουρκουμελάτα

Nach Süden schließt Kourkoumeláta an, das dank großzügiger Spenden des Reeders Giorgios Vergotis nach dem Erdbeben 1953 in neuem Glanz wiedererstand, inklusive Stadion und neoklassizistischem Kultur-

Die Festung San Giorgio, Rest des venezianischen Inselhauptorts

und Bildungszentrum. Weiter südlich hat in Kaligáta das renommierte **Weingut Calligas** seinen Sitz, das zu Griechenlands größtem Weinkonzern Kourtakis gehört. In der Kirche ist die schöne Ikonostase von Anfang 19. Jh. zu beachten.

Domáta
Ντομάτα

Im nahen Domáta besitzt die Kirche Panagía eine herrliche vergoldete Ikonostase aus dem 19. Jh., außerdem den provisorischen Sarg des Patriarchen von Konstantinopel Gregorios V., der 1821 von den Türken gehängt wurde; sein Leichnam, der in den Bosporus geworfen worden war, wurde von einem kefallonischen Seemann nach Odessa gebracht und dort beigesetzt. Das Fest des Heiligen wird am 10. April gefeiert.

Lákithra
Λάκηθρα

Obwohl es nicht direkt am Meer liegt, hat sich auch das westlich benachbarte Lákithra zu einem Urlaubszentrum entwickelt. Es gibt hier einige ansprechende Hotels und Appartementanlagen mit Blick aufs Meer (dazwischen liegt allerdings – das verschweigen die Prospekte der Reiseveranstalter gern – der Flughafen). In der Nähe der Kirche wurden spätmykenische Gräber entdeckt, die zwischen 1250 und 1150 v. Chr. angelegt wurden und reich mit Grabbeigaben versehen waren. Die Südküste östlich des Flughafens weist einige von Felsen eingefasste Badebuchten mit flachem Sandstrand auf, etwa Ámmes, Lygiá und Ávythos.

Strände an der Südküste

KORFU · Κέρκυρα

Korfu – oder Kérkyra, wie es die Griechen nennen – ist eine der beliebtesten Urlaubsinseln nicht nur Griechenlands, sondern des ganzen Mittelmeerraums. Die sanfte Berglandschaft, geprägt vom silbrigen Hellgrün uralter Olivenbäume und schlanken, dunklen Zypressen, die zauberhaften Buchten und nicht zuletzt die Hauptstadt mit ihrer italienisch anmutenden Atmosphäre sind in der Tat etwas Besonderes.

Ferieninsel

Schon im späten 19. Jh. kamen berühmte Gäste nach Korfu, Kaiserin Elisabeth von Österreich (»Sisi«) und Kaiser Wilhelm II., der dann bis zum Ersten Weltkrieg regelmäßig zu Ostern auf der Insel weilte. Wo immer ein Sandstrand oder eine schöne Bucht lockt – besonders im Norden –, reihen sich kleine und größere Hotelanlagen mit entsprechenden Unterhaltungsangeboten sowie meist eher schlichte Restaurants und Bars. Auf weite Strecken unverbaut zeigt sich der Süden; hier kann man noch ein individuelles Quartier und viele schöne Sand- oder Kiesstrände finden. Am reizvollsten aber ist das Binnenland, vor allem im gebirgigen Norden, mit seinen abgelegenen Ortschaften, in denen die Zeit stillzustehen scheint. Schwarz gekleidete Bäuerinnen, die ihre Lasten auf dem Kopf tragen, und Esel als Transportmittel gehören noch zum täglichen Bild. Die andere Seite: Korfu ist ein bevorzugtes Ziel für Pauschal- wie Individualurlauber (über 1 Million im Jahr) – es gibt nur wenige attraktive Punkte auf der Insel, die nicht in geringerem oder größerem Maß von den Erscheinungen des Massentourismus beeinträchtigt wären.

Landschaften Korfus

Ein 2 – 20 km breiter Kanal trennt die nördlichste der Ionischen Inseln von der Küste Albaniens bzw. der griechischen Landschaft Epiros. Mit 592 km² Fläche ist das gut 60 km lange und bis 28 km breite Korfu nicht die größte der Insel des Archipels, doch hat es die meisten Einwohner (112 000, davon knapp ein Drittel in Korfu-Stadt). Den Norden beherrscht ein herbes Karstgebirge, das im Pantokrátor bis 906 m ü. d. M. ansteigt. Nach Süden hin geht es in eine grüne Hügellandschaft über, die im Berg Ágii Déka immerhin noch 576 m Höhe erreicht und von mehreren Ebenen unterbrochen wird. Beson-

← *Mit ihren Palazzi und schmiedeeisernen Balkonen gilt Korfu-Stadt vielen als schönste Stadt Griechenlands.*

Korfu · Kérkyra Orientierung

ders intensiv landwirtschaftlich genutzt wird die Rópa-Ebene im mittleren Westen Korfus. Das einzigartige »Markenzeichen« der Insel sind die bis 20, 25 m hohen, uralten Olivenbäume mit fast schwarzen Stämmen, die echte Wälder bilden. Während der venezianischen Herrschaft wurde für jeden neu gepflanzten Olivenbaum eine Prämie gezahlt. Um 1880 wurden etwa 4 Millionen gezählt, bis vor kurzem dürfte sich an dieser Ziffer kaum etwas geändert haben. Gegenwärtig dient jedoch eine Epidemie von Dakos-Fliegen als Vorwand dafür, dass massenweise Olivenbäume gefällt und als teures Kaminholz verhökert werden. Die reichen Niederschläge, die Korfu zu verzeichnen hat, sorgen insgesamt für eine üppige Vegetation. Überall setzen schlanke Zypressen Akzente, und im Frühjahr blühen auf den Wiesen und in der Macchia Iris, Phlox, Zistrosen, Zyklamen, Ginster und über 50 Orchideenarten. Besonders reizvoll zeigt sich die Westküste; hier fallen Felswände steil zum Meer ab. Verschiedentlich findet man jedoch auch hübsche, von bizarren Felsen eingerahmte Sandbuchten. Schönster und längster Strand ist die Dünenlandschaft der Korissía-Lagune im Südwesten. An der Ostküste stehen – bis auf den äußersten Süden – den Sonnenanbetern nur kleine, schmale Kiesbuchten zur Verfügung.

Wirtschaft

Weit mehr als die Hälfte der Korfioten verdient den Lebensunterhalt direkt oder indirekt durch den Tourismus. 1994 wurde erstmals über eine Million Gäste gezählt, seit 1996 sind die Besucherzahlen allerdings rückläufig. Deutsche stellen etwa 25 % der Besucher, die stärkste Gruppe sind die Briten mit 40 %. Zweite Haupteinnahmequelle ist die Landwirtschaft, die etwa 65 % der Insel nützt. Auf mehr als der Hälfte dieser Fläche stehen Olivenbäume; viele sind mehrere hundert Jahre alt und liefern geringe Erträge (wegen einer Olivenfliegen-Plage werden gegenwärtig viele gerodet). Immerhin wird ein kleiner Teil des Öls auch exportiert. Etwa 7 % der landwirtschaftlichen Nutzfläche machen Weinberge aus, zudem werden Gemüse und Obst angebaut, v. a. Zitrusfrüchte. Spezialität der Insel sind Kumquats, die sonst nirgends in Griechenland produziert werden.

Highlights Korfu

Korfu-Stadt

Italienische Grandezza und charmant verwinkelte Gässchen machen die Inselhauptstadt zu einem der reizvollsten Orte Griechenlands.

► Seite 180

Vlachérna-Kloster

Unverzichtbar ist der Ausflug zu Korfus berühmtestem Postkartenmotiv.

► Seite 195

Achilleion

Hier hoffte Kaiserin Elisabeth endlich ihre Seelenruhe zu finden.

► Seite 196

Paleokastrítsa und Angelókastro

Aussichtsreiche Vorgebirge an der wildromantischen Westküste, das eine mit Kloster und schönen Stränden, das andere mit Burgruine

► Seite 207 / 208

Pélekas

Das Panorama von »Kaiser's Throne« genießen, den Sonnenuntergang auf der Terrasse des Hotels Levant

► Seite 210

Pantokrátor

Eindrucksvolle Gegensätze erleben auf der Fahrt oder Wanderung durch die »Kleine Schweiz« auf Korfus höchsten Berg.

► Seite 213

Kouloúra, Kalami etc.

Zauberhafte kleine Buchten säumen Korfus Nordostküste.

► Seite 213

KORFU ERLEBEN

AUSKUNFT

EOT, Rizospaston Voulefton 12
Tel. 26610 37638, Fax 26610 30298
Von Mai bis Okt. ist auch im Flughafen ein EOT-Büro besetzt. Viele praktische und kulturelle Informationen enthalten die Zeitschriften »Korfu Leben« (deutsch, zweimonatlich) und »The Corfiot« (englisch, monatlich).

VERKEHR

Das öffentliche Busnetz mit Zentrum in Korfu-Stadt (►S. 182) ist zwar gut ausgebaut, die meisten interessanten Punkte der Insel sind aber nur mit einem eigenen Fahrzeug zu erreichen.

ESSEN

► Agni

Toula's

Man kann sich streiten, welche der drei Tavernen am Wasser besser ist: Toula's in einer alten Ölpresse (Tel. 26630 91350), Nikolas (Tel. 26630 91243) oder Agni (Tel. 26630 91142). Korfiotische Spezialitäten und Meeresgetier ziehen Gäste in Mengen an, für abends also besser reservieren.

► Alykés

Triantafylia

Typische Taverne (mit Zimmern). Lamm, Fisch und Meeresfrüchte sind gut zubereitet und preisgünstig.

► Benítses

Spyros

Im Ortskern. Korfiotische und internationale Küche, besonders lecker sind die Gerichte vom Holzkohlengrill.

► Boúkaris

Boukaris

Einige Tische stehen unmittelbar am Wasser, andere unter schattigen Bäumen. Am Wochenende kommen viele griechische Ausflügler hierher, um frischen Fisch (teuer!) oder Lamm zu genießen.

► Dasiá-Kommeno

Panorama

Hier kann man korfiotische Spezialitäten wie Bourdeto oder Pastitsada genießen. In den Preisen inbegriffen ist der schöne Blick aufs Meer.

► Gastoúri

Bella Vista

Beim Achilleion. Seinen Namen trägt das gute Restaurant mit schöner Terrasse zu Recht: Die Aussicht über die Ostküste der Insel ist herrlich.

► Gouviá

Filippas

im Ortszentrum
Alteingesessenes Restaurant mit korfiotischer, griechischer und internationaler Küche. Wein vom Fass. Mehrmals wöchentlich gibt es handgemachte Musik.

► Korfu-Stadt

►S. 183

► Kynopiástes

Tripas

Tel. 26610 56333, www.tripas.gr
Eine echte »Institution« ist diese große, aber gute Taverne (mit Folklore-Veranstaltungen) 8 km südwestlich von Korfu-Stadt. Reservierung notwendig, da Ziel von Reisegruppen.

► Lákones

Bella Vista

Karte und Qualität der Speisen entspricht denen der benachbarten Tavernen, grandios ist jedoch die Aussicht über die Bucht von Paleokastrítsa.

► Messongí

75 Steps / Tasos Apartments
Spileo Messongi
Tel. 26610 75028, Fax 26610 75071
Auf der Dachterrasse speist man mit herrlichem Blick über die Küste um Messongí (► Tipp S. 209). Es gibt auch sechs große, gut ausgestattete, preiswerte Appartements. Zum Meer sind es zu Fuß nur gut 20 Minuten.

► Paleokastrítsa

Il Pirata
Im Ortskern. Große Auswahl an italienischen und griechischen Gerichten; Terrasse mit Meeresblick.

Vráchos
Im Ortskern. Korfiotische Spezialitäten und internationale Küche, gehobenes Preisniveau. Tolle Aussicht vom Dachgarten.

► Pélekas

Levant
Das Hotel Levant hat ein gutes Restaurant mit Terrasse. Beim Speisen kann man – wie weiland Wilhelm II. – zusehen, wie die Sonne untergeht.

ÜBERNACHTEN

► Acharávi

Gelina Village
Tel. 26630 64000, Fax 26630 63893
Kat. A, 253 App., 60 – 100 €
Überwiegend deutsche Gäste hat die nsprechende, großzügige Anlage von 1995. Zentrum ist das Hauptgebäude mit Restaurant, Bars, Boutique, Minimarkt und Diskothek. Der 500 m lange Privatstrand ist 200 m entfernt.

Ionian Princess
Tel. 26630 63110, Fax 26630 63111
www.ionianprincess.gr
Kat. B, 114 Z./App., DZ/HP 60 – 85 €
Schlicht ausgestattete Zimmer, Studios und Appartements in einer netten Anlage im korfiotischen Stil. Sehr einladend wirken der Poolbereich und der hübsche Garten.

► Ágios Górdis

Ágios Gordios
Tel. 26610 53320, Fax 26610 52237
Kat. A, 219 Z., 50 – 70 €
An einem der schönsten Badestrände der Insel gelegenes Hotel, dessen Zimmer sich auf das Haupthaus und einige Bungalows verteilen. Vom Dachgarten mit Bar bietet sich ein prächtiges Panorama.

Das Corfu Chandris in Dasiá, eines der typischen Ferienhotels mit großem Freizeitangebot (► S. 176)

Irene
Tel. 26610 53420, Fax 26610 53421
www.irene-hotel.com
Kat. C, 30 – 90 €
Sehr angenehme, komplett ausgestattete Appartements im Ortszentrum, 300 Meter vom Strand. Schwimmbecken für Erwachsene und Kinder, hübscher Garten. Barbecue mit traditionellen Spezialitäten.

► Benítses

Achilleus
Tel. 26610 72425, Fax 26610 72436
Kat. B, 78 Z., 40 – 70 €
Nüchterner Bau am Meer mit einfach ausgestatteten Zimmern. Man badet am Pool oder geht hinunter zum nicht allzu attraktiven Kiesstrand.

► Dasiá

Corfu Chandris
Tel. 26610 97100, Fax 26610 93458
www.chandris.gr
Kat. A, 301 Z., DZ/HP 120 – 240 €
Gutes Mittelklassehotel direkt am Strand. Außer im 5-stöckigen, architektonisch weniger überzeugenden Haupthaus kann man in Bungalows wohnen, die sich über ein hübsches Parkgelände verteilen.

Einst ein schlichter venezianischer Gutshof: Fundana Villas.

Grecotel Daphnila Bay
Tel. 26610 90320, Fax 26610 91026
www.grecotel.gr
Kat. A, 260 Z., 150 – 280 €
Am Hang oberhalb des Privatstrands gelegener Komplex. Unterhalb des fünfgeschossigen Haupthauses gruppieren sich inmitten von Olivenbäumen gut ausgestattete Reihenbungalows. Großes Sportangebot: Surfen, Segeln, Parasailing, Wasserski, Tauchen, Tennis, Mountainbiken …

Nefeli
Tel. 26610 90001, Fax 26610 90290
Kat. B, 45 Z., 55 – 85 €
Exklusiver, als es die offizielle Kategorie vermuten lässt. Die modernen Zimmer verteilen sich auf drei villenartige Gebäude. Der Strand ist 400 m entfernt (steile Straße), man kann auch sehr schön im gepflegten Pool baden und sich unter Olivenbäumen entspannen.

► Garitsa

Fundana Villas
Tel. 26630 22532, Fax 26630 22453
www.fundanavillas.com
12 App. für 2 – 6 P., DZ 60 – 75 €
Schönes Refugium auf dem Lande (► Baedeker Tipp S. 209) mit Pool und Grillplatz. Der freundliche Inhaber Spyros Spathas ist diplomierter Reiseleiter, spricht Deutsch und zeigt seinen Gästen die unbekannten Ecken Korfus.

► Glyfáda

Louis Grand Hotel
Tel. 26610 94140, Fax 26610 94146
www.louishotels.com
Kat. A, 247 Z., 155 – 200 € DZ/HP
Einen Architekturwettbewerb gewinnt der siebenstöckige Kasten nicht, privilegiert ist jedoch die Lage am Strand von Glyfáda. Gehobenere Ausstattung. Am Pool herrsht Highlife.

Menigos Resort
Tel. 26610 94563, Fax 26610 80260
www.greek-hotels.com, 40 – 75 €
Die zweistöckigen Häuser am Strand von Glyfáda sind freundlich und zweckmäßig ausgestattet. Appartements von 35 bis 80 m². Man wohnt in viel Grün mit traumhaftem Blick auf die Bucht. Restaurant, Laden, Pool und Bar gehören zum Komplex.

► Gouviá

Grecotel Corfu Imperial
Tel. 26610 91481, Fax 26610 91881
Kat. L, 184 Z., 126 Bungalows,
360 – 450 €
Das schönste und luxuriöseste Hotel auf Korfu, auf der Spitze der Kommeno-Halbinsel zwischen Gouviá und Dasiá gelegen. Man kann zwischen dem Haupthaus, Bungalows und Villen wählen. Großes Angebot an Unterhaltung und Sport, wobei die

kleinen Gäste den »Mini-Club« besonders schätzen.

► Kassiópi

Manessis Apartments
Tel. 26610 34990, Fax 26630 81474
diana@otenet.gr, 50 – 100 € / 4 P.
Am Hafen von Kassiopi betreut Diana Manessis, eine gebürtige Irin, die Gäste ihrer vier gut ausgestatteten Appartements für 2 – 4 Personen.

► Korfu-Stadt

►S. 183

► Lakónes

Golden Fox
Tel. 26630 49101, Fax 26630 49319
www.corfugoldenfox.com
8 App., 60 – 110 €
Mit fantastischem Blick auf Paleokastrítsa wohnt man am nördlichen Ortsrand von Lakónes. Zum Haus gehören ein Restaurant, ein Café und ein schöner Süßwasserpool. Zimmer mit »sea view« verlangen.

► Messongí

Apollo Palace
Tel. 26610 75433, Fax 26610 75602
www.apollopalace-corfu.com
Kat. A, 260 Z., 75 – 90 €
1990 eröffnete Anlage am Strand, die Gebäude im traditionellen Stil verteilen sich in einem großen Olivenhain. Für das gehobenere Ambiente preiswert. Familien, die auf ein großes Animations- und Wassersportangebot Wert legen, fühlen sich hier wohl.

Messonghi Beach
Tel. 26610 76684, Fax 26610 75334
www.messonghibeach.gr
Kat. B, 870 Z., 65 – 90 €
Riesige Familien-Ferienanlage mit mehrstöckigen Hotelbauten und Bungalows. Mehrere Pools, Disco, Läden, langer, flacher Sandstrand. Für Sport und Unterhaltung ist gesorgt.

75 Steps
►Restaurants, S. 175

► Moraítika

Delfinia
Tel. 26610 76320, Fax 26610 75450
www.delfiniahotels.gr
Kat. B, 185 Z., 85 – 125 €
Ferienhotel mit 2- und 4-stöckigen Gebäuden am Strand. Geräumige, hübsche, fast elegante Zimmer. Restaurant und Bar sind ebenso selbstverständlich wie vielfältige Angebote für Sport und Zeitvertreib.

► Nisáki

Nissaki Apartments
Tel. 26630 91440, Fax 26510 33207
www.nissaki-apartments.com
7 App., 80 – 90 €
Am schönen Krouzeri-Kiesstrand gelegene kleine Anlage mit Appartements für 2 bis 4 Personen, komplett ausgestattet und mit großer Veranda. Auch für Familien geeignet.

Nisaki Beach
Tel. 26630 91232, Fax 26630 22079
www.greekhotel.com
Kat. A, 239 Z., 105 – 170 € DZ/HP
Einer der in den 1970ern entstandenen Hotelkästen, 1995 renoviert. Die geschmackvoll eingerichteten Zimmer haben fast alle Meerblick. Langer Kiesstrand vor dem Haus, großes Sport- und Animationsprogramm.

► Paleokastrítsa

Akrotiri Beach
Tel. 26630 41237, Fax 26630 41277
www.akrotiri-beach.com
Kat. A, 127 Z., 100 – 130 €
Komfortables Mittelklassehotel, 1974 im damals üblichen »Kastenstil« erbaut. Sehr reizvoll ist die isolierte Lage auf einer Landzunge. Eine Treppe führt hinunter zu einer Kiesbucht, an der diverse Möglichkeiten zu sportlicher Betätigung geboten werden.

Palaiokastritsa
Tel. 26630 41207, Fax 26630 22117
Kat. B, 163 Z., 50 – 70 €
Freundliche Zimmer, teilweise mit herrlichem Meeresblick. Der nächste Strand ist ca. 200 m entfernt, doch auch am Pool kann man sich mit prächtiger Aussicht gut aufhalten. Für Kinder nicht geeignet.

Abseits des Trubels: »Panorama« an der Notos-Bucht

▶ Pélekas

Levant Hotel
Tel. 26610 94335, Fax 26610 94115
www.levanthotel.com
Kat. A, 24 Z., 60 – 90 €
Sicher das Hotel mit der exklusivsten Lage auf Korfu – am »Kaiser's Throne« mit grandiosem Blick über die Küste oder die Insel (beides ist reizvoll). Entsprechend romantisch ist das neoklassizistische Haus. Die Restaurant-Terrasse ist ein beliebter Treffpunkt zum Sonnenuntergang.

▶ Perouládes

Villa de Loulia
Tel. 26630 95394, Fax 26630 95145
www.villadeloulia.gr
Kat. A, 9 Z./App., 125 – 200 €
Der Gutshof von 1803 wurde 2000 – sehr geschmackvoll restauriert – als luxuriöses Hotel mit Pool eröffnet. Sehr ruhig gelegen, zum Dorf und zum nächsten Strand braucht man zu Fuß fünf bis zehn Minuten.

▶ Petrití

Égrypos
Tel. / Fax 26620 51949
www.egrypos.gr, 35 – 45 €
Kleine, freundliche Pension 50 m vom Strand, penibel geführt von der Inhaberfamilie, die lange in Deutschland gelebt hat. Mit Restaurant, Pool und Kinderspielplatz.

Panorama
Tel 26620 51707, Fax 26620 51612
www.panoramacorfu.gr, 25 – 35 €
An der südlich benachbarten Notos-Bucht ein hübscher Platz mit familiärer Atmosphäre. Von den Studios für 2 – 4 P. hat man einen wunderbaren Blick aufs Meer. Gute Taverne am kleinen Kiesstrand, von dem Ausflugsboote abfahren, unter Olivenbäumen kann man faulenzen.

Geschichte

Korfu gilt als das homerische Scheria, das Land der Phäaken und ihres Königs Alkinoos; hier wurde Odysseus von der schönen Nausikaa am Strand aufgelesen. Schon 734 v. Chr. von Korinth kolonisiert, entwickelte es sich zu einer Macht, die der Mutterstadt gefährlich wurde. Der Seesieg der Korinther über die Korkyräer 432 v. Chr. bei den Sýbota-Inseln trug wesentlich zum Ausbruch des Peloponnesischen Kriegs bei. Im Jahre 229 v. Chr. kam die Insel (lat. Corcyra) zum Römischen Reich, bei der Trennung in Ost- und Westrom 395

Das Tor zur Alten Festung in Korfu-Stadt

n. Chr. wurde es Byzanz zugeschlagen. Wechselnde Herrscher versuchten sich in den folgenden Jahrhunderten der Insel zu bemächtigen, deren mittelalterlicher Name Korfu wohl aus Koryphí (griech., »Gipfel«) entstanden ist. Im Jahre 455 verwüsteten die Vandalen die Insel, 550 waren es die Goten, und in der zweiten Hälfte des 7. Jh.s plünderten die Sarazenen Korfu. Dem Normannen Robert Guiscard gelang 1081 die Eroberung. Nachdem durch die Einnahme Konstantinopels 1204 durch Kreuzritter und Venezianer das Ende des byzantinischen Großreichs besiegelt war, geriet Korfu als Teil der Kriegsbeute zunächst an die Genuesen, dann an Venedig. Zwar gelang Byzanz 1214 nochmals die Rückeroberung, doch war das Ende seiner Herrschaft 1258 besiegelt. Vier Jahrhunderte venezianischer Herrschaft, von 1386 bis 1797, prägen bis heute die Insel. Wiederholt versuchten die Osmanen sich des venezianischen Bollwerks im Mittelmeer zu bemächtigen. Besonders bedrohlich war die Situation 1716, als den 8000 Verteidigern der Stadt ein ca. 30 000 Mann starkes türkisches Heer gegenüberstand. Unter Führung des deutschen Festungskommandanten Graf von der Schulenburg konnte auch dieser Angriff abgewehrt werden (► Baedeker Special S. 36). Nach 1797 gehörte Korfu zum Reich Napoleons, ab 1815 stand es wie die übrigen Ionischen Inseln unter britischer Oberhoheit, bis es 1864 zu Griechenland kam. Im Zweiten Weltkrieg musste Korfu nochmals ausländische Besatzer ertragen: Von 1941 bis 1943 unterstand es dem faschistischen Italien, von September 1943 an war es für ein gutes Jahr von deutschen Truppen besetzt.

★★ Korfu-Stadt · Kérkyra · Κέρκυρα

C 4

Stadtbild Die Hauptstadt der Insel, das auf einem Vorsprung der Ostküste liegende Korfu, ist von **zwei mächtigen Festungen** geprägt. Zwischen ihnen breitet sich die **schöne Altstadt** aus, ein Produkt der venezianisch-französisch-britischen Herrschaft: Verwinkelte, von Schwibbögen überspannte Gässchen werden von Palazzi mit noblen Arkaden und kunstvollen schmiedeeisernen Balkonen gesäumt. Ihren besonderen Charme konnte sich die Inselmetropole mit ihren knapp 34 000 Einwohnern bewahren, auch wenn sie teilweise einem großen Souvenirladen gleicht. Bademöglichkeiten gibt es nur nördlich des Gouverneurspalastes (Faliráki) und im reizvollen Strandbad Mon Repos (►Baedeker Tipp S. 194) nicht.

Wer ein städtisches Ambiente als Standort schätzt, kann viele attraktive Punkte der Insel in kurzer Fahrt erreichen. Sonst sollte man die Stadt mehrmals besuchen, und zwar zu verschiedenen Tageszeiten: morgens zum Besuch der Museen und des Markts, abends, wenn viele Repräsentationsbauten angestrahlt werden, die **Volta** in vollem Gang ist und man sich im Café oder Restaurant trifft.

Die Cafés und Restaurants in den Listón-Arkaden sind bei Touristen wie Einheimischen beliebte Treffpunkte.

Ostern in Korfu

Insbesondere in Korfu-Stadt werden in der Osterzeit einzigartige Feste gefeiert. Der **Palmsonntag** ist ein Feiertag des hl. Spyrídon mit prächtiger Prozession, an der alle Musikkapellen der Insel teilnehmen (ab 11 Uhr). Am Donnerstag Nachmittag proben die Kapellen auf der Spianada. Am **Karfreitag** werden zwischen 14 und 22 Uhr von mehreren Kirchen aus Epitaphien durch die Stadt getragen, begleitet von Musikkapellen. Der Karsamstag beginnt um 6 Uhr morgens in der Panagía ton Xénon mit einer Erinnerung an das Erdbeben bei Christi Auferstehung. Um 9 Uhr beginnt eine weitere Spyrídon-Prozession. Lärmend wird um 11 Uhr die »erste Auferstehung« gefeiert, »botídes« (Tonkrüge) werden von den Balkonen auf die Straßen geworfen. Die große **Auferstehungsfeier** findet dann ab etwa 23.30 Uhr im Südteil der Spianada statt, mit Tausenden von Kerzen, Musik und Feuerwerk. Am **Ostersonntag** veranstaltet jede Kirche ab 7 Uhr ihre Prozession mit der Auferstehungs-Ikone.

*** Esplanade / Spianada**

Ausgangspunkt für die Erkundung der Stadt ist die Esplanade (ital.-griech. Spianáda), der große Platz vor der Alten Festung. Nach dem Angriff der Osmanen 1537 ließen die Venezianer die Häuser abreißen, die hier standen, um freies Schussfeld zu bekommen; zu einem Park machten den weitläufigen Platz erst die Franzosen und die Briten. Heute wird sein nördlicher Teil als Kricketplatz genützt, eine Reminiszenz an ein halbes Jahrhundert britischer Herrschaft. Flankiert wird er von den eleganten **Listón-Arkaden**, in denen sich die Cafés reihen. Baron Matthieu de Lesseps – der Vater von Ferdinand de Lesseps, der den Suezkanal erbaute – ließ als französischer Gouverneur der Insel 1807 die Häuserfronten mit ihren Arkaden errichten.

*** Liston-Arkaden**

Im südlichen Teil der Spianada erinnert ein 1824 errichteter Säulenrundbau an den ersten Lordhochkommissar der Ionischen Inseln, Sir Thomas Maitland; zu beachten sind auch ein mit dem Markuslöwen und Wappen verzierter **venezianischer Brunnen** von 1710 sowie das Énosis-Denkmal für den Anschluss der Ionischen Inseln an Griechenland. Ganz im Süden der Esplanade steht jenseits der Akadimías-Straße die Statue von Graf Kapodistrias (► Berühmte Persönlichkeiten), dem ersten griechischen Präsidenten.

Schulenburg-Denkmal

Den Eingang zur Alten Festung bewacht das Denkmal für den deutschen Grafen Johann Matthias von der Schulenburg (► Baedeker Special S. 36), der 1716 den Angriff eines zahlenmäßig weit überlegenen türkischen Heeres abwehren konnte. Noch zu Lebzeiten ehrten die Venezianer ihn mit dem Standbild von Antonio Corradini aus Carrara-Marmor, das ursprünglich in der Festung stand.

*** Alte Festung**

Über eine Brücke, die die Contrafossa überspannt, betritt man die Alte Festung (griech. Palió Froúrio, geöffnet Di.–So. 8.30 – 15.00 Uhr). Im 16. Jh. wurde der 15 m breite Kanal, in dem heute Fischerboote und Jachten dümpeln, zur Sicherung der Festung ausgehoben. Im Torbau sind rechts schöne frühchristliche Mosaiken aus Palaió-

Korfu · Kérkyra Orientierung

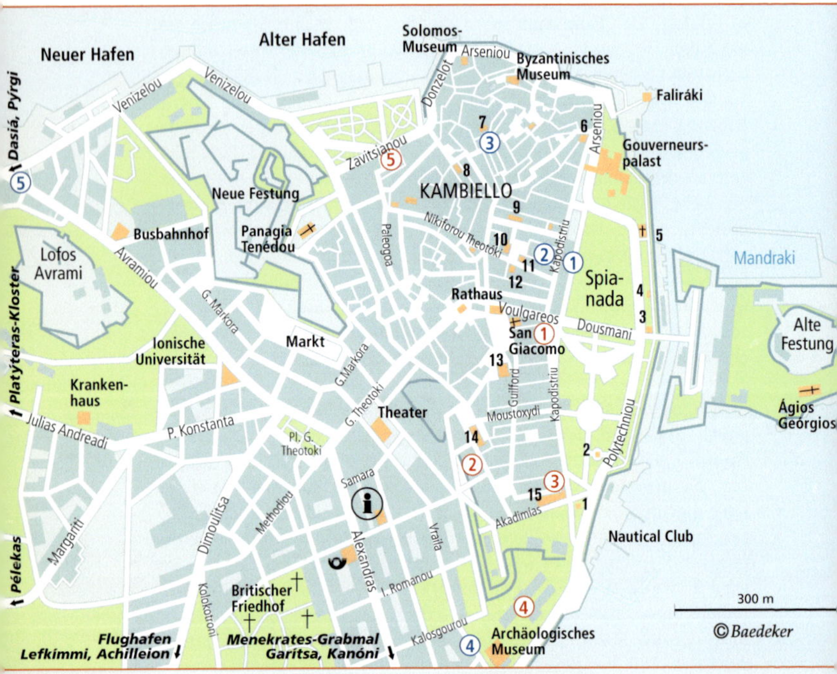

1 Kapodistrias-Denkmal	5 Panagía Mandrakina	9 Ágios Spyrídon	13 Erzbischöfl. Palast
2 Maitland-Rotunde	6 Reading Society	10 Banknotenmuseum	14 Ionisches Parlament
3 Schulenburg-Statue	7 Panagía Kremastí	11 Panagía ton Xénon	15 Ionische Akademie
4 Guilford-Statue	8 Mitrópolis	12 Ag. Vassílios/Stefanos	

Essen

① Aigli
② Rex
③ Venetian Well
④ Il Giardino
⑤ Tsounas

Übernachten

① Arcadion
② Bella Venezia
③ Cavalieri
④ Corfu Palace
⑤ Konstantinoupolis

KORFU-STADT ERLEBEN

AUSKUNFT

► S. 174

VERKEHR

Der größte Teil der Altstadt ist Fußgängerzone. Parkraum ist sehr knapp; auf der Spianada und am Alten Hafen kann man das Auto den ganzen Tag preisgünstig abstellen. Die blauen Stadtbusse, mit denen man Ziele in der näheren und weiteren Umgebung erreicht, z. B. Kanóni, das Achilleion, Gouviá, Kontokáli, Pélekas), fahren von der Platía G. Theotoki (auch als San Rocco / Saroko Square bekannt) ab. Der Bahnhof für die grünen KTEL-Überlandbusse liegt in der Odos Avramiou. Der Flughafen (3 km südlich) hat keine ÖPNV-Anbindung; Stadtbusse halten ca. 200 m entfernt an der Hauptstraße.

EINTRITT

Für die Alte Festung, das Archäologische Museum, das Byzantinische Museum und das Museum für asiatische Kunst gibt es Sammeleintrittskarten.

ESSEN

① ***Aigli***
Kapodistriou 23, Tel. 26610 31949
Gepflegtes Café-Restaurant in den Liston-Arkaden mit internationaler Küche. Mittags kann man hier einen Imbiss zu sich nehmen und abends in angenehmem Rahmen speisen.

② ***Estiatorio Rex***
Kapodistriou 66, Tel. 2661 039649
Traditionsreiches Restaurant hinter den Liston-Arkaden. Einige Tische sind auch auf der Straße aufgestellt. Gute korfiotische Küche und Meeresfrüchte zu mittleren Preisen.

③ ***Venetian Well***
Platia Kremasti, Tel. 26610 44761
Eine fantasievoll variierte griechische Küche und gute heimische Weine genießt man im Kambiello beim »venezianischen Brunnen«. Mittags und abends geöffnet, gehobene Preise.

④ ***Il Giardino***
Vraila 4 B, Tel. 26610 30723
Vorzügliche italienische Küche in elegantem Ambiente (mit Garten). Das Restaurant liegt gegenüber dem Archäologischen Museum.

⑤ ***Tsounas***
Xenofontos Stratigou 148
Tel. 26610 45745
Nur relativ wenige Touristen verirren sich in diese Fischtaverne nahe dem Neuen Hafen, die Korfioten wissen die Küche jedoch zu schätzen. Die Einrichtung ist schlicht, die Fischgerichte und Meeresfrüchte sind vorzüglich. Gehobenes Preisniveau.

Am romantischsten Platz Korfus speist man im Venetian Well (Venetsianikó Pigádi).

Nafsikaa
Odos Nafsikas 11, Kanoni
Tel. 26610 44354
Das Restaurant auf der Halbinsel Kanoni gilt als eines der besten der Umgebung (geöffnet tägl. ab 17 .00 Uhr). Internationale und korfiotische Spezialitäten werden auch im hübschen Garten serviert.

ÜBERNACHTEN

① ***Arcadion***
Vlasopoulou 2 / Esplanade
Tel. 26610 30104, Fax 26610 45087
www.arcadionhotel.com
Kat. B, 110 – 140 €

Das gediegene Haus vereint historisches Ambiente und modernen Komfort. Von der Dachterrasse und den Zimmern nach vorne hat man den herrlichsten Blick auf die Alte Festung.

Schönes Domizil mittendrin: das Arcadion an der Esplanade

② ***Bella Venezia***
Odos Zambeli 4
Tel. 26610 44290, Fax 26610 20708
www.bellaveneziahotel.com
Kat. B, 32 Z., 70 – 100 €
Das reizvolle Haus aus dem 19. Jh., einst ein Mädchengymnasium, liegt ruhig am Rand der Altstadt. Zimmer mit großem Fenster verlangen.

③ ***Cavalieri***
Odos Kapodistriou 4
Tel. 26610 39336, Fax 26610 39283
www.cavalieri-hotel.com
Kat. A, 50 Z., 80 – 180 €
Stilvoller, 300 Jahre alter Adelspalazzo am Südrand der Spianada. Von der Dachterrasse – die Bar ist auch für Nicht-Hausgäste zugänglich – hat man einen traumhaften Blick auf die Altstadt. Üppiges englisches Frühstück.

④ ***Corfu Palace***
Leoforos Dimokratias 2
Tel. 26610 39485, Fax 26610 31749
www.corfupalace.com
Kat. L, 115 Z., 125 – 280 €, Suiten 200 – 650 €
Eines der renommiertesten Hotels in Griechenland und »das« Hotel in Korfu-Stadt. Luxuriöses Haus südlich der Alten Festung, erbaut 1955 und Anfang der 1990er-Jahre erneuert. Alle Zimmer haben Blick aufs Meer. Swimmingpool, Bar und Restaurant gehören dazu, regelmäßig werden Barbecue-Partys mit griechischer Folklore veranstaltet.

Corfu Holiday Palace
Odos Nafsikas 2, Kanoni
Tel. 26610 36540
Fax 26610 36551
www.corfuholidaypalace.com
Kat. L, 273 Z., 70 – 160 €
Luxus bietet auch das Holiday Palace auf der Halbinsel Kanoni, die Landebahn des Flughafens liegt allerdings vor der Tür. Der äußerlich nüchterne Komplex hat sehr geschmackvoll eingerichtete Zimmer. Das Spielcasino ist hier untergebracht, es gibt Bars und Restaurants, Hallenbad und Außenpool, Privatstrand und ein großes Sportprogramm.

⑤ ***Konstantinoupolis***
Odos Zavitsianou 1
Tel. 26610 48716, Fax 26610 48718
www.konstantinoupolis.com.gr
Kat. C, 31 Z., 80 – 100 €
Am Alten Hafen gelegenes Haus von Anfang des 19. Jhs. (seit 1878 Hotel) mit viel Charme und museumsreifem Lift. Schön renovierte, große 1 – 3-Bett-Zimmer.

polis ausgestellt, außerdem sakrale Kunstwerke; gegenüber kann man im Museumsshop Kopien klassischer Kunstwerke erwerben. Erste Befestigungen entstanden auf dem Vorgebirge vermutlich schon im 6. Jh. n. Chr., nachdem die weiter südlich gelegene antike Stadt Kerkyra von den Goten verwüstet worden war. Die mittelalterliche Stadt lag innerhalb der Festungsmauern, erst ab dem 13. Jh. siedelte sich die Bevölkerung auch außerhalb der Mauern an. Um sich gegen Angriffe der Osmanen zu wappnen, bauten die Venezianer den Festungskomplex Ende des 14. Jh.s und im 16. / 17. Jh. aus. Ab 1588 schützte eine Stadtmauer das Wohngebiet zwischen Alter und Neuer Festung. Bei Explosionen in den Pulvertürmen wurden im 18. Jh. die meisten Gebäude in der Festung zerstört, weshalb die heutigen Bauten überwiegend aus der britischen Zeit stammen. Dies gilt auch für die St.-Georgs-Kirche (Ágios Geórgios), die um 1840 als Garnisonskirche im Stil eines dorischen Tempels errichtet wurde. Erst nach der Vereinigung Korfus mit Griechenland wurde die Ikonostase eingebaut. Auf dem Gelände vor der Kirche werden im Sommer Konzerte veranstaltet. Von hier kann man zum höchsten Punkt der Burg hinaufsteigen und den Blick über die ganze Stadt genießen (für Fotos eignen sich besonders die Vormittagsstunden).

! *Baedeker* TIPP

Schöne Plätze

In diesem Eck der Stadt finden sich einige Punkte zum Genießen. Versteckt im kleinen Park neben der Städtischen Pinakothek liegt das »Art Café«, draußen sitzt man herrlich schattig mit schönem Blick auf Faliraki. Das »Aktaion« weiter südlich an der Spianada ist ein beliebter Treff mit Blick auf die Festung, gutem Eis und einer großen Auswahl importierter Biere. In der Alten Festung bietet das elegante und gute »Old Fortress Café« und einen fantastischen Ausblick.

✶ **Gouverneurspalast**

Im Norden wird die Esplanade vom ehemaligen Gouverneurspalast begrenzt. Er wird auch als **Palace of St. Michael and St. George** (griechisch Anáktoro ton Agíon Michaíl kai Georgíou) bezeichnet, weil in der Residenz der britischen Lordhochkommissare auch der 1818 gegründete »Orden der hll. Michael und Georg«, ein privater Club, seinen Sitz hatte. Unter dem ersten Hochkommissar, **Sir Thomas Maitland**, schuf George Whitmore 1819 – 1824 einen neoklassizistischen Bau aus hellem maltesischem Kalkstein; Maitland war zuvor Gouverneur auf Malta gewesen. Zwischen 1864 und 1913 war der Palast Sommersitz der griechischen Könige, mit Unterstützung der EU wurde er 1993 / 1994 restauriert; im Juni 1994 fand hier dann das Gipfeltreffen der EU-Ministerpräsidenten statt. Der Hauptfassade ist ein dorischer Säulengang vorgelagert, die beiden flankierenden Torbögen sind nach dem hl. Georg (links) und dem hl. Michael benannt. Der **Fries** über dem Mittelbau von dem korfiotischen Bildhauer Pavlos Prosalentis zeigt in der Mitte Britannia, die die Vorzüge des britischen Protektorats – Frieden und Wohlstand – repräsentiert, zu ihren Seiten die Wappen von sechs der Ionischen Inseln, von

Die standesgemäße Residenz der Lordhochkommissare: Gouverneurspalast

links: Pegasos für Lefkáda; das Haupt des Odysseus für Itháki; der als Jäger dargestellte Képhalos für Kefalloniá; die mythische Figur des Zákynthos für die gleichnamige Insel; der Dreizack Poseidons für Paxí, und Aphrodite für Kýthira (das historisch ebenfalls zu den Ionischen Inseln gehört). Korfus Emblem – ein Schiff, das die Stärke der einstigen Seemacht versinnbildlicht – bekrönt den Fries.

★ **Museum für Asiatische Kunst**

Eine Besichtigung lohnt sich wegen der eindrucksvollen Prunkräume (Thronsaal, Ballsaal, Speisesaal) und des **Museums für Asiatische Kunst** (geöffnet Di.– So. 8.30 – 15.00 Uhr). Es zeigt chinesische, japanische und koreanische Kunst sowie Kunsthandwerk, Möbel, bemalte Stoffe und Waffen, u. a. Samurai-Rüstungen, und Gegenstände des täglichen Lebens. Die über 10 000 Stücke der Sammlung, von denen nur ein kleiner Teil zu sehen ist, wurden von griechischen Ostasien-Botschaftern zusammengetragen.

Städtische Pinakothek

Im rechten Seitenflügel des Palastes ist die Städtische Pinakothek untergebracht (geöffnet tägl. 9.00 – 21.00 Uhr), deren Sammlung vorrangig Arbeiten einheimischer Künstler des 19. und beginnenden 20. Jh.s sowie einige Werke aus dem 16.– 18. Jh. umfasst; beachtenswert sind auch die Kupferstiche.

Adam-Statue

Vor dem Palast ragt die Bronzestatue des zweiten englischen Lordhochkommissars Sir Frederick Adam auf. Während seiner Amtszeit (1824 –1832) wurde das Wasserversorgungssystem auf Korfu erheblich verbessert. Das Denkmal wurde ebenfalls von Pavlos Prosalentis geschaffen.

Odos N. Theotoki

Charakteristisches Merkmal der breiteren Straßen in der Altstadt westlich der Spianada sind die **Laubengänge**, in denen man vor Sonne oder Regen geschützt flanieren kann. Durch die Odos Nikiforou

Spyridon-Platz

Theotoki gelangt man zum hübschen Spyridon-Platz mit den Kirchen Ágios Ioánnis Pródromos (Johannes der Täufer, 16. Jh., mit Deckengemälden von S. Sperantzas, 1773) und Panagía ton Xénon (1689); in Letzterer sind die Deckengemälde von Nikolaos Koutouzis und das Gemälde mit neun griechischen und zehn katholischen Kirchenvätern zu beachten. Die Ionische Bank stellt im Obergeschoß griechische und ausländische Banknoten aus, darunter Geldscheine aus der deutschen und italienischen Besatzungszeit (geöffnet Mo.– Fr. 10.00 – 14.00 Uhr).

Banknoten-museum

★ Ágios Spyrídon

Etwas weiter nördlich liegt die Kirche Ágios Spyrídon, die 1590 erbaute Hauptkirche der Stadt, in der die **Gebeine des hl. Spyrídon** aufbewahrt werden. Die schöne Ikonostase wurde bis 1864 von einem österreichischen Künstler aus Marmor von der Insel Paros geschaffen, der schon in der Antike sehr geschätzt war. Eine Tür in der Ikonostase führt zum kostbaren Silbersarkophag (1867) mit den Reliquien des hl. Spyrídon. Der hochverehrte Schutzheilige der Insel war Erzbischof auf Zypern und nahm 325 n. Chr. am Konzil von Nikäa teil; sein Leichnam wurde 1489 nach Korfu gebracht. Viermal im Jahr – Palmsonntag, Ostersamstag, 11. August, 1. Sonntag im November – werden seine Gebeine in einer grandiosen Prozession durch die Stadt getragen. Die Deckenmalerei (P. Aspiotis, 19. Jh.), die die zerstörten Originale von P. Doxaras ersetzte, zeigt Szenen aus dem Leben des Heiligen.

Akzent im Stadtbild: Venezianischer Turm von Ágios Spyrídon

Tritt man aus der Kirche auf die schmale Odos Agíou Spyridonos, ist man schon mitten im Souvenir- und Tavernenviertel am Südrand des **Viertels Kambiello** mit seinen pittoresken »italienischen« Häusern. Im Wesentlichen entstand es ab der zweiten Hälfte des 16. Jh.s, nachdem Stadtmauern die Alte und die Neue Festung miteinander verbanden und für den Schutz der Bevölkerung sorgten. Aus Platzmangel errichtete man im 17. / 18. Jh. mehrstöckige Wohnhäuser, auf Gärten und Höfe musste man weitgehend verzichten. Die Orientierung fällt in dem Gewirr der engen Gassen nicht leicht. In der

Malerisches Eck im Kambiello

nordwestlich von Ágios Spyrídon gelegenen sehr schmalen Filellínon reihen sich Juwelierlädchen und Restaurants aneinander. Hier ist auch eines der ältesten Gebäude des Viertels erhalten: das zweistöckige Haus Nr. 18 mit hübschem Renaissance-Dekor.

Wenige Schritte weiter westlich ist die orthodoxe ✶ **Kathedrale** (Mitrópolis) zu finden, in deren südlicher Seitenkapelle in einem Silbersarkophag von 1868 die Gebeine der **Kaiserin Theodora** aufbewahrt werden. Sie spielte in der Geschichte der orthodoxen Kirche eine große Rolle, da sie im Bilderstreit des 9. Jh.s die Entscheidung »pro Bild« traf. Die Kirche wurde ab 1577 errichtet, zu Beginn des 20. Jh.s erhielt sie eine neobarocke Front. Zu den kostbarsten Gemälden gehören eine beidseitig bemalte Ikone (Panagía Dimosiána, 15. Jh., und ein Heiliger) sowie die Darstellung des Drachentöters St. Georg von Michael Damaskinos.

✶ Kremasti-Platz

Geht man von der Mitrópolis die Gasse Ag. Theodoras hinauf, weist ein Schild zum Restaurant »Venetian Well«. Das feine Lokal liegt an einem stimmungsvollen kleinen Platz mit einem **venezianischen Brunnen** aus Marmor, der 1699 »zum Wohle der Gemeinschaft« aufgestellt wurde, wie griechische und lateinische Inschriften verkünden (► Foto S. 183). Seinen Namen verdankt der Platz der Kirche **Panagía Kremastí** aus dem frühen 16. Jahrhundert. »Kremastí« bedeutet »aufgehängt« und bezieht sich vermutlich darauf, dass die Ikone der hl. Jungfrau ursprünglich an der Außenwand der Kirche hing.

Reading Society

Der Gouverneurspalast ist Ausgangspunkt für einen Spaziergang entlang dem Meeresufer im Norden der Altstadt. An der im 19. Jh. angefügten Freitreppe ist das Gebäude der **Lesegesellschaft** aus dem 17. Jh. zu erkennen. Die 1836 gegründete Vereinigung besitzt eine einzigartige Bibliothek zur Geschichte und Kultur Korfus und der Ionischen Inseln sowie eine interessante Sammlung von Gemälden, Stichen, Drucken und historischen Fotos.

Faliráki

Unterhalb der Uferstraße liegt der Landvorsprung Faliráki, an dem im 19. Jh. die Schiffspassagiere an Land gingen. Eine erste Kirche wurde hier vermutlich 1414 errichtet. Die Kirche Ágios Nikólaos und die angrenzenden Bauten wurden restauriert und beherbergen

Faliraki mit der Insel Vidos

u. a. Räume für Ausstellungen. Vom kleinen Badesteg aus kann man sich erfrischen, nette Plätze sind hier das Café En Plo und die gute Taverne Aleko's Beach.

★ **Byzantinisches Museum (Antivouniótissa-Museum)**

Eine Treppe führt von der Uferstraße hinauf zur ehemaligen Kirche Yperagía Theotókos Kyrá Antivouniótissa aus dem 15. Jh., die als Byzantinisches Museum fungiert (geöffnet Di.–So. 8.30 – 15.00 Uhr). Mit dem schlichten Äußeren der einschiffigen Basilika kontrastiert das reich geschmückte Innere; bei der Restaurierung 1994 erhielt es nach alten Fotos weitgehend sein ursprüngliches Aussehen. In der Vorhalle, die das Schiff **an drei Seiten umgibt** – ein typisches Merkmal korfiotischer Kirchen dieser Zeit – sind etwa 100 Ikonen aus dem 15.–19. Jh. ausgestellt, darunter viele Werke der Ionischen Schule (► S. 47). Der Kirchenraum wird von der steinernen Ikonostase beherrscht. Die Darstellungen der Zwölf Apostel im oberen Feld hat ein unbekannter Meister Anfang des 17. Jh.s gemalt, die vier Ikonen darunter zeigen Christus als Pantokrator, die Jungfrau Maria mit dem Christuskind, Johannes den Täufer (alle von Michael Avrámis, 1622), die vierte Ikone (Geburt Jesu) ganz rechts hat ein unbekannter Künstler geschaffen, der deutlich von der italienischen Renaissance beeinflusst ist. In der Sakristei ist liturgisches Gerät zu sehen.

Solomos-Museum

Das Haus Odos Arseniou Nr. 41, in dem Dionysios Solomos (► Berühmte Persönlichkeiten) ab 1828 bis zu seinem Tod 1857 lebte, ist heute Museum. Neben Fotos, Manuskripten und einer Bibliothek bewahrt es eine Sammlung von persönlichen Gegenständen des gefeierten Nationaldichters auf.

Alter Hafen Im Alten Hafen (Palió Limáni) machen heute nur noch kleinere Boote fest; der Fähr- und Schiffsverkehr wird über den etwa 1 km weiter westlich gelegenen Neuen Hafen abgewickelt. Am Platz hinter dem Alten Hafen laden einige ordentliche Restaurants ein.

! *Baedeker* TIPP

Nicht nur Nippes

Natürlich ist Korfu-Stadt voll mit Touristen-Tinnef aller Art, aber es lohnt sich, die Augen offen zu halten. Es finden sich immer wieder wirkliche schöne, qualitätvolle Dinge wie traditionelle Web- und Stickarbeiten, handgearbeiteter Schmuck oder Keramik in den Läden der Odós Filarmonikís.

Dem Hafen ist das Eiland **Vídos** vorgelagert, das in vergangenen Jahrhunderten stark befestigt war; zu britischer Zeit wurden die Befestigungen zerstört. In der Saison fahren Boote (gratis) vom Alten Hafen hinüber. Man kann sich am Kiesstrand (mit Taverne) sonnen oder die unter Naturschutz stehende Insel erkunden.

Neue Festung Überragt wird der Alte Hafen von der Neuen Festung (Néo Froúrio, geöffnet Mai–Okt. tägl. 9.00–22.00 Uhr). Der Eingang liegt an der Südostseite, die dem einstigen Jüdischen Viertel zugewandt ist. Die zwischen 1572 und 1645 errichtete und unter den Briten erneuerte Festung wurde 1994 restauriert und beherbergt seitdem auch eine Galerie und ein interessantes Café. Man kann durch Gewölbe und Gänge streifen, die teilweise noch aus venezianischer Zeit stammen, von den Festungsmauern hat man eine schöne Aussicht auf die Altstadt. **Markt** Südlich unmittelbar am Fuß der Festung ist der Markt zu finden, auf dem vormittags Gemüse und Fisch angeboten werden.

Das Rathaus bildet die Kulisse für die Platia M. Theotoki, einen der schönsten Plätze der Stadt mit guten Restaurants.

G. Theotoki

Vom Markt sind es wenige Schritte hinunter – vorbei an der guten **Taverne Rouvas** – zur verkehrsreichen Odos G. Theotoki, der Hauptachse der **Neustadt** mit zahlreichen Geschäften. Östlich geht sie in die Odos Voulgareos über, die in die Altstadt zum **Rathaus** (Dimarchío) führt. Das Gebäude wurde 1663–1691 als Clubhaus des Adels erbaut, 1720 zum Theater und 1902 zum Rathaus umfunktioniert. An der Ostfassade erinnert ein Relief an Francesco Morosini, der als Doge von 1688 bis 1694 die Geschicke Venedigs leitete. Das Denkmal von 1691 zeigt ihn mit dem Dogenhut; die vier Putten symbolisieren seine Tugenden. Die Ostseite der Platia M. Theotoki wird von der katholischen **Kathedrale St. Jakob** flankiert, die ab 1632 erbaut, im Zweiten Weltkrieg zerstört und mit neoklassizistischer Fassade bis 1970 neu errichtet wurde. Das Gebäude an der Südseite des Platzes war ehemals das **Erzbischöfliche Palais** (18. Jh.), heute beherbergt es eine Filiale der Bank von Griechenland.

Rathaus

Odos Guilford

Von hier lohnt sich ein Bummel auf der Odos Guilford südlich durch das ursprüngliche **Viertel Porta Remounta** (empfehlenswert ist die gleichnamige Taverne). Ein Abstecher führt die Odos Moustoxydi hinauf zum Ionischen Parlament. Eine Tafel an dem 1855 errichteten neoklassizistischen Gebäude erinnert daran, dass hier am 23. September 1863 die Abgeordneten den Anschluss an Griechenland beschlossen. Im Jahre 1869 wurde das Gebäude der britischen Gemeinde übergeben, die eine anglikanische Kirche anbaute.

Ionisches Parlament

✶ Archäologisches Museum

Von der Spianada geht man in wenigen Minuten, vorbei am Hotel Corfu Palace, zum Archäologischen Museum, das **Funde aus dem antiken Kerkyra** und anderen bedeutenden Grabungsstätten der Insel präsentiert (geöffnet Di.–So. 8.00–15.00 Uhr). Glanzstück ist der **Gorgo-Medusa-Giebel** aus archaischer Zeit (um 585 v. Chr., Foto S. 192), der das Artemis-Heiligtum schmückte und von W. Dörpfeld und Wilhelm II. ausgegraben wurde. Gezeigt wird die Medusa mit fratzenhaft verzerrtem Gesicht, aus dem zwei Schlangen hervorkommen, zwei weitere Schlangen winden sich um ihre Taille. Dargestellt ist der Moment, bevor Perseus ihr den Kopf abschlägt. Dem Mythos nach hat er dies getan, ohne sie anzusehen, denn der Anblick des weiblichen Ungeheuers soll versteinernd gewirkt haben (daher auch die Darstellung im Tempelgiebel, die Medusa sollte Feinde und Dämonen abwehren). Die Gorgo Medusa wird von ihren Kindern Pegasos (kaum erkennbar) und Chrysaor flankiert, sie entsprangen dem Leib der Medusa, als sie enthauptet wurde. Die beiden wilden Tiere links und rechts außen vereinigen Züge von Löwen und Panthern, sie symbolisieren die Macht der Medusa über die Tiere. In den Giebelecken kämpft rechts Zeus mit einem fliehenden Giganten, links erkennt man eine sitzende Figur, die von einem Speer getroffen wird – vielleicht Rhea, die von ihrem Sohn Poseidon angegriffen wird, oder Priamos, der König von Troja, der von Achilleus' Sohn Neoptolemos bedroht wird. Der Giebel war ursprünglich in leuch-

Der Gorgo-Medusa-Giebel im Archäologischen Museum, das älteste erhaltene Werk seiner Art

tenden Farben bemalt und wirkte sicher noch viel eindrucksvoller. Ein weiteres bemerkenswertes Exponat ist der liegende **Löwe** (7. Jh. v. Chr.), den man 1843 in der Nähe des Menekrates-Grabmals fand. Interessant ist auch die Münzsammlung; die älteste Silbermünze stammt aus dem 6. Jh. v. Chr. und zeigt eine Kuh mit einem Kalb.

Menekrates-Grabmal

Von der Uferstraße weist ca. 200 m südlich des Archäologischen Museums ein Schild zu den bescheidenen Resten des Menekrates-Grabmals. Wie die von rechts nach links zu lesende Inschrift verrät, war Menekrates wegen seiner Verdienste um die Kolonie mit dem Titel »Konsul von Kerkyra« ausgezeichnet worden. Die Bürger von Kerkyra errichteten ihm, nachdem er bei einem Schiffsunglück ums Leben gekommen war, und seinem Bruder Paximenes um 600 v. Chr. das runde Denkmal, das 1843 entdeckt wurde.

Britischer Friedhof

Ein sehr stimmungsvoller Ort ist der Britische Friedhof nordwestlich des Grabmals (Zugang von der Odos Kolokotroni am Westrand). In einem großen Park mit alten Bäumen stößt man auf eindrucksvolle Grabmäler. Die auf dem Areal lebende Familie, die den Park betreut, hat einen Garten mit vielen blühenden Pflanzen – u. a. Orchideen – gestaltet, ein **Dorado für Botaniker und Blumenfreunde**.

Platýteras-Kloster

Kostbare Ikonen bewahrt das im Westteil der Stadt unterhalb des Avrámi-Hügels gelegene Kloster Platýteras (an der Straße nach Paleokastrítsa). Das ursprünglich 1743 errichtete Kloster wurde von französischen Truppen 1798 zerstört und 1801 wieder aufgebaut. Die **reich geschmückte Ikonostase** enthält Werke von Nikólaos Koutoúzis (1741–1813) aus Zákynthos, der Schüler von Tiepolo in Venedig war. Wertvoll sind auch die beiden Gemälde von Nikolaos Kantounis (»Letztes Abendmahl« und »Fußwaschung«) sowie die Ikonen in der Vorhalle von Georgios Klotzas (zweite Hälfte des 17. Jh.s) und die allegorische Darstellung des Göttlichen Jerusalem, die ein unbekannter Meister Ende des 15. oder Anfang des 16. Jh.s geschaffen hat. Unter einer schlichten weißen Marmorplatte ist innerhalb der Klostermauern der erste Präsident des unabhängigen Griechenlands, **Ioannis Kapodistrias** (1776–1831; ►Berühmte Persönlichkeiten), beigesetzt.

Análipsi-Halbinsel · Kanóni

L 7

Análipsi
Ανάληψι

Die Reste der antiken Stadt Kerkyra (Palaiópolis), die im 6. Jh. nach dem Einfall der Goten verlassen wurde, und weitere bedeutende Sehenswürdigkeiten bis zur berühmten Klosterinsel Vlachérna liegen südlich von Korfu-Stadt auf der Halbinsel Análipsi. Busse fahren halbstündlich von der Platia G. Theotoki. Da es nur die schmale, stark befahrene Straße gibt, ist ein Fußmarsch nicht zu empfehlen.

★ Kirche der hll. Jason und Sosipater

Im südlichen Vorort Anemómylos steht eine der bedeutendsten Kirchen der Insel (geöffnet tägl. 8.30–14.00, 18.00–21.30 Uhr). Sie ist den **Heiligen Jason und Sosipater** geweiht, die um 70 n. Chr. das Christentum nach Korfu brachten. Unter Kaiser Caligula erlitt Sosipater den Märtyrertod. In der mittelbyzantinischen Kreuzkuppelkirche aus dem 11./12. Jh. wurden antike Quader verbaut, die in typischer Weise durch Ziegelsteine getrennt sind (Cloisonné-Mauerwerk); die Glockenwand wurde erst im 17. Jh. angefügt. Wertvoll sind die Ikonen von **Emmanuel Tzanes**, der von der italienischen Malerei deutlich beeinflusst war: die beiden Ikonen in der Ikonostase beidseits der zentralen Tür (»Christus als Weltenherrscher« und »Maria mit Jesuskind«, um 1650) sowie in der Vorhalle die Darstellungen der hll. Jason und Sosipater von 1649. In der Vorhalle sind links Freskenreste mit einer der seltenen Heiligendarstellungen aus byzantinischer Epoche zu sehen. Sie wird auf die erste Hälfte des 11. Jh.s datiert und zeigt den hl. Arsenios, der von 933 bis 953 erster Erzbischof von Korfu war.

Iason und Sosipater, eine der wenigen byzantinischen Kirchen der Ionischen Inseln

Basilika von Palaiópolis

Etwa 500 m südlich liegen rechts der nach Kanóni führenden Straße die Ruinen der Basilika von Palaiópolis (zugänglich Di.–So. 8.30 bis 15.00 Uhr), die ins 5. Jh. zurückgeht. Sie wurde unter Verwendung von antikem Baumaterial am Platz eines römischen Odeions errichtet und nach Zerstörungen im 6. und 11. Jh. deutlich kleiner wieder aufgebaut. Die erhaltenen Grundmauern datieren aus unterschiedlichen Jahrhunderten, der Glockenturm entstand im 17. Jahrhundert. Jenseits der Straße wurden Reste von römischen Thermen freigelegt, die um 200 n. Chr. errichtet und im 6. Jh. beim Einfall der Goten zerstört wurden.

Römische Bäder

Mon Repos

Gleich daneben ist der Hauptzugang zum Schlösschen Mon Repos zu finden, das in einem weitläufigen Park liegt (zugänglich 8.00 – 19.00 Uhr, Zufahrt gestattet). Das 1828 –1832 von Sir Frederick Adam errichtete Schloss war **Landhaus der britischen Lordhochkommissare**, ging 1864 in den Besitz der griechischen Königsfamilie über und 1994 des griechischen Staats. Für Briten ist der Besuch der Villa Pflicht, wurde hier doch der Gemahl ihrer Königin, **Prinz Philip**, am 10. Juni 1921 als Sohn des Prinzen Andreas von Griechenland und der Prinzessin Alice von Battenberg geboren. Das Schloss beherbergt das **Archäologische Museum von Palaiópolis** (geöffnet Di.– So. 8.30 bis 15.00 Uhr). Beim Spaziergang unter herrlichen hohen Bäumen stößt man ca. 500 m südlich des Schlosses auf die Reste eines vermutlich der Göttin Hera geweihten Tempels. Die ersten Ausgrabungen nahm 1911 – 1914 der deutsche Archäologe Wilhelm Dörpfeld vor (► Berühmte Persönlichkeiten). Von dem 600 v. Chr. errichteten, 428 v. Chr. zerstörten und um 400 v. Chr. wieder aufgebauten Tempel sind nur spärliche Reste des Fundaments und Teile des Dekors erhalten (im Archäologischen Museum Korfu-Stadt). Ein weiterer Tempel 500 m südöstlich wird als Kardáki-Tempel bezeichnet. Seinen Namen verdankt er der Kardáki-Quelle, einem venezianischen Brunnen, der östlich unterhalb am Ufer liegt (zu erreichen von Análipsis, der Pfad führt außen am Schlosspark entlang).

! *Baedeker* TIPP

Altes Strandbad

Am Ostrand von Anemómylos liegt die wunderbar altmodische Badeanstalt von Korfu-Stadt mit Sandstrand, schattenspendenden Bäumen und Café, mit Duschen und Umkleidekabinen. Auf der Rückfahrt von Kanóni kommt man dran vorbei (Einbahnstraße), aber auch der Spaziergang entlang der Gáritsa-Bucht hierher ist zu empfehlen.

Artemis-Tempel

Von der nach Kanóni führenden Straße zweigt bald hinter der Basilika von Palaiópolis eine schmale Gasse (beschildert) zu den spärlichen Resten des Artemis-Tempels ab. Der monumentale, im Archäologischen Museum von Korfu-Stadt ausgestellte **Giebel der Gorgo Medusa** wurde hier von Dörpfeld unter Beteiligung von Kaiser Wilhelm II. ausgegraben. Die Ausmaße des zwischen 590 und 580 vor Christus errichteten Bauwerks waren beachtlich: gut 20 m breit und etwa 48 m lang. An den Längsseiten standen 17 dorische Säulen, an den Schmalseiten jeweils acht.

Ein wunderbarer Platz ist das Café Kanóni. Von hier hat man den besten Blick auf das Vlachérna-Kloster und die Mäuseinsel.

Ágii Theodóri

Die Gebäude neben dem Artemis-Tempel gehören zum Kloster Ágii Theodóri. Die Nonnen zeigen gern die schlichte Klosterkirche und den idyllischen Innenhof (tägl. 9.00 – 13.00, 17.00 – 19.30 Uhr).

Chalikiópoulos-See

Die Straße nach Kanóni führt am teilweise verlandeten Chalikiópoulos-See entlang, in den die **Landebahn des Flughafens** gebaut ist – von den Terrassen der Hotels und Cafés kann man Start und Landung hautnah erleben, besonders samstags. Von der Straße zweigt die Zufahrt zum **Kloster Vlachérna** (Moní Vlachérnas) ab, einem der schönsten und berühmtesten Plätze der Insel. Da die Gebäude Privatbesitz sind, kann man nur den Innenhof (Souvenirladen) und die um 1700 errichtete Kirche besichtigen. Vom Damm fahren Boote zur **Mäuseinsel** (Pontikonísi), die den alten Griechen als das versteinerte Schiff der Phäaken galt, das Odysseus nach Ithaka gebracht hatte. Manchmal wird behauptet, dass sie Arnold Böcklin für seine Gemälde von der »Toteninsel« gedient habe, doch war Böcklin nie auf Korfu. Die Kapelle stammt aus dem 16. Jh. (später verändert).

✶✶ Kloster Vlachérna

Pontikonísi

Der Süden Korfus

L 7

Pérama Πέραμα

Man verlässt Korfu-Stadt auf der Straße zum Flughafen und umfährt die Chalikiópoulos-Lagune. Bei Pérama erreicht die Straße die Küste. Die Gäste der Hotels dort haben einen Logenplatz am **Flughafen**. Ein für Fußgänger, Rad- und Mopedfahrer benutzbarer Damm führt nach Kanóni hinüber. Südlich des Orts wurde **Kaisers Brücke** von deutschen Truppen 1944 abgerissen, da sie den Transport einer großen Kanone behinderte, erhalten ist aber noch ein Teil der Pier, an der die Jacht »Hohenzollern« festmachte, wenn Kaiser Wilhelm II. seine Frühlingsresidenz Achilleion bezog.

★★ Achilleion Αχίλλειο

Etwa 3 km südlich von Perama zweigt die Zufahrt zur meistbesuchten Sehenswürdigkeit auf Korfu ab, dem Achilleion, das gleich zwei gekrönten Häuptern als Residenz diente. Es ist im Sommer tägl. 8.00 – 19.00 Uhr geöffnet (sonst 9.00 – 16.00 Uhr); zu empfehlen sind die Zeiten vor 9 Uhr und nach 15 Uhr. Parkplätze sind so gut wie nicht vorhanden und die Straße mit Reisebussen verstopft, weshalb man besser den Bus von Korfu-Stadt (Pl. G. Theotoki) benützt.

Die prachtvolle, wenn auch ein wenig kitschig ausgestattete Villa steht inmitten herrlicher Gärten etwa 145 m über dem Meer. Kaiserin **Elisabeth von Österreich** erwarb 1889 das Grundstück mit der venezianischen Villa Vraila, die sie nach Entwürfen der italienischen Architekten Rafaele Carito und Antonio Landi 1890/1891 zu einem Palast umbauen ließ. Die griechenlandbegeisterte Kaiserin benannte ihn nach ihrem Lieblingshelden aus der Ilias, Achilleus (»Ihm weihte ich meinen Palast, da er für mich die griechische Seele, die Schönheit der Erde und der Menschen dieses Landes verkörpert.«).

Wahrzeichen des Achilleions ist der »Sterbende Achill«, den Elisabeth im Park aufstellen ließ.

Bis zu ihrem Tod 1898 hielt sie sich wiederholt im Achilleion auf. Danach stand das Palais leer, bis es **Kaiser Wilhelm II.** 1905 für sich entdeckte. Er kaufte es 1907, ließ einiges verändern und hielt sich bis zum Ausbruch des Ersten Weltkriegs 1914 fast jedes Jahr zwischen Mitte März und Ende April mit seiner Familie und seinem Hof hier auf. Während des Ersten und Zweiten Weltkriegs wurde der Nobelbau als Lazarett und Hauptquartier der Besatzungstruppen genutzt. Ab 1962 diente er einige Jahre als Spielcasino.

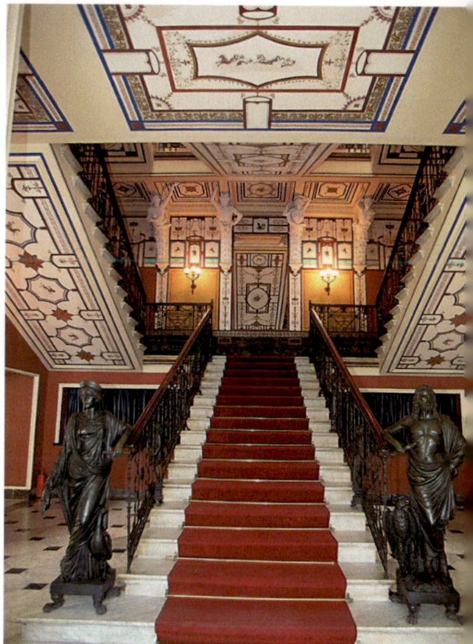

Am Treppenaufgang in der Eingangshalle begrüßen Hera und Zeus.

Die Räume im Erdgeschoss sind nicht mehr original eingerichtet, nur einzelne Möbelstücke und persönliche Gegenstände erinnern noch an die ehemaligen Besitzer. So hat Kaiser Wilhelm II. einen weißen Schreibtisch mit Sattelsitz hinterlassen. Fast alle Kunstwerke – inklusive des 4 × 11 m messenden **Monumentalgemäldes von Franz Matz** im Treppenhaus – nehmen Bezug auf die griechische Mythologie. Der **Park** des Achilleions fasziniert wegen seiner traumhaften Lage und der grandiosen Ausblicke. Hier findet man die Figur **Der sterbende Achill**, die Kaiserin Elisabeth 1881 bei dem deutschen Bildhauer Ernst Herter in Auftrag gab. Sie zeigt Achill, wie er mit letzter Kraft den tödlichen Pfeil, den Paris auf ihn abgeschossen hat, aus der Ferse zu ziehen versucht. Kaiser Wilhelm II. empfand ihn als schön, entwarf dennoch selbst den **Siegenden Achill**: eine 5,5 m hohe Bronzestatue, die nur zerlegt nach Korfu gebracht werden konnte. Die Bevölkerung hielt ihn jedoch, wie Wilhelm II. berichtet, für einen Heiligen, und da der Kaiser protestantisch sei, für einen protestantischen Heiligen – Luther.
Nach dem Besuch des Achilleions kann man gegenüber in der Kellerei **Vasilakis** Wein und Likör probieren. Wie es der Name verspricht, hat man im nahen und guten Restaurant **Bella Vista** eine herrliche Aussicht.

Gastoúri
Γαστούρι

Ágii Déka
Άγιοι Δέκα

Einen Blick wert ist auch Gastoúri mit dem **Elisabeth-Brunnen** am unteren Ortsrand und dem **französischen Soldatenfriedhof** (von der Ortsmitte beschildert). An Kynopiástes – die Taverne **Trípas** hier ist ein beliebtes Ausflugsziel – vorbei fährt man nach Ágii Déka am gleichnamigen Berg (576 m), den eine weithin sichtbare **Radarkuppel** ziert. Ein weitgehend befestigtes Sträßchen (3,5 km) kurvt zum unbewohnten Pantokrátor-Kloster hinauf, von der modernen **Elias-Kapelle** weiter oben hat man einen herrlichen Blick auf die Küste.

HIER MÖCHTE ICH BEGRABEN SEIN!

Franz Joseph, der Kaiser Österreich-Ungarns, war nicht gerade erfreut, als ihm seine Gemahlin Elisabeth (»Sisi«) 1887 mitteilte, dass sie auf Korfu, »dem einzigen Ort, an dem ich ein Haus haben möchte«, ihre »alten Tage« verbringen wolle.

Schließlich ging die Hermesvilla im Lainzer Tiergarten bei Wien, der ursprünglich geplante Alterswohnsitz der Kaiserin, ihrer Fertigstellung entgegen, und die Rechnungen für sie waren noch nicht bezahlt. Auch betrübte ihn, dass seine Gemahlin fern von ihm und der Heimat leben wollte. Doch der Habsburger Monarch, der seiner Frau noch nie einen Wunsch abgeschla gen hatte, beugte sich ihrem Willen, wohl auch weil er hoffte, dass sie dort endlich Ruhe finden würde.

Immer auf Achse

Am Anfang der Ehe hatte das kaiserliche Paar noch gemeinsame Reisen durch die Länder der Monarchie unternommen, ab ihrem 23. Lebensjahr jedoch zog es die 1837 geborene Tochter des Herzogs Max in Bayern vor, alleine zu reisen. Sie hasste Wien, die Hauptstadt der K.u.k.-Monarchie, und noch mehr das steife spanische Hofzeremoniell; auch das Verhältnis zu ihrer Schwiegermutter, Erzherzogin Sophie, war sehr gespannt. Während ihrer 44 Ehejahre hielt sich Sisi zusammengenommen kaum vier Jahre in Wien auf. Auf ihren vielen Reisen lernte sie 1861 Korfu kennen. Sie war begeistert, und die Begeisterung hielt viele Jahre an. »Korfu ist ein idealer Aufenthalt, Klima, Spaziergänge im endlosen Olivenschatten, gute Fahrwege und die herrliche Meeresluft, dazu den prallen Mondenschein.« Ihrer jüngsten Tochter Valerie schrieb sie einmal: »Obwohl ich so viele schöne Orte gesehen habe, gefällt es mir hier doch besser. Von wo immer ich zurückkomme, schließlich sage ich: Hier ist der schönste Punkt der Welt.«

Antikes Paradies?

Doch nicht nur von der landschaftlichen Schönheit der Insel und dem angenehmen Klima war die schöne Kaiserin entzückt. Sie hatte eine Vorliebe für die griechische Antike entwickelt, für Homers »Ilias« und »Odyssee«, und Korfu war ihr antikes Traumland. Von **Alexander Freiherr von Warsberg**, dem österreichischen Konsul auf Korfu, einem besonderen Kenner der griechischen Antike, der unter dem Titel »Odysseeische Land-

Die schöne Kaiserin in einem Gemälde von F. X. Winterhalter aus dem Jahr 1864

schaften« die Beschreibung und Geschichte Korfus sowie des »Reiches des Odysseus« herausgegeben hatte, ließ sich die wissensdurstige Kaiserin auf der Insel herumführen. Auch begann sie mit dem Studium der alt- und der neugriechischen Sprache. Noch bevor Franz Joseph seine Einwilligung für einen Grundstückskauf gab, beauftragte sie den Freiherrn von Warsberg, sich auf Korfu nach einem geeigneten Heim umzusehen. Der ortskundige Freiherr hatte schon bald ein Objekt gefunden: die **Villa Vraila** (auch »Braila« geschrieben) bei Gastouri etwa 9 km südlich der Inselhauptstadt. Das rosa gestrichene, mit Kolonnaden geschmückte, allerdings nur mit einigen kleinen Zimmern ausgestattete Haus war vor langer Zeit von einem Venezianer gebaut worden. Doch anstatt das Haus, das ihr »so traulich, lieb und klein« erschien, in seinem Urzustand zu belassen, entschloss sich Sisi, es in ein Märchenschloss zu verwandeln. So entstand das **Achilleion**, ein eher schwerfälliger Palast im klassisch-griechischen Stil, benannt nach Achill, dem Lieblingshelden der Kaiserin aus der griechischen Mythologie. 1890 brachte die als kaufwütig bekannte Sisi aus Italien mehrere Marmorstatuen mit, Büsten griechischer Denker. Leider hatte sie in ihrem Gefolge keinen Kunstexperten, der sie hätte beraten können. Sie erwarb zum größten Teil minderwertige Kopien von Werken aus Florentiner und neapolitanischen Museen. Auch die Inneneinrichtung wurde fantasievoll und aufwendig gestaltet: marmorne Badezimmer mit vergoldeten Wasserhähnen, klassizistische Liegen, mit Leoparden- oder Ziegenfellen bedeckt, und überall, auf Bett- und Tischwäsche sowie Schreibpapier ein mit der österreichischen Krone überhöhter Delfin, das heilige Tier der Thetis, der Mutter Achills.

Die »Lokomotive«

Im März 1891 zeigte die Kaiserin ihrer Tochter Valerie von der schon fertigen Schlossterrasse aus den Durchblick durch zwei hohe Zypressen aufs freie Meer mit den Worten: »Ich möchte gerne an dieser Stelle begraben sein.« Immer wenn sie des Reisens müde wurde, zog sie sich in ihren Märchenpalast zurück, wo sie sich auch als Verfasserin etwas holpriger Gedichte im Stile Heinrich Heines, des von ihr

Puttengeschmücktes Schreibzimmer im Achilleion

so bewunderten Dichters, versuchte und die Insel in Fußmärschen erforschte. Wegen ihrer raschen Gangart, mit der sie die begleitenden Hofdamen stets in Atemnot brachte, gaben die Korfioten ihr den Titel »Eisenbahn«, was nicht abwertend gemeint war, denn für Griechenlands Landbevölkerung war eine Eisenbahn der Inbegriff alles Großartigen. Bei den Einheimischen war die fremde Herrscherin sehr beliebt, die, wenn sie sich ein Glas Milch geben ließ, nicht selten dafür mit einem Goldstück bezahlte, und sie respektierten ihren Wunsch, allein gelassen zu werden. Andere taten das weniger, wie **König Georg von Griechenland und Kaiser Wilhelm II.** Gäste wollte sie auf Korfu nicht empfangen, sie war ja hierher gekommen, um ihre Ruhe zu haben; als diese beiden Herrscher sich zu einem Besuch ansagten, ließ sie ihnen mitteilen, dass sie nicht anwesend sei.

Das Ende des Traums

Lange hielt Sisis Freude an dem Feenschloss auf Korfu jedoch nicht an. Es schien gerade so, als ob die Schönheit der Natur – der Garten, von dem aus man einen herrlichen Blick aufs Meer und hinüber zu den albanischen Bergen hat, die idyllische Landschaft mit ihren riesigen Olivenhainen und den Zitronen- und Orangenbäumen – die Kaiserin, die am **Selbstmord ihres Sohnes Rudolph** 1889 schwer trug, nur noch trauriger und schwermütiger stimmte. »Als ich das erstemal in Korfu war«, sagte sie 1892 ihrem Griechischlehrer, »habe ich die Villa Braila oft besucht; sie war herrlich, weil sie inmitten ihrer großen Bäume ganz verlassen war. Das hat mich so zu ihr hingezogen, daß ich aus ihr das ›Achilleion‹ gemacht habe ... Eigentlich bereue ich es jetzt. Unsere Träume sind immer schöner, wenn wir sie nicht verwirklichen.« Sie musste auch erkennen, dass weder ihre Tochter noch sonst jemand aus ihrer Familie auf Korfu würde leben wollen. 1893 gestand sie ihrem Gemahl, dass das Achilleion, das kaum erst fertiggestellt war, sie nicht mehr freue. »Wo immer ich wäre, wenn man mir sagen würde, ich müsse immer dort bleiben, dann würde auch das Paradies für mich zur Hölle werden.« Um den Kaiser, der den Bau des Achilleions teilweise aus seiner Privatkasse finanziert hatte, versöhnlicher zu stimmen, schlug sie ihm vor, die Villa zu verkaufen; irgendein fantastisch reicher Amerikaner schwebte ihr dabei vor, der sicher eine fabelhafte Summe zahlen würde. Franz Joseph riet ihr, diese Angelegenheit noch einmal zu überdenken, da ein solcher Verkauf in Österreich schlecht aufgenommen werden würde, monierte man doch die ständige Abwesenheit der Kaiserin und die riesigen Summen, die sie im Ausland verschleuderte. Die Villa wurde zu Lebzeiten der Kaiserin tatsächlich nicht verkauft. Sisi verbrachte jedes Jahr eine gewisse Zeit auf Korfu, doch ihr **ruheloser Geist** trieb sie weiter über die Meere und durch die verschiedensten Länder. Als letzte Ruhestätte kam die ionische Insel für sie nicht mehr in Frage. 1897 äußerte sie Valerie gegenüber, dass sie neben ihrem Sohn Rudolph begraben werden möchte. Am 9. September 1898 sprach sie während eines Aufenthalts in Genf von ihren künftigen Reiseplänen, auch von Korfu und dem Achilleion, das nun halb leer stand und das sie erst wieder besuchen wolle, wenn man ein gutes Hotel daraus gemacht hätte. Dazu aber kam es nicht mehr: Am nächsten Tag wurde die Kaiserin von dem italienischen Wanderarbeiter und Anarchisten **Lucheni** – eigentlich hatte er es auf den Herzog von Orléans abgesehen, konnte seiner jedoch nicht ahbhaft werden – an einer Dampferanlegestelle erstochen.

Wilhelm II.

Zehn Jahre stand das Achilleion leer und verwahrloste. Im Jahre 1907 kaufte es der deutsche **Kaiser Wilhelm II.**, der es bis zum Ausbruch des Ersten Weltkriegs als Ferienresidenz nutzte. »Staunende Ausrufe, klassische Zitate werden laut, und helle, freudige Begeisterung leuchtet aus allen Blicken ob dieses Paradieses mit seiner Stille und seiner Farbensymphonie«, erinnerte sich der mittlerweile gestürzte Kaiser 1924 an die erste Begegnung seiner Hofgesellschaft mit dem neu erworbenen Landsitz. Natürlich drückte er dem Achilleion seinen eigenen Stempel auf; u. a. ließ er einen Schreibtischstuhl in Form eines drehbaren Sattels installieren, und die Skulptur des »Sterbenden Achills« wurde durch die riesige, martialische Statue eines siegreichen Kämpfers ersetzt.

Vom Casino zu James Bond

Dreißig Jahre später besuchte der amerikanische Schriftsteller **Henry Miller** das Achilleion: »Paläste finde ich immer frostig und düster, aber dieses Irrenhaus des Kaisers ist wohl das Schlimmste an Kitsch, was ich je gesehen habe. Es würde sich ausgezeichnet als Museum für surrealistische Kunst eignen.« Es fand anderweitige Verwendung: Ab 1962 diente es für einige Jahre als Spielcasino und in dieser Funktion 1980 als Kulisse für den James-Bond-Film »In tödlicher Mission«, in dem 007 um sein Leben pokern musste – anders als Sisi wollte Roger Moore seine letzte Ruhe nicht auf Korfu finden.

Benítses
Βενίτσες

Benítses, einst ein reizvolles Fischerdorf 3 km südlich von Pérama, ist durch den Primitivtourismus immer noch unangenehm geprägt, der Ortskern scheint aber wieder etwas Charme zu gewinnen. Der Kiesstrand ist winzig und durch die vielbefahrene Küstenstraße vom Ort getrennt. Am nördlichen Ortsrand wird auf das **Shell Museum** hingewiesen, ein interessantes Meeresmuseum; vom nördlichen Parkplatz erreicht man in wenigen Minuten die spärlichen Reste von Badeanlagen einer **römischen Villa** aus dem 2. Jh. n. Chr. (Schild »Roman Baths«).

Moraítika
Mesongí
Μοραίτικα
Μεσογγί

Südlich von Benítses passiert die Straße schmale Kiesstrände. Im Ferienzentrum Moraítika / Mesongí gestaltet sich die Situation angenehmer als in Benítses. Die Hotels in den beiden zusammengewachsenen Orten (die Trennlinie bildet der Bach Messongí) liegen überwiegend östlich der Hauptstraße in grüner Landschaft, der Kiesstrand ist zumindest einige Meter lang. Sehenswert sind das **alte Dorf** Moraítika westlich der Straße (gute Tavernen) und der kleine Hafen an der Mündung des Mesongí.

! *Baedeker* TIPP

Über allem

Einen herrlichen Ausblick und absolute Ruhe genießt man in den »Tasos Apartments«, die an der Straße von Moraítika nach Chlomós am Hang liegen. Wer nicht in einem der großen, gut ausgestatteten Appartements wohnt, sollte wenigstens einmal abends auf der Dachterrasse essen. Weitere Infomationen S. 175.

★
Chlomós
Χλομός

In Moraítika sollte man die Küstenstraße verlassen und durch eine wunderbare einsame Landschaft mit **uralten Olivenwäldern** nach Chlomós fahren. Die kurvenreiche Straße passiert den Weiler Káto Spíleo im spitzen Winkel (nicht hineinfahren, sehr schmale Straße); im schönen Bergdorf **Chlomós** (1100 Einw.), das jenseits des Passes liegt, hat man von der Kirche und der Taverne Sirtaki einen schönen Ausblick auf das Meer und die Korissía-Lagune (►S. 205).

Boúkaris
Μπούκαρης

Vom Tourismus wenig berührt ist das an der Ostküste gelegene winzige Boúkaris. Der Kiesstrand ist zwar auch hier nicht allzu attraktiv, man kann jedoch in einer der **guten Tavernen** (Boukáris, Kalámi) am Meer speisen. Das wissen auch die Einheimischen, für die Boúkari ein beliebtes Wochenendziel ist.

Lefkímmi: Hübsche Partie am Chimarós im Viertel Potamí

Petrití
Πετριτή

Um das 3 km östlich gelegene Petrití zu erreichen, macht man am besten den kleinen Umweg über Kouspádes. Am Strand liegen immer reparaturbedürftige Boote, die hier auch noch in traditioneller Weise gebaut werden. Einige Tavernen am Meer laden zum Mahl.

Lefkímmi
Λευκίμμη

Einen Stopp lohnt Lefkímmi, der größte Ort im Süden der Insel mit 4300 Einwohnern und definitiv **griechischer Atmosphäre**. Am malerischsten präsentiert sich das Städtchen im östlichen Ortsteil **Potámi** am Flüsschen Chimarós mit seinen bunten Fischerbooten und teilweise noch aus venezianischer Zeit stammenden Häuschen. Die absurd ausgebaute (und beleuchtete) Umgehungsstraße führt zum **Hafen**, von dem Fähren nach Igoumenítsa verkehren.

Alykés
Αλυκές

In Alykés – zu deutsch **Salinen** – nördlich von Lefkímmi wurde schon im 15. Jh. Salz gewonnen, wegen Unrentabilität ist die Produktion inzwischen eingestellt. Am flachen Sand-Kies-Strand des abgelegenen, ruhigen Platzes erwarten einige Tavernen und Pensionen ihre Gäste. Das venezianische Salinengebäude wurde restauriert und wird im Sommer für kulturelle Veranstaltungen genützt.

Kávos
Κάβος

Kávos im äußersten Südosten der Insel ist eine Katastrophe. Neben Faliráki auf Rhodos und Mália auf Kreta ist es berüchtigt als eine der »Skandaldestinationen« Griechenlands. Die wenig schönen schmalen Sandstrände ziehen Hunderte junger Briten an, die sich die Zeit mit Alkohol-, Drogen- und Sex-Exzessen vertreiben.

✶ **Kap Asprokávos**

Am besten zu Fuß erkundet man von Kávos aus den Südzipfel der Insel. Eine Piste führt zum etwa 2 km entfernten Kap Asprokávos und zum nahen **Kloster Panagía Arkoudílas** in einem Wald aus Steineichen, Erdbeerbäumen und Zypressen. Die um 1700 errichteten Bauten sind größtenteils verfallen, aufrecht steht noch der hübsche Turm. Besonders reizvoll ist der Spaziergang im Frühjahr, wenn unzählige Wildblumen blühen. Vom Kloster geht man westlich zum Rand der 100 m hohen Klippen (Vorsicht!), bald bietet sich die **grandiose Aussicht** auf den von hohen Felsen eingefassten Strand von Arkoudíla, zu dem man auf steilem Pfad hinabsteigt.

Sparterá Dragotiná

Biegt man am südlichen Ortsrand von Kávos rechts ab, befindet man sich auf der Straße zu den abgeschiedenen Dörfern **Sparterá** und **Dragotiná** – und in einer anderen Welt. Verschiedentlich bieten sich prächtige Aussichten. Von Dragotiná führt eine Piste zum Sandstrand von **Ágios Górdis**, auch hier muss man die malerische Szenerie nicht mit allzu vielen anderen teilen. Über das hübsche Dorf Bastátika erreicht man wieder die Hauptstraße bei Lefkímmi.

Ágios Górdis

Ágios Geórgios Άγιος Γεώργιος Αργυράδων

Von den atmosphärereichen, schlichten Dörfern Perivóli, Marathiás und Argyrádes führen Stichstraßen zur Küste mit **schönen Sandstränden**, die noch nicht überlaufen sind. In Ágios Geórgios Argyrádon, einem exzellenten Surfrevier, hat sich bisher eine schlichte touristische Infrastruktur entwickelt. Als beste Taverne hier gilt O Kafés Sas. Der herrliche Strand ist nach Westen hin immer weniger stark frequentiert und geht schließlich in die Dünen am Korissía-See über.

Viel Platz gibt es am Strand vor der Korissía-Lagune.

Eine großartige Landschaft erstreckt sich nordwestlich von Ágios Geórgios rund um die Lagune Korissía (Límni Korissíon). Der 5 km lange und 1 km breite See und die umgebenden Feuchtgebiete bieten einer **vielfältigen Vogelwelt** Lebensraum, über 120 Arten werden hier beobachtet. Weiter landeinwärts wird intensiv Landwirtschaft betrieben. Von Süden erreicht man die ursprüngliche Dünenlandschaft auf der Straße von Liniá, die mit **Issos Beach** beschildert ist; der Strand ist sehr schön und wenig besucht, an Infrastruktur gibt es nur eine improvisierte Bar.

✶ Korissía-Lagune Λίμνη Κορισσίων

Von Áno Mesongí fährt man gut 2 km in Richtung Ágios Matthéos, dann biegt man zweimal links ab und passiert die **byzantinische Festung** Gardíki. Die Reste der im 13. Jh. errichteten Anlage sind nicht allzu eindrucksvoll, erhalten sind nur die Außenmauern mit ihren Türmen. Jenseits der Straße liegt die Quelle, die die ganze Gegend mit Wasser versorgt. Vorbei an Zitrusplantagen gelangt man zum Westrand der Korissía-Lagune und zum **kilometerlangen Sandstrand**. Auch in der Saison trifft man hier auf wenige Menschen. In Alonáki ist die gleichnamige Taverne für ihren Fisch berühmt. Ein Weg führt auf der Nehrung nach Südosten; der Kanal, der die Lagune mit dem Meer verbindet, wird auf einer Brücke überwunden. Durch den dichten **Zedernwald** von Chalikoúnas erreicht man dann den Strand von Ágios Geórgios Argyrádon.

Gardíki Γαρδίκι

✶ Chalikoúnas

Eine schmale Straße führt von der Festung Gardíki nordwestlich unmittelbar an der Küste entlang durch **jahrhundertealte Olivenbaumbestände** und gewährt ab und zu einen schönen Blick aufs Meer. Die Hauptroute verläuft über das ursprüngliche Dorf Ágios Matthéos mit etwa 1700 Einwohnern; in den Kaffeehäusern ist kaum je ein Fremder zu sehen. Von hier kann man den **gleichnamigen Berg** im Süden (463 m) mit einem verlassenen Kloster in 30 – 45 Minuten erklimmen. Ein Weg beginnt nahe der Kirche im nördlichen Ortsbereich, der andere im Süden, er ist zunächst asphaltiert und geht dann in eine Piste über. Der abgelegene Strand von **Paramónas** (Kies und Sand) ist ideal für eine Badepause. Am Wochenende ist er beliebtes Ausflugsziel der Einheimischen, ansonsten herrscht nicht allzu viel Betrieb; es gibt einige Privatzimmer und Tavernen.

Ágios Matthéos Άγιος Ματθαίος

Etwa 7 km nördlich von Ágios Matthéos zweigt eine Straße links zum Küstenort Ágios Górdis Sinarádon ab. Die weitgeschwungene, hübsche Bucht mit kilometerlangem, flachem **Sandstrand** ist von bizarren Felsen eingefasst, der Zuckerhut am Südende wird als »Orthólithos« (»Stehender Stein«) bezeichnet. Der Ort hat sich zu einer **Ferienstadt** entwickelt, nicht unangenehm, aber sehr touristisch. Einen gewissen Ruf hat das Hotel Pink Palace bei jungen Leuten, die auf einen besonders lockeren Urlaub aus sind. Unter den vielfältigen Wassersportmöglichkeiten ist das Calypso Diving Centre zu nennen, das Kurse nach PADI-Standard durchführt (www.calypso-diving.gr).

Ágios Górdis Sinarádon Άγιος Γόρδης

Sinarádes Σιναράδες

Schöne Ausblicke auf West- und Ostküste hat man auf der Fahrt von Ágios Górdis nach Sinarádes, einem hübschen Bergdorf (1200 Einw.), in dem die schmiedeeisernen Balkone und zwei Glockentürme auffallen; einer stammt noch aus venezianischer Zeit (15. Jh.). In einem Bauernhaus aus dem 19. Jh.s wurde ein interessantes **Folkloremuseum** (geöffnet Di.– So. 9.30 – 14.00 Uhr) eingerichtet; ausgestellt sind u. a. Trachten, Musikinstrumente, Mobiliar und Arbeitsgeräte. Über Kynopiástes kehrt man nach Korfu-Stadt zurück.

Das Zentrum Korfus

L 7

Evropoúli Εβροπούλοι

Wer sich für Graf **Ioannis Kapodistrias** interessiert, den ersten Präsidenten Griechenlands, sollte das ihm gewidmete Museum in Evropoúli besuchen (Abzweigung von der Küstenstraße ca. 2 km nordwestlich von Korfu-Stadt vor dem Lidl-Supermarkt, beschildert). Das ehemalige Sommerhaus der Familie Kapodistrias, eine noble Villa, ist mit originalen Einrichtungsgegenständen ausgestattet und gibt einen interessanten Einblick in die Wohnkultur des Adels.

Kontokáli, Gouviá Κοντοκάλι, Γουβιά

Hat man die Hafenanlagen von Korfu-Stadt hinter sich gelassen, prägt Tourismus das Bild der Küste. Kontokáli, benannt nach einem Seefahrer, der in der Schlacht von Lepanto 1571 eine korfiotische Galeere befehligte, ist der erste der frequentierten, jedoch nicht sehr attraktiven **Urlaubsorte** an diesem Teil der Nordostküste. Kontokáli geht in in Gouviá über, in dessen moderner **Marina** etwa 1000 Jachten Platz haben. Die weite Bucht, an der einige große Hotelkomplexe stehen, nutzten bereits die Venezianer als Hafen; von der 1716 errichteten **venezianischen Werft** sind (in unschöner Umgebung) noch Reste erhalten. Nördlich jenseits der Bucht liegt hübsch auf einem Inselchen die **Ypapánti-Kirche** von 1713 mit Ikonen aus derselben Zeit; das idyllische Plätzchen ist über einen Damm zu erreichen. Die **Komméno-Halbinsel** wird zu großen Teilen von Hotels der Grecotel-Gruppe eingenommen, dem Corfu Imperial – luxuriöser und exklusiver kann man seinen Korfu-Urlaub nicht verbringen – und dem Daphnila Bay (►S. 176).

Der Strand von Pýrgi

Dasiá ist dann wieder ein lebhaftes Urlaubszentrum mit Tavernen, Bars, Cafés und Diskotheken. Die meisten größeren Hotels liegen recht ruhig in schön gestalteten Grünzonen am schmalen Sand-Kies-Strand, an dem Bäume Schatten spenden.

Dasiá
Δασιά

Ýpsos und Pyrgí liegen an einer großen, schönen Bucht, Grund genug, dass sie zu einem der berüchtigten britischen Gomorrhas der Insel avancierten. Die Hauptstraße verläuft unmittelbar am schmalen Strand, auf der anderen Seite reihen sich billige Kneipen wie die »Alcoholics Anonymous«, die sich erst spät nachts füllen.

Ýpsos, Pyrgí
Ύψος, Πυργί

In Pýrgi zweigt links die Straße zum Bergdorf Ágios Markos ab, das aus Furcht vor Erdrutschen teilweise verlassen wurde. Die Natur erobert ihr Terrain zurück, einige restaurierte Häuser sind als Feriendomizile in ausländischem Besitz. Ein kleines **Café** bietet Erfrischung und herrlichen Ausblick. Im oberen Ortsteil steht die **Pantokrátor-Kirche** von 1576 mit ebenso alten Fresken, die Wandmalereien in der Vorhalle entstanden im 17. / 18. Jahrhundert. Noch bedeutender sind die Fresken in der (meist verschlossenen) byzantinischen Kirche des hl. Merkurius, die von 1075 und aus dem 14. Jh. stammen. Sie ist östlich unterhalb des Orts zu finden (Zufahrt von Pyrgí).

Ágios Márkos
Άγιος Μάρκος

Bei einem Spaziergang durch das 3 km westlich gelegene Áno Korakiána, das etwa 1200 Einwohner hat, lernt man ein **typisch korfiotisches Dorf** kennen. Besonders stolz ist man auf die musikalische Tradition, schon 1623 wurde ein Mandolinenorchester gegründet. In der Schule ist eine kleine volkskundliche Sammlung ausgestellt. Groß als »Museum« bezeichnet, jedoch geschlossen ist das auffällige Haus des Bildhauers Metallinos.

Áno Korakiána
Άνω Κορακιάνα

Der Weg von Áno Korakiána über das malerische Dorf Sokráki – hier kann man das **Tzitzimbirra** probieren, das Ingwerbier britischer Tradition – nach Zygós ist sehr schön (und kurvig), die Landschaft wird nicht zu Unrecht als **Kleine Schweiz** gerühmt. Hinter Sokráki wird die Straße extrem schmal. Von Zygós kann man zur Nordküste fahren (►S. 210 ff.) oder zur Straße auf den Pantokrator (►S. 213 f.).

Sokráki

Über Skriperó am Troumbéttas-Pass (► S. 210) und Doukádes gelangt man nach Paleokastrítsa an der Westküste, das dank seiner außerordentlich schönen Umgebung zu einem bevorzugten **Urlaubsort** geworden ist. Zudem ist das Kloster auf der vorgelagerten Halbinsel sehenswert. In kleinen Kiesbuchten – im Sommer hoffnungslos überfüllt – kann man baden. Boote bringen zu abgeschiedenen Buchten und zum »Blauen Auge«, einer Felsengrotte, in die durch ein Loch unter der Wasseroberfläche magisch blaues Licht eindringt; außerdem sind hier zwei Tauchbasen stationiert.
Von der zum Hafen führenden Hauptstraße zweigt die Zufahrt zum **Kloster Panagía Theotókou** ab (geöffnet April – Okt. tägl. 7.00 bis

★★
Paleokastrítsa
Παλαιο-καστρίτσα

Das Vorgebirge von Paleokastrítsa mit dem Panagía-Theotókou-Kloster

13.00, 15.00 – 20.00 Uhr). Am besten geht man zu Fuß hinauf, da es meist ein Verkehrschaos gibt und die Parkmöglichkeiten sehr begrenzt sind. Das Kloster soll im 13. Jh. gegründet worden sein, die heutigen Bauten stammen jedoch weitgehend aus dem 18. Jahrhundert. Den Mittelpunkt bildet die Kirche, die vom Zellentrakt, den Lager- und Gemeinschaftsräumen sowie einem hübschen Garten umgeben ist – mit der eleganten Glockenwand und dem üppigen Blumenschmuck ein wunderbares Bild. Das **Museum** zeigt alte Öl- und Weinpressen, eine Bibel aus dem 13. Jh. und Ikonen aus dem 17.– 19. Jh; weitere Ikonen birgt die Kirche. Besonders eindrucksvoll ist dort über dem Eingang die Darstellung des Jüngsten Gerichts (17. Jh.), bemerkenswert sind auch die beiden Ikonen (1713) im Stil der **Ionischen Schule**, die in je vier Feldern die Schöpfungsgeschichte erzählen. Der **Klosterladen** führt qualitätvolle lokale Produkte.

✶ **Lakónes Λακώνες**

Für seine **großartige Aussicht** über die vielgestaltige Küstenlandschaft ist Lakónes berühmt, das sich hoch über Paleokastrítsa an den Berg schmiegt. Es gibt mehrere Restaurants mit Panoramaterrasse, am besten ist der Blick vom nordwestlichen Ortsausgang.

✶ **Angelókastro Αγγελόκαστρο**

Über **Makrádes**, das zeitweise einem Souvenirmarkt gleicht und mit Reisebussen verstopft ist, erreicht man auf schmaler Straße die Festung Angelókastro, die den vorgelagerten mächtigen Felsen krönt. Vom Parkplatz steigt man in 10 Minuten zur Burgruine auf; mehr als diese beeindruckt die **Aussicht** ringsum. Die Burg wurde vermutlich bereits im 12. Jh. gegründet; belegt ist, dass das **Castrum Sancti Angeli** 1272 in den Besitz Neapels überging. In venezianischer Zeit wurde Angelókastro wiederholt von den Türken angegriffen, konnte aber immer gehalten werden; 1537 suchten hier über 3000 Menschen Zuflucht. Mit dem Ende der venezianischen Herrschaft verlor Angelókastro seine strategische Bedeutung, die Franzosen nutzten die Festung als Ausguck. Unter den Briten wurde sie geschleift, so dass außer den Kapellen nur noch Grundmauern und Reste der Zisternen erhalten sind. An der höchsten Stelle steht die den Erzengeln Michael und Gabriel geweihte Kapelle (1734). Rund um das Kirchlein erkennt man noch Gräber, die in den Fels gehauen wurden.

Liapádes
Λιαπάδες

Etwa 4 km östlich von Paleokastrítsa ist Liapádes mit seinem hübschen Dorfplatz einen Halt wert (vor dem Ort parken). Die Genossenschaft **Agrotikí Kerkýras** am Ortsrand verkauft in einer alten Mühle gute korfiotische Produkte wie Wein, Öl, Nougat etc. Weiter südöstlich dehnt sich das große, ebene **Rópa-Tal** aus, das wichtigste Landwirtschaftsgebiet der Insel. Von der Hauptstraße nach Korfu-Stadt ist Érmones an der Westküste zu erreichen; um eine kleine, nicht sonderlich attraktive Sandbucht gruppieren sich u. a. ein riesiges, am Hang ansteigendes Appartementhotel mit über 500 Gästebetten und einige mittelmäßige Restaurants. Die Wasserqualität lässt hier mitunter zu wünschen übrig. Oberhalb liegt in der Rópa-Ebene der **Corfu Golf Club** (18 Löcher), der den Anspruch erhebt, einer der schönsten im Mittelmeerraum zu sein.

Érmones
Έρμονες

! Baedeker TIPP

Fundana Villas

Wer nichts außer Zikaden, Schwalben und Fröschen hören will, ist in diesem venezianischen Gutshof aus dem 17. Jh. richtig. Schlichte Häuschen und Zimmer für 2 – 5 Personen ca. 16 km westlich von Korfu-Stadt, 1,5 km abseits der Straße von Gouviá nach Paleokastrítsa (s. S. 176)

★
Myrtiótissa
Μυρτιώτισσα

Die südlich benachbarte Bucht Myrtiótissa besitzt einen schönen Sandstrand unter hoch aufragenden Felswänden und keine feste Infrastruktur; zudem ist er als **FKK-Strand** beliebt. Das letzte Wegstück dorthin sollte man auf der holprigen Piste zu Fuß zurücklegen. Versteckt unter Bäumen liegt idyllisch oberhalb des Strandes das **Kloster Myrtiótissa**, das auf das 16. / 17. Jh. zurückgeht.

Glyfáda
Γλυφάδα

Das 7 km südlich gelegene Glyfáda ist der **berühmteste Strandort auf Korfu** und den Sommer über sehr frequentiert, besonders auch von Griechen. Der etwa 1 km lange Sandstrand, der von malerischen Felsen eingerahmt wird, fällt flach ab und ist auch für Kinder ideal. Selbstredend gibt es alle Möglichkeiten, sich sportlich zu betätigen.

✶ **Pélekas Πέλεκας**

Der beste Ort auf Korfu, um den Sonnenuntergang zu genießen, ist Pélekas, das 4 km östlich von Glyfada auf einem Bergrücken liegt. Das Schild »Sunset« weist zum Aussichtspunkt oberhalb des Dorfs, der früher **Kaiser's Throne** hieß, weil Kaiser Wilhelm II. sich in den frühen Abendstunden gern in einem roten Mercedes (das erste Auto auf der Insel) hier heraufchauffieren ließ. Allerdings geht die Sonne nur bis ins zeitige Frühjahr im Meer unter, später verschwindet sie hinter dem benachbarten Berg. Der Ausblick von der Kanzel beim Hotel Levant (► S.) über die Insel ist aber auch tagsüber grandios. Das Dorf selbst zeigt sich noch recht ursprünglich, trotz der vielen Privatzimmer und Tavernen. Durch die Nähe guter Strände war es schon früh bei jungen Rucksacktouristen beliebt (im Sommer kostenloser Bus zu den Stränden Glyfáda und Pélekas).

Der Norden Korfus

L 7

✶ **Troumbéttas-Pass**

Von Korfu-Stadt nimmt man die sehr gut ausgebaute Straße über Gouviá nordwestlich zum Troumbéttas-Pass, der durch eine **herrliche Landschaft** führt. Hinter dem unter einem senkrechten Felsabbruch liegenden Ort Troumbéttas kann man das an der Nordküste liegende Sidári ansteuern oder zunächst einen Abstecher zur Bucht von Ágios Geórgios Págon unternehmen.

Ágios Geórgios Págon Άγιος Γεώργιος Πάγων

Die zu dem malerischen Dorf Pági gehörende weite Bucht Ágios Geórgios, die im Norden von der Halbinsel Arílla eingeschlossen wird, bietet 2 km flachen **Sandstrand mit gutem Windverhältnissen** zum Surfen. Auch für andere Wassersportmöglichkeiten incl. Tauchbasis ist gesorgt. Die touristische Infrastruktur ist noch relativ bescheiden, bietet aber einige angenehme Pensionen und Appartementhäuser. Als beste Fischtaverne gilt der »Fisherman«, der in einem Olivenhain hinter dem Südende der Bucht liegt.

Ein reizvoller Spaziergang (ca. 1 Std. hin und zurück) führt von der Kirche im Weiler Afiónas zum **Kap Arílla** (im Zweifelsfall sich links halten), wo zwei Buchten zum Bade laden. An der Nordwestseite des Kaps stieß der deutsche Archäologe Dörpfeld (► Berühmte Persönlichkeiten) nicht, wie erhofft, auf den Palast des Alkinoos, wohl aber auf Reste einer 5000 Jahre alten Siedlung.

Sidári Σιδάρι

Sidári an der Nordküste hat sich zu einem der Zentren für britische Billigurlauber auf Korfu entwickelt, der Ort selbst bietet das übliche Bild mit Bars und einfachen Restaurants. Der hässliche Strand wird durch Abwasser belastet, den Rest besorgen die Mücken. Von der Hauptstraße ist der Weg zum Canal d'Amour beschildert. Wind und Wasser haben hier beeindruckende **Fjorde in den hellen Sandstein** gegraben. Heiratswillige Damen sollten, so lautet die Geschichte (die angeblich ein einschlägig interessierter Franzose erfand), am frühen

✶ Canal d'Amour ►

Die Klippen am Kap Drástis, der nordwestlichen Landspitze Korfus

Morgen den Canal durchschwimmen und dabei an den Mann ihrer Wahl denken. Der Stern wird nur mit großem Vorbehalt vergeben: Denn so wie es den eigentlichen Canal d'Amour, ein Felsentor, nicht mehr gibt, hat der Platz durch die Vereinnahmung durch Hotels, Bars und Restaurants seinen Reiz verloren. Hartnäckige bevölkern jeden Quadratzentimeter am fast nicht vorhandenen Strand und auf den Klippen, auf deren gänzlichen »Abbau« man warten kann.

✶ Kap Drástis
Κάβο Δράστης

Lohnend ist die kleine Wanderung – leider kann man auch mit dem Auto fahren – von Perouládes westlich von Sidári (vom Schulgebäude ca. 30 Minuten) hinunter zu den eindrucksvollen **Klippen** am Kap Drástis, der nordwestlichsten Landspitze der Insel; anschließend kann man dort ein Bad nehmen.

Róda
Ρόδα

Das Küstengebiet östlich von Sidári ist für den Pauschaltourismus erschlossen. Von der Küstenstraße zweigen immer wieder Stichstraßen zu **Ferienanlagen und Sandstränden** ab (Wasser und Strand sind nicht die saubersten). In Róda ist am kleinen Fischerhafen mit »Promenade« noch ein Rest vom alten Dorf erhalten. Östlich von Róda erstreckt sich ein etwa 6 km langer Sand-Kies-Strand. Das Hinterland ist nur locker bebaut.

Ausflug ins Bergland

◀ Nýmfes
Νύμφες

Ganz andere Landschaftsbilder vermittelt ein Ausflug in das **vielgestaltige, grüne Bergland** am Westhang des Pantokrátors. Kurvige Straßen führen durch alte Olivenwälder und abgeschiedene Dörfer. Etwa 6 km oberhalb von Róda stößt man in Nýmfes auf die höchst eigenartige Kirche **Stavroménos** (vermutlich 18. Jh.), die einer ceylonesischen Dagoba ähnelt; der Hintergrund ihrer Entstehung ist nicht bekannt. Die örtliche Genossenschaft verarbeitet jährlich über 100 t **Kumquats** zu Likör und kandierten Früchten. Von der stattlichen Gemeindeverwaltung lohnt der Spaziergang durch die uralten Olivenwälder zum **Askitário** (800 m; zuletzt vor der Friedhofskapelle rechts hinunter), der Überlieferung nach eine Einsiedelei des 5. Jh.s. In den verlassenen Klostergebäuden ist noch der riesige Mahlstein der Ölmühle zu sehen. Über das wohlhabend wirkende Dorf **Klimátia** erreicht man Zygós (►S. 207).

Acharávi Αχαράβη

Der Ferienort Acharávi ist v. a. bei deutschsprachigen Urlaubern beliebt, die Übernachtungsmöglichkeiten reichen von traditionellen Hotels über große, z. T. attraktiv gestaltete Bungalowanlagen bis zm Campingplatz. Ansonsten macht alles einen recht improvisierten Eindruck. Am zwar kinderfreundlichen, aber schmalen und mit Steinen durchsetzten Sandstrand weht zur Freude geübter Surfer häufig ein kräftiger Wind.

Ágios Spyrídon Άγιος Σπυρίδων

Nach der dort stehenden Kapelle wird die kleine Halbinsel im äußersten Nordosten Korfus als Ágios Spyrídon bezeichnet. Die **Lagune** auf der Halbinsel wurde als Feuchtbiotop unter Naturschutz gestellt. Viele seltene Vögel, allein etwa 100 Zugvogelarten, können beobachtet werden. Zum Baden ist die Gegend nicht allzu attraktiv, empfehlenswert ist jedoch die Taverne Olive Press.

✶ Kassiópi Κασσιόπη

Von anderen Touristenzentren Korfus unterscheidet sich Kassiópi (1200 Einw.) durch einen noch relativ ursprünglich wirkenden Ortskern an einer **hübschen Hafenbucht**. Trotzdem sollte man es, als ein Zentrum der zweiten britischen Invasion, im Sommer (Juli – Sept.) meiden, wenn man nicht gerade auf Massenauftrieb und Discolärm steht. Wegen seiner Lage an der Meerenge zwischen Korfu und dem heutigen Albanien hatte es in der Antike große Bedeutung. Hier stand ein Tempel des Jupiter, dem berühmte Römer, etwa Nero und Cicero, einen Besuch abstatteten; Kaiser Tiberius hatte hier eine Villa. Über der Hafenbucht ragen die Reste eines byzantinischen **Kastells** (13. Jh.) auf, das von den Venezianern zerstört wurde. Auf dem Gang um den Burgberg passiert man u. a. den schönen **Batería Beach**. Am Hafen steht (hinter dem Supermarkt) die seltsame Kirche der **Panagía Kassopítra**: Die Wohnung des Priesters liegt über dem Kirchenschiff. Das Gotteshaus wurde um 1590 am Platz des Jupiter-Tempels auf den Resten eines Vorgängerbaus errichtet. Fresken aus dem 17. Jh. sind noch erhalten.

! *Baedeker* TIPP

White House

Kalámi wurde berühmt durch den englischen Schriftsteller Lawrence Durrell, der mit seiner Frau in den 1930er-Jahren das »White House« am Strand bewohnte. Seine Eindrücke von Korfu beschreibt Durrell sehr einfühlsam in seinem Buch »Schwarze Oliven«. Wer im praktisch unveränderten schönen Ambiente Ferien machen will, kann sich über CV Travel (s. S. 109) im White House einmieten.

Die besten Bademöglichkeiten in der Umgebung bieten **Kalamáki** (4 km westlich, familienfreundlicher Sandstrand, gute Tavernen) und **Avláki** (2 km östlich, Kiesstrand).

Kalamáki
Avláki

Im weiteren Verlauf der Hauptstraße um das steil abfallende Pantokrátor-Massiv führen immer wieder schmale Stichstraßen zu malerischen, kleinen bis winzigen **Buchten**, die alle ein ähnliches Bild bieten. Die erste ist Ágios Stéfanos, ein beliebter Anlegeplatz für Jachten mit kleinem Strand, Bars und Tavernen. Albanien ist gerade einmal 1800 m entfernt, die Häuser von Butrint sind klar zu erkennen. Von Ágions Stéfanos führt ein schmales Stichsträßchen südlich zum Bilderbuch-Strand **Kerasiá** mit guter Taverne.

★★ Nordostküste

◄ Ágios Stéfanos

Kouloúra (Achtung, keine Park- oder Wendemöglichkeit) und das größere Kalámi haben kleine Fischerhäfen, die mit ihrem Fang die am Meer gelegenen **Tavernen** versorgen. Um Kalámi entstanden kleinere Hotels und Appartementanlagen, die teils von britischen Reisebüros fest gebucht sind. Einen Abstecher wert sind auch die schönen Buchten von Ágni und Nisáki (beide verfügen über gute Tavernen) sowie der Strand von Barbáti.

Kouloúra
Kalámi

◄ Ágni / Nisáki

Bei Pýrgi zweigt die Straße ab, die mit vielen Kurven und herrlichen Ausblicken über **Spartýlas** und Strinýlas zum Pantokrátor hinaufführt, dem mit 906 m höchsten Berg der Insel. Zunächst durchquert

★★ Pantokrátor
Παντοκράτωρ

Das idyllische Kalámi mit dem »White House«, in dem Lawrence Durrell lebte

Der Pantokrator, felsiger »Höhepunkt« Korfus

man Oliven- und Steineichenwälder, dann erreicht man die Zone der Frygána (Macchia). **Strinýlas** in gut 600 m Höhe liegt bereits in sehr herber Umgebung, man betreibt hier etwas Weinbau. Attraktion des Dorfs ist der von einer mächtigen Ulme beschattete Platz mit Tavernen (das Elm Tree bietet bodenständig Griechisches, außerdem Kaffee und Kuchen nach niederländischer Art). Dahinter wird die Szenerie dramatisch: In die Wüste aus **zerfressenen Karstfelsen** sind da und dort grüne Weiden eingesprengt, auf denen Schafe und Kühe grasen. Auf dem **Gipfel** steht außer einem Antennenwald ein Kloster, dessen Kirche 1347 erbaut worden sein soll; der heutige Bau stammt aus dem 17. Jh. (z. Z. in Restaurierung), die übrigen Gebäude aus dem 19. Jahrhundert. Der grandiose **Ausblick** geht über die gesamte Insel, die nördlich vorgelagerten Othonischen Inseln und die Berge Albaniens; an klaren Tagen (die es jedoch fast nur im Winter gibt) kann man sogar die Spitze des italienischen Stiefelabsatzes erkennen. In dieser Höhe weht meist ein kalter Wind, also Jacke mitnehmen. Am Gipfel gibt es kaum Parkmöglichkeiten, so dass man zu frequentierten Zeiten den letzten Kilometer besser zu Fuß hinaufgeht.

Paleó Geríthia
Παλαιό Περίθεια

Ein lohnendes Ziel für eine Wanderung (ca. 1.30 Std.) ist das verlassene, einst wohlhabende Dorf Paleó Períthia nördlich des Pantokrátor-Gipfels; im Sommer haben in dem beliebten Ausflugsziel zwei Tavernen offen. Vom Pantokrátor führt eine nicht allzu schwierig befahrbare Schotterpiste dorthin, trotzdem sollte man mit einem Auto die Straße von der Nordküste her über Loútses nehmen.

Nachbarinseln von Korfu

L 7

Othonische Inseln

Von Sidári, Ágios Stéfanos und Korfu-Stadt, in der Hochsaison auch von weiteren Touristenzentren im Norden der Insel fahren Schiffe zu den Othonischen Inseln (auch Diapontische Inseln), einem Archipel nordwestlich von Korfu mit den drei ständig bewohnten Eilanden Othoní, Eríkousa und Mathráki sowie winzigen Felsriffen. Tagesausflügler kommen im Sommer hierher, meist ankern in den Häfen einige Segeljachten. Man kann in kleinen Pensionen und in Privatzimmern übernachten, doch spielt der Tourismus noch kaum eine Rolle.

Othoní
Οθωνοί

Mit nicht einmal 10 km² Fläche ist Othoní das größte der Inselchen. Es ist am weitesten von Korfu entfernt und daher nicht ganz einfach zu erreichen. Die knapp 700 im Sommer hier lebenden Menschen (im Winter sind es erheblich weniger) verteilen sich auf den **Hafenort Ámmos** und das im Inselzentrum gelegene **Stavrós** bzw. wohnen in über die Insel verteilten Bauernhäusern. Die Erwerbsmöglichkeiten auf dem Eiland sind natürlich gering, daher sind fast alle jüngeren Leute auf das Festland oder ins Ausland abgewandert. Die Älteren leben von der Ölproduktion, betreiben ein bisschen Landwirtschaft, und wenige erwerben ihren Lebensunterhalt durch die Fischerei.
Am besten lässt sich die Insel zu Fuß erkunden, man kann stundenlang durch Olivenbaumwälder spazieren, den höchsten Berg der Insel erklimmen, der immerhin 408 m hoch aufragt, oder von der Steilküste im Westen eindrucksvolle Aussichten genießen. Mit Stränden ist die Insel nicht gesegnet. Bei Ámmos gibt es einen kurzen Kies-Stein-Strand, eine hübsche Sandbucht an der Westküste ist nur vom Meer her zugänglich. Eine Grotte in der Nähe soll die Höhle sein, in der die Nymphe Kalypso den von Troja heimkehrenden Helden Odysseus sieben Jahre lang in süßen Banden gefangen hielt.

Eríkousa
Ερείκουσα

Mit **schönen Sandstränden** kann dagegen das 4 km² große Eríkousa (700 Einw.) aufwarten. Nahe dem Hafenort **Pórto**, in dem etwa 100 Menschen leben, erstreckt sich eine sanft abfallende Sandbucht. Es gibt ein Hotel, einige Tavernen haben sommers geöffnet. Als Ausflugsziel ist Eríkousa beliebt, weshalb es dort auch mal eng werden kann. Fast immer menschenleer ist der Sandstrand **Praggini** im Norden, zu dem ein quer über die hügelige Insel – die höchste Erhebung auf Eríkousa ragt 130 m auf – verlaufender Pfad führt.

Mathráki
Μαθράκι

Mathráki ist die kleinste und Korfu am nächsten gelegene Othonische Insel. Sie erreicht im Samothráki eine Höhe von 150 m. Die 300 Bewohner verteilen sich auf die beiden Orte Áno Mathráki und Káto Mathráki im Norden bzw. Süden des touristisch kaum entwickelten Inselchens. Von den einfachen Pensionen oberhalb des schönen Strandes bietet sich ein prächtiger Blick aufs Meer.

Ausflüge aufs Festland

L 7

Igoumenítsa Ηγουμενίτσα

Fähren pendeln ständig zwischen Korfu-Stadt und Igoumenítsa auf dem griechischen Festland. Die auf Durchgangstouristen eingestellte Stadt vor der Kulisse der Pargas-Berge wurde neu aufgebaut, nachdem sie 1944 von den deutschen Truppen zerstört worden war.

Albanien

Sehr interessant ist der Ausflug nach Albanien, zum Badeort **Saranda** (albanisch Sarandë) und zur Ruinenstätte **Butrint** (griech. Buthroton, albanisch Butrinti). Eigentlich ist ein Reisepass nötig, doch während der Hauptreisezeit (15. Mai – 15. Okt.) wird sowohl auf den Pass wie das gebührenpflichtige Visum verzichtet, es genügt ein Personalausweis. Man kann den Trip auf eigene Faust unternehmen oder bei einem Reisebüro eine komplette Tour buchen. Vom Neuen Hafen in Korfu-Stadt, gegenüber dem Hotel Atlantis, starten vormittags Fähren zwischen 8 und 10 Uhr (Fahrtdauer ca. 1.20 Std.) und die Flying Dolphins der Reederei Petrakis (i. A. um 9 und 16 Uhr, Fahrtdauer ca. 30 Min.). Am besten holt man die aktuellen Abfahrts- und Rückkehrzeiten am Vortag ein. Beachten: Albanien hat Mitteleuropäische Zeit, liegt also gegenüber der griechischen um 1 Std. zurück.

Saranda (14 500 Einw.) war schon zu sozialistischen Zeiten der wichtigste albanische Ferienort an der Adria, doch weder die Stadt noch der Strand sind attraktiv. In der Spätantike entstanden die Stadtmauer und eine große Kirche der 40 Märtyrer (Hagioi Saranda), wovon sich der Name ableitet. Von der Festung kann man den Blick über die Bucht und den Butrint-See, auf Korfu und das albanische Hinterland genießen. Mit eigenem Fahrzeug, Taxi (Tagesgebühr ca. 50 €, billiger sind die Taxen in der Stadt) oder Bus legt man 19 km nach Butrint zurück. Die Ruinen der zu einem Fünftel ausgegrabenen **antiken Stadt Butrint** (UNESCO-Weltkulturerbe) zählen zu den berühmtesten Sehenswürdigkeiten Albaniens. Der Sage nach wurde Butrint von Aeneas gegründet, als er nach seiner Flucht aus Troja zunächst nach Illyrien gelangte, bevor er nach Latium kam und zum Stammvater der Römer wurde (Vergil, Aeneis 3,293 ff.). Historisch entstand Butrint als griechisch-illyrische Stadt. Seit 167 v. Chr.gehörte es zum Römischen Reich. Nach einer letzten Blütezeit unter Byzanz begann der Niedergang, als die Slawen im 8. Jh. nach Epirus vordrangen. Im 11. Jh. litt die Stadt unter den Beutezügen der Normannen Süditaliens, später unterhielten die Venezianer hier einen Stützpunkt. 1928 entdeckte der italienische Archäologe L. M. Ugolini die Reste von Butrint. Die wichtigsten ausgegrabenen Bauten der Stadt, die malerisch auf einer kleinen Halbinsel im Butrint-See liegt, sind das Löwentor (4. Jh. v. Chr.), das hellenistische Theater, ein römisches Bad, das Baptisterium aus dem 5. Jh. und die Basilika aus der Zeit Kaiser Justinians. Über der Stadt errichteten die Venezianer ein Kastell, heute Museum. Informationen: www.butrinti.org, www.butrintfound.dial.pipex.com, www.albanien.ch.

Bezaubernde Abendstimmung in Párga

Párga
Πάργα

Ein lohnendes Ziel ist Párga, das man von Igoumenítsa nach einer ca. 40 km langen Fahrt in südlicher Richtung oder mit Ausflugsbooten von Korfu aus erreicht. Das etwa 3000 Einwohner zählende Städtchen ist vom Tourismus voll vereinnahmt; ruhiger wird es erst wieder ab Mitte September. Der hübsche Ort war vom 14. Jh. bis 1797 venezianisch; von der Burg, erbaut um 1570, bietet sich ein schöner Blick. Von den Briten wurde der Ort 1817 an Ali Pascha, den Despoten von Ioánnina, verkauft; zu Griechenland kam er erst 1913. An die Hafenbucht – hier fahren Ausflugsboote ab – schließt ein **idyllischer Sandstrand** mit vorgelagerten Felsen an. Westlich des Burgfelsens erstreckt sich der schöne Sandstrand von Valtos. Weitere Bootsausflüge führen zur Aphrodite-Höhle, einer Meereshöhle in der Lichnós-Bucht, und zu den Inseln Paxí und Antípaxi. Über dem Váltos-Strand erhebt sich ein Kloster, das bereits im 12. Jh. gegründet wurde und in der Basilika ansehnlichen Skulpturenschmuck birgt.

Nekromanteion Ephyras
Νεκρομαντείον Εφύρας

Das einzige **Totenorakel** Griechenlands wurde in unmittelbarer Nähe des Orts Mesopotamós 20 km südöstlich von Párga entdeckt. Die Kultstätte wurde 1958 – 1964 ausgegraben, die Funde gehen bis ins mykenische 14. / 13. Jh. v. Chr. zurück. Die freigelegten Gebäude wurden erst um 300 v. Chr. errichtet und 198 v. Chr. zerstört, doch stimmen sie weitgehend mit der Beschreibung überein, die Homer schon im 8. Jh. v. Chr. von der Totenbefragung des Odysseus gibt. Man betritt zunächst einen Hof, der von den Resten jüngerer Bauten des 3. Jh.s v. Chr. umgeben ist und im Südteil, nahe einem mittelalterlichen Wohnturm, ein mykenisches Kistengrab aufweist. Der Weg ins Innere der düsteren, 62 × 46 m großen Anlage führt durch mehrere rechtwinklig angeordnete und einst überdachte Gänge. Links des Nordkorridors liegen Räume, in denen sich die Gläubigen durch längeren Aufenthalt und Halluzinationen hervorrufende Nahrung auf die Orakelbefragung vorbereiteten. Rechts befindet sich der zentrale **Kultraum**. Seine sorgfältig gefugten Mauern sind 3,30 m dick und noch 3,25 m hoch. Der Bau besteht aus einem Mitteltrakt und zwei dreigeteilten Seitentrakten. In diesen fanden sich Pithoi (große Tongefäße) für Getreide und Honig sowie Tonfiguren der Persephone. Durch die Öffnung im Boden des Mitteltrakts gab man Speiseopfer in das darunterliegende gewölbte Untergeschoß, das man als Teil des unterirdischen Palastes von Hades und Persephone ansah.

Ioánnina
Ιωάννινα

Noch als Tagesausflugsziel von Korfu aus erreichbar ist Ioánnina (90 000 Einwohner), die rund 100 km östlich von Igoumenítsa gelegene Hauptstadt der Provinz Epiros. In den **alten Vierteln am Pamvótis-See** hat sich die Atmosphäre einer Landstadt mit vielen Bauten aus osmanischer Zeit erhalten – die Stadt stand von 1430 bis 1913 unter türkischer Herrschaft. Die auf einer Halbinsel gelegene **Zitadelle** hat malerische Winkel und bietet schöne Ausblicke auf den See. Die **Aslan-Aga-Moschee** von 1619 ist als Volkskundemuseum eingerichtet. Daneben stehen die Türkische Bibliothek und die alte Synagoge (im 19. Jh. lebten in der Stadt noch 6000 Juden). In der Südostecke der Zitadelle liegen das Ali-Pascha-Mausoleum, das Byzantinische Museum und die Kirche Ágii Anárgiri (Teil des Byzantinischen Museums). Zentrum der Stadt ist der Dimokratías-Platz mit seinem Uhrturm. Wenige Schritte entfernt ist das **Archäologische**

Das große Theater im Orakelheiligtum Dodona

Museum, in dem besonders die Funde aus Dodóni und aus dem Nekromanteion Ephyras zu beachten sind. Lohnend ist von Ioánnina eine Bootsfahrt auf dem Pamvótis-See zu der von Schilf umgebenen **Klosterinsel**. Es gibt dort einen kleinen Ort mit Tavernen und fünf byzantinische Klöster mit interessanten Fresken.

Dodóni
Δωδόνη

Beim Ausflug nach Ioánnina sollte man nicht das alte **Orakelheiligtum Dodona** auslassen, das in einem weiten Tal am Fuß der Tomaros-Berge 20 km südwestlich von Ioánnina liegt. Auffällig ist, dass es hier keine der üblichen Tempelbauten gibt; das Orakel in Dodona war ein Naturkult, es fand unter freiem Himmel statt: Der Gott Zeus Naios wurde in einer **heiligen Eiche** verehrt, aus deren Rauschen die Priester den Willen des Gottes deuteten. Später waren es der Klang eines durch Windkraft angeschlagenen Bronzekessels und das Gurren der Tauben in der Eiche. Gegenüber der städtisch geprägten Religion Athens steht Dodona für eine Kultur, in der die Natur ihr Recht behält. Bereits vor dem 8. Jh. v. Chr., zu Homers Zeiten, war Dodona über die Grenzen Griechenlands hinaus berühmt. Votivgaben sind seit dem 7. Jh. v. Chr. belegt. Das von Pyrrhos von Epiros (297 – 273 v. Chr.) und Philipp V. von Makedonien (219 v. Chr.) ausgebaute Heiligtum – aus dieser Zeit stammen die heute sichtbaren Bauten – wurde 381 n. Chr. zerstört, doch gab es im 5. und 6. Jh. hier noch einen Bischofssitz.

Die **Orakelstätte** ist durch eine von den Ausgräbern am alten Platz gepflanzte Eiche und die Grundmauern des Zeusbezirks gekennzeichnet. Man erkennt die Umfriedung, den Zeus-Tempel neben der Eiche (frühes 4. Jh. v. Chr.) und die Anbauten des 3. Jh.s v. Chr.; damals entstanden außerdem etwas weiter östlich drei kleine Tempel, die Themis, Dione, Herakles und Aphrodite zugewiesen werden, sowie westlich des Zeus-Bezirks ein Säulensaal (Buleuterion).

Vor dem Orakelbezirk liegt der beherrschende Bau von Dodóni, das 1959 freigelegte **Theater** aus dem 3. Jh. v. Chr. mit den mächtigen Stützmauern des Zuschauerraums; seine Front war durch sechs Pfeiler gegliedert. Mit 122 m Durchmesser, 21 Sitzreihen und ca. 18 000 Plätzen war es eines der größten Griechenlands. Seine Orchestra wurde in Augusteischer Zeit zu einer Arena für Tierkämpfe umgebaut. Im Sommer finden hier manchmal Musik- und Theateraufführungen statt. Hinter dem Theater verläuft die Stadtmauer mit ihren Türmen, vor dem Theater sind die in Stein gehauenen Sitzreihen eines Stadions zu sehen. Östlich des Zeus-Bezirks liegen die Reste einer dreischiffigen Basilika (6. Jh.).

LEFKÁDA · Λευκάδα

Vielleicht weil es nicht als »richtige« Insel gilt, hat der Tourismus Lefkáda bisher wenig behelligt. Um so besser: Denn an landschaftliche Schönheiten – sei es mit ihrem bergigen Inneren oder mit großartigen Sandstränden und leuchtend türkisblauem Wasser – kann Lefkáda ohne Weiteres konkurieren.

Zwischen Lefkáda und dem Festland bestand ursprünglich eine Landbrücke, die aber schon in der Antike zur Erleichterung der Schifffahrt durchstoßen wurde. Heute trennt eine 600 m bis 5 km breite, seichte Lagune Lefkáda vom griechischen Festland (Akarnanien). Ein Fahrdamm und zuletzt eine **Pontonbrücke**, die zur vollen Stunde für den Bootsverkehr geöffnet wird, stellen die Straßenverbindung mit dem Festland her.

Charakter der Insel

Lefkáda (oder Lefkás), die mit 356 km² viertgrößte der Ionischen Inseln, ist 35 km lang und bis 15 km breit. Sie wird von einem Gebirgszug geprägt, der im Stavrótas 1158 m ü. d. M. errreicht und gegen Südwesten hin, an der Spitze der Halbinsel Lefkáta, im Kap Doukáto ausläuft. Lediglich 10 % der Fläche sind eben, im Norden rund um den Hauptort sowie im Süden der Insel bei Vasilikí, wo intensiv Landwirtschaft betrieben wird.
Nach Westen hin fällt die Insel meist schroff zum Meer hin ab. Die bis zu 500 m hohen, hellen Felswände gaben der Insel ihren Namen (»lefkós« heißt »weiß«). Sie sind stimmungsvolle Kulisse für einige Sandstrände, die zu den schönsten des Ionischen Archipels gehören; Pórto Katsíki im Südwesten von Lefkáda gilt als einer der Vorzeigestrände Griechenlands. Die Süd- und Ostküste von Lefkáda sind reich gegliedert. Viele kleine Buchten und vorgelagerte Inseln sorgen im Osten für ein malerisches Bild und bieten Seglern ideale Bedingungen. Wer hier seinen Urlaub verbringt, sollte bedenken, dass es an der ganzen Ostküste nur kleine Kiesstrände gibt und das Ionische Meer hier eher wie ein großer Binnensee wirkt.

Tourismus

Ab etwa 1980 begann sich der Tourismus zu entwickeln, große Hotels und Appartementanlagen gibt es jedoch noch nicht, und insgesamt ist der Zuschnitt des Fremdenverkehrs eher informell und fa-

← *Pórto Katsíki, einer der Traumstrände Griechenlands*

Lefkáda · Lefkás Orientierung

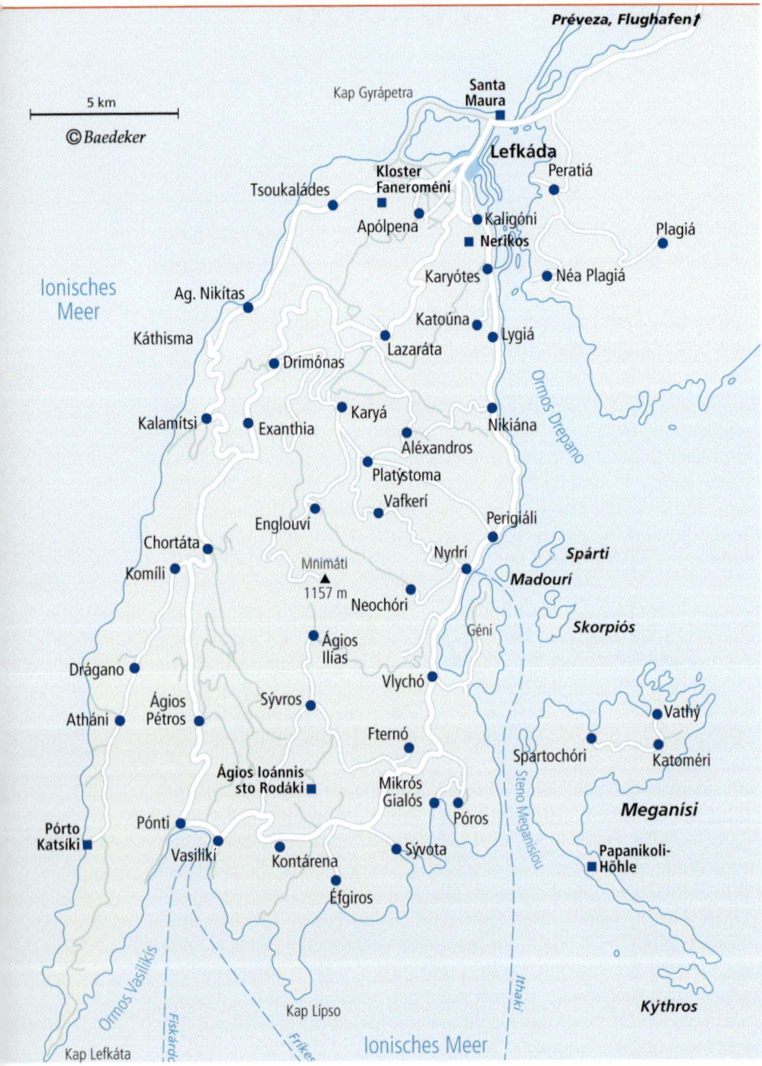

miliär. Er konzentriert sich auf die Ostküste, an der sich zwischen Lygiá und Nydrí, dem größten Touristenzentrum der Insel, kleine Hotels und Ferienhäuser verteilen. Die bedeutendste Rolle daneben spielen Ágios Nikítas an der Nordwestküste und Vasilikí im Süden, ein bekannter Windsurfertreff.

Wirtschaft

Wichtigste Erwerbsquelle der ca. 22 500 Inselbewohner ist neben dem Tourismus die Landwirtschaft. Auf kleinen, teilweise terrassierten Feldern werden vorwiegend für den Eigenbedarf Gemüse, Obst und Baumwolle angebaut sowie Weinbau betrieben. Die reichen Olivenernten werden größtenteils zu Öl verarbeitet. Bedeutend sind auch Fischfang, Viehzucht und die Imkerei. Bekannt ist Lefkáda für schöne Web- und Stickarbeiten.

Geschichte

Man fand auf Lefkáda einige Steinwerkzeuge, die belegen, dass die Insel bereits um 8000 v. Chr. besiedelt war. Reicher sind die Funde aus der Jungsteinzeit (4000 – 3000 v. Chr.). Seit dem 2. Jt. v. Chr. bestand etwa 3 km südlich des heutigen Inselhauptorts die Siedlung Nerikos, die von einer mächtigen Stadtmauer umgeben war.
Im 7. Jh. v. Chr. gründeten die Korinther die Stadt Leukas im Norden der Insel und schlossen die Lagune im Süden, auf der Höhe des Forts Ágios Geórgios, durch eine 600 m lange Mole, von der noch Reste im Wasser erhalten sind. Im Norden durchstachen sie die Nehrung auf der Höhe des Forts Santa Maura. Dieser Kanal war schon im Peloponnesischen Krieg (431 – 404 v. Chr.), als Lefkáda auf der Seite Spartas stand, wieder versandet. In der Zeit des Achäischen Bundes war Alt-Leukas Hauptstadt von Akarnanien und unterstützte Philipp V. von Makedonien gegen die Römer, die es 197 v. Chr. eroberten. Sie schlugen eine feste Brücke von Lefkáda zur westlichen Spitze des Festlandes. Nördlich der Insel fand im Jahr 31 v. Chr. die bedeutende Seeschlacht von Aktion statt (►S. 33).
Im Mittelalter gehörte die Insel den Herren von Kefalloniá und Zante (Zákynthos) bzw. anderen fränkischen Dynasten; 1479 wurde es

Highlights Lefkáda

Lefkáda-Stadt
Wie eine gemütliche Wohnstube wirkt die Hauptstadt der Insel.
► Seite 224

Ágios Nikítas
Winziger, in ein grünes Tal gezwängter autofreier Ort mit großem, nur zu Fuß oder per Boot erreichbarem Strand.
► Seite 230

Pórto Katsíki
Ein atemberaubender Platz zum Schwimmen und Sonnenbaden unter senkrechter Felswand
► Seite 231

Kap Lefkáta
Seit der Antike berühmte, eindrucksvolle Klippen bilden die Südspitze der Insel.
► Seite 231

Vasilikí
Ob Surffreak oder nicht, hier lässt sich's gut urlauben.
► Seite 232

Nýdri
Trotz des Touri-Trubels oder auch deswegen: Hier gibt's einiges zu sehen und zu tun.
► Seite 234

Eláti
In eine karge, dramatische Szenerie führt der Ausflug in das zentrale Bergmassiv der Insel.
► Seite 237

als einzige der Ionischen Inseln von den Türken eingenommen, von 1500 bis 1503 war es erstmals venezianisch, 1684 wurde es von Francesco Morosini gänzlich für Venedig erobert. Bis 1797 blieb die Insel unter venezianischer Herrschaft. Nach vorübergehender Napoleonischer Verwaltung und einem kurzen russischen Intermezzo wurde sie 1815 Teil der »Republik der Sieben Inseln« unter britischer Oberhoheit. Erst 1864 erfolgte der Anschluss an das Königreich Griechenland. In der bewegten Geschichte, aber auch durch mehrere schwere Erdbeben – zuletzt 1953 – wurden die meisten historischen Bauten der Insel vernichtet. Ein Erdbeben im August 2003 verursachte nur geringe Schäden.

W. Dörpfeld und die Heimat des Odysseus

Auf Lefkáda lebte und wirkte der deutsche Archäologe Wilhelm Dörpfeld (1853 – 1940; ►Berühmte Persönlichkeiten), der diese Insel, und nicht ►Itháki, für das homerische Ithaka, also die Heimat des Odysseus, hielt. In seinem 1927 erschienenen Buch »Alt-Ithaka« versucht er seine These vorrangig mit topografischen Gegebenheiten zu begründen. Dörpfelds Grabungen lieferten keine Beweise für diese äußerst umstrittene These. Nach Dörpfelds Ansicht sollen Homers und das heutige Zákynthos identisch sein, das bei Homer erwähnte Dulichion entspräche dem heutigen Kefalloniá, Same dem heutigen Itháki und Ithaka dem heutigen Lefkáda. Des Odysseus Stadt vermutete er im westlichen Teil der Ebene von Nydrí. Bei Grabungen wurden dort tatsächlich an vielen Stellen in 4 – 6 m Tiefe Hausmauern und Keramikscherben mit Ritzornamenten gefunden, die Dörpfelds These aber nicht zwingend stützen. Im Süden von Lefkáda reicht die schmale Sývota-Bucht weit ins Land hinein; hier wurde Dörpfeld zufolge Odysseus von den Phäaken an Land gesetzt (Odyssee XIII, 345 ff.). Von dort stieg er dann zu dem hoch »fernab der Stadt«, bei der Aréthusa-Quelle (dem Brunnen beim Dorf Évgiros) gelegenen Gehöft des Schweinehirten Eumaios hinauf (Odyssee XIII, 404 ff.; XIV, 6, 399; XXIV, 150). Die Skýdi-Bucht weiter westlich sei dann die Landestelle des Telemachos (Odyssee XV, 495). Durch Athenes Warnung war er auf der Rückfahrt von Pylos dem Hinterhalt entgangen, den ihm die Freier der Penelope auf dem Inselchen Asteris, vielleicht Arkoudi südlich von Lefkáda, bereitet hatten.

★ Lefkáda-Stadt

G/H 9

Stadtbild

Die Nordostspitze der Insel wird von der **Hauptstadt Lefkáda** mit ihren etwa 7500 Einwohnern eingenommen. Wer ein städtisches Ambiente als Standort schätzt (es gibt eine Handvoll ordentlicher bis guter Hotels), kann die Insel gut von hier aus erkunden. Historische Bauten haben sich – mit Ausnahme einiger Kirchen aus venezianischer Zeit – infolge der zahlreichen **Erdbeben** kaum erhalten. Andererseits aber verdankt die Stadt der Erdbebengefahr ihre besonders

Der Spyridon-Platz, lebhaftes Zentrum von Lefkáda-Stadt

angenehme, geradezu »heimelige« Atmosphäre: Sie ist von den niedrigen, meist **zweistöckigen Häusern** geprägt, die nach dem Beben 1948 erbaut wurden. Das Untergeschoß besteht meist aus Stein, darüber wurden Holzaufbauten errichtet, die oft hinter bunt gestrichenem Wellblech verborgen sind. Eine weitere Besonderheit sind die **Glockentürme**: Ungewöhnliche Eisenkonstruktionen ersetzten ab etwa 1910 dei Steintürme, die bei Erdbeben stark einsturzgefährdet waren. Die Schäden des Bebens 1953 waren gering, die von 1971 sehr viel schwerer. Die schmale Hauptachse der Stadt – eine hübsche Fußgängerzone – und der Hauptplatz laden mit Cafés, Restaurants und Läden zum Bummeln und Schauen ein.
An drei Seiten ist Lefkáda-Stadt von Meer umschlossen. Die Lagune im Norden darf nur von Fischerbooten befahren werden, Ausflugsboote machen meist nahe dem Damm fest, der die Insel mit dem Festland verbindet; für Jachten entstand südöstlich des Zentrums eine **große Marina**. Vom Busbahnhof am Bootshafen fahren Busse mehrmals täglich alle wichtigen Orte der Insel an.

Platía Sikeliánou

Die vom Festland kommende Straße mündet auf den Sikelianou-Platz mit Parkplätzen und Hotels. Büsten erinnern an die Dichter (► Berühmte Persönlichkeiten) **Aristotelis Valaoritis** (1824–1879), der zeitweilig auf einem Inselchen vor der Ostküste von Lefkáda lebte, Angelos Sikelianos (1884–1951), einen der bedeutendsten neugriechischen Lyriker, und an den auf der Insel geborenen Lefkadio Hearn (1850–1904), der in Japan als Dichter zu Ruhm und Ehre kam.

Odos Derpfeld / Mela

An der Pl. Sikelianou – bei den besonders von jungen Leuten frequentierten Cafés – beginnt die **Hauptachse** der Stadt (Fußgängerzone). Ihr nordöstlicher Abschnitt ist nach dem Archäologen Wilhelm Dörpfeld benannt. Sie führt zur hübschen **Platia Agiou Spyridonos**,

LEFKÁDA ERLEBEN

AUSKUNFT

Auf Lefkáda gibt es keine Touristeninformation. Touristenpolizei S. 93
Aktuelle Informationen findet man in der monatlichen englischsprachigen Zeitung »Planet Lefkas«.

VERKEHR

Vom Busbahnhof in Lefkáda-Stadt fahren Busse mehrmals täglich alle wichtigen Orte der Insel an. Um die schönen Strände der Insel zu erreichen, benötigt man ein eigenes Fahrzeug. Die Hauptstraßen sind asphaltiert; nur die Zufahrten zu einigen Stränden und kleine Verbindungswege im Binnenland sind steinige Pisten.

ESSEN

► Ágios Nikítas

Sappho
Am Strand
Gute Auswahl an Fisch und Meeresfrüchten sowie verschiedenen Grillgerichten. Der schönste Essplatz in Ágios Nikitas.

► Lefkáda-Stadt (s. Plan S. 228)

① ***Reganto***
Odos Dimarchou Verioti
Zu Recht beliebte Taverne nahe der Spyridon-Kirche mit guter, deftiger Hausmannskost.

② ***Sto Molo***
Odos Golemi 12
Schlichtes Lokal an der Marina mit guter griechisch-internationaler Küche, freundliche Bedienung.

► Lygiá

O Xouras
Am Hafen
Einfache Fischtaverne, in der auch Griechen gerne essen.

► Nydrí

Ta Kalamia
An der Hauptsraße, Tel. 26459 92983
Das beste und »hochklassigste« Restaurant in Nydrí, betrieben von einem griechisch-französischen Paar.

Toni's Seaside Restaurant
Am Nordrand des Hafens speist man unter schattigem Eukalyptus unmittelbar am Strand. Gute Fischgerichte und Weinkarte, dazu schöner Blick über die Bucht.

► Sývota

Ionion
Auch von griechischen Ausflüglern gern besuchte Taverne am Meer. Am besten isst man hier frischen Fisch.

ÜBERNACHTEN

► Ágios Nikítas

Agios Nikitas
Tel. 26450 97460, Fax 26450 97462
www.hotelagiosnikitas.gr
Kat. C, 36 Z./App., 45 – 100 €
Hübsches Hotel mit Holzbalkonen, das sich gut in die Architektur des Orts einfügt. Zimmer mit Kühlschrank, Appartements mit Küche.

Kalypso
Tel. 26450 97332, Fax 26450 97333
www.kalypsohotel.com
Kat. C, 15 Z., 16 App., 50 – 85 €
Ebenfalls im traditionellen Stil erbautes Haus von 1990 am oberen Ortsrand. Freundliche Atmosphäre, geräumige, gut ausgestattete Zimmer, schöner Blick vom Balkon.

► Kalamítsi

Fantastico Studios
Tel. 26450 99390
www.fantastico.com.gr
6 App., 50 – 90 €

Großzügige Appartements in einer gepflegten, stilvollen Anlage am Rand von Kalamítsi und der Klippen: grandioser Blick aufs Meer.

▶ Lefkáda-Stadt (s. Plan S. 228)

① ***Ionion Star***
Platía Sikelianou
Tel. 26450 24762, Fax 26450 25129
www.ionionstar.gr
Kat. B, 64 Z., 80 – 150 €
Am Eingang zur Stadt gelegener, äußerlich nicht sehr ansprechender Kasten von 1983; seit der Restaurierung 2001 jedoch ein recht nobles Domizil. Mit Pool, Restaurant und Dachgarten.

② ***Santa Maura***
Odos Vlanti 2
Tel. 26450 21308, Fax 26450 26253
Kat. C, 19 Z., 60 – 65 €

Sehr nettes, preiswertes Hotel, familiär, zentral und doch ruhig gelegen. Große Zimmer mit Balkon und Kühlschrank.

▶ Lygiá

Konaki
Tel. 26450 71397
Fax 26450 71125
Kat. C, 36 Z., 60 – 90 €
Die Zimmer mit Balkon verteilen sich auf zwei Hauptgebäude und mehrere Bungalows. Am Pool mit seiner Bar kann man gut verweilen. 300 m zum nächsten attraktiven Sandstrand.

▶ Nikiána

Porto Galini
Tel. 26450 92431, Fax 26450 92672
Kat. B, 67 Z., 50 – 90 €
Ansprechend gestaltete Hotelanlage 4 km nördlich von Nydrí, umgeben von viel Grün. Viele der geräumigen Zimmer haben Meeresblick. Großes Wassersportangebot.

▶ Póros

Rouda Bay
Tel. 26450 92268, Fax 26450 95631
Kat. B, 28 Z., 50 – 150 €
Geschmackvoll eingerichtete Bungalows und Studios gruppieren sich unmitelbar am Strand Mikrós Gialós.

▶ Vasilikí

Apollon
Tel. 26450 31122, Fax 26450 31142
Kat. B, 34 Z., 60 – 125 €
Kleines Hotel etwa 500 m vom Ortszentrum, die nächstgelegene Bademöglichkeit (kleiner Kiesstrand) ist 100 m entfernt. Abends trifft man sich an der Bar auf dem Dach.

Villa Eleni
Tel. 26450 31405
Tel. Deutschland (0 89) 4 89 26 22
www.tourist-online.de
6 App., 30 – 40 € / 2 P.

Schlichte, aber gemütliche Unterkunft bei einer griechisch-deutschen Familie, 3 Min. vom Zentrum und 10 Min. vom Surfstrand. Die großen Appartements mit Küche eignen sich gut für Familien mit Kindern. Schöner Garten mit Grillecke.

Lefkáda Orientierung

Ágios Spyrídon dem Hauptplatz, dessen Nordseite von der kleinen Kirche Ágios Spyrídon (1685) eingenommen wird. Sie besitzt eine holzgeschnitzte Ikonostase und schöne, von einheimischen Künstlern geschaffene Ikonen. Sie ist, da in Privatbesitz, selten geöffnet.

Volkskunde-museum Von der Kirche ist das sehr interessante Volkskundemuseum (Laografikó Musío) des Kulturvereins Orpheus ausgeschildert (z. Z. wegen Restaurierung des Gebäudes geschlossen). Zu den Exponaten gehören alte Fotos und Landkarten, Hausrat, Kleidung, Stickereien und vieles mehr. Ein Raum ist als typisch lefkadisches Bauernschlafzimmer eingerichtet.

Phonographen-museum Unweit südlich weist von der Odós Méla eine Tafel den Weg zum Phonographenmuseum (geöffnet tägl. 9.00 – 13.00, 18.00 – 23.00 Uhr). Die Privatsammlung umfasst neben alten Plattenspielern und Rundfunkgeräten auch historische Fotos, Gemälde und Waffen.

Ágios Dimítrios Südwestlich des Phonographenmuseums liegt Kirche Ágios Dimítrios. Der 1688 errichtete Sakralbau birgt eine vergoldete Ikonostase von 1870 und Gemälde von Panagiotis Doxaras.

Ikonenmuseum In der Stadtbibliothek (geöffnet Di.– Sa. 8.30 – 13.30, Di. und Do. auch 18.00 – 20.00 Uhr) ist eine Sammlung nachbyzantinischer Ikonen untergebracht, zu sehen sind auch russische Ikonen, Werke von Panagiotis Doxaras und liturgische Gewänder, die Katharina die Große dem Bischof von Lefkáda 1769 schenkte.

Pantokrátor-Kirche

Weiter südwestlich an der Hauptstraße liegt die Kirche Pantokrátor, die als Privatkirche der Familie Valaoritis im Jahr 1700 geweiht wurde. Der Dichter **Aristotelis Valaoritis** ist hier beigesetzt.

✶ Ágios Minás

In prächtigem Barock glänzt die kunstgeschichtlich bedeutendste Kirche (1707), Ágios Minás, am Ende der Fußgängerzone (Foto S. 12). Ihre Ikonenwand wurde von Künstlern aus Zákynthos geschaffen, die Deckengemälde stammen von **Nikolaos Doxaras**, dem Sohn von Panagiotis Doxaras.

Archäologisches Museum

Am nordwestlichen Stadtrand, an der Lagune, sind im Archäologischen Museum (geöffnet Di.– So. 8.30 – 15.00 Uhr) die Funde zu sehen, die Dörpfeld bei Nydrí freigelegt hat, andere Exponate stammen von Gräbern bei Kariótes. Interessant sind auch die Fotografien von den Ausgrabungen, die 1912 vorgenommen wurden.

Festung Santa Maura

Den Zugang nach Lefkáda sicherte in vergangenen Jahrhunderten die Festung Santa Maura (zugänglich Di.– So. 8.30 – 15.00, Mo. 9.00 bis 13.30 Uhr, sommers länger), die gut 1 km nordöstlich der Stadt am Kanal liegt. Errichtet wurde sie um 1300, um Stadt und Insel vor Piratenangriffen zu schützen. In der Burg gab es zwei Kirchen, mehrere Häuser, Pulverkammern und sogar eine Krankenabteilung. Die Venezianer erneuerten sie um 1500 und brachten über dem Haupttor ihren Löwen an. Bei einer Explosion im Pulvermagazin 1888 stürzten fast alle Bauten der Festung ein. Später diente sie als Militärlager bzw. Unterkunft für Flüchtlinge; im Zweiten Weltkrieg wurde sie mehrfach bombardiert. Fast alle Bauten innerhalb der mächtigen Mauern sind zerstört.

Vom Kloster Faneroméni hat man einen herrlichen Ausblick auf die Gýra.

Gýra
Γύρα

Wer sich nach Nordseeatmosphäre sehnt, fährt von der Festung auf der 7 km langen Nehrung, die als »Gýra« bezeichnet wird, um die etwa einen halben Meter tiefe, für die Fischzucht genützte **Lagune** (► Foto S. 229). Am Meer liegt ein schöner, aber ungepflegter Sand-Kies-Strand, an dem fast immer ein so starker Wind weht, dass der Aufenthalt keinen Spaß macht; erfahrene Surfer kommen hingegen auf ihre Kosten. Von den einst zwölf **Windmühlen** sind nur noch wenige erhalten, eine ist restauriert und fungiert als Bar.

Westküste von Lefkáda

L 7

Kloster Faneroméni

Von Lefkáda-Stadt sind es 3 km zum südwestlich gelegenen Kloster Faneroméni (tägl. 14.00 – 16.00 Uhr geschlossen). Schon bei der Auffahrt zum »Kloster der Erscheinenden Mutter Gottes« hat man wunderschöne Ausblicke auf den Hauptort. Gegründet wurde es 1634, die heutigen Bauten stammen jedoch fast ausschließlich von Ende des 19. bzw. aus dem 20. Jahrhundert. Kommt man mit dem Bus hierher, kann man nach Fryní hinuntergehen und um die Lagune herum nach Lefkáda zurückkehren (ca. 2 Std.); am schönsten und angenehmsten ist die Wanderung am späten Nachmittag.

Tsoukaládes
Τσουκαλάδες

Hinter Tsoukaládes (2 km westlich), einem recht ursprünglichen Bauerndorf, verläuft die Straße an der Küste entlang. Kurze Zufahrten führen zu kilometerlangen, wenig besuchten Sandstränden. Nach weiteren 6 km ist das hübsch gelegene **Ágios Nikítas** erreicht. Der Ortskern ist Fußgängern vorbehalten, einen Parkplatz gibt es an der Hauptstraße oberhalb des Orts. Noch vor wenigen Jahren war Ágios Nikítas ein beschauliches Fischerdorf, das Zentrum steht unter Denkmalschutz und bietet mit seinen gestaffelten Häusern und viel Blumenschmuck ein malerisches Bild. Der Kiesstrand ist winzig, aber schön, Tavernen am Wasser (teurer als im Ort) servieren frischen Fisch. »Der« Strand von Ágios Nikítas ist der **Milos-Strand** (Sand / Kies, ohne Infrastruktur) südwestlich des Dorfs, den man zu Fuß auf Pfaden in etwa 20 Minuten oder bequem mit dem Taxiboot erreicht.

✶
Ágios Nikítas
Άγιος Νικήτας

Káthisma
Κάθησμα

Von der Hauptstraße zweigt 2 km hinter Ágios Nikítas die Zufahrt zum **schönen Strand** von Káthisma ab. Es gibt einige Appartementhäuser und offene Tavernen (mit lauter Musik), die von den zahlreichen Campern frequentiert werden. Im Süden findet man aber fast immer noch ein stilles Plätzchen.

Kalamítsi
Καλαμίτσι

Das vom Tourismus kaum berührte Kalamítsi ist eines der ältesten Dörfer der Insel. Die erste Schule außerhalb des Inselhauptorts wurde hier 1825 eröffnet. Von Kalamítsi führt ein Sträßchen 4 km durch Olivenhaine hinunter zu mehreren Sandbuchten. Außerhalb der Hochsaison trifft man hier nur wenige andere Besucher.

Chortáta
Χορτάτα

Etwa 2 km hinter Chortáta geht es rechts zu einem der schönsten Strände Griechenlands, **Pórto Katsíki** (s. u.), und weiter zum Kap Lefkáta. Bis Pórto Katsíki ist die Straße asphaltiert, ab **Athány** aber schmal und kurvenreich. In diesem Dorf, das für seinen Honig bekannt ist, stellt man sich allmählich auf Touristen ein. Es gibt hier einfache Restaurants und einige Privatzimmer. Der nächstgelegene Strand ist **Gialós**, den man mühevoll auf einer recht abenteuerlichen Piste erreicht. Dafür darf man sich dann auf einen schönen, meist einsamen Sandstrand freuen. Ebenfalls herrlich ist der Kiesstrand von **Engremní**. Die Anfahrt ist südlich von Athány von der Hauptstraße aus beschildert. Zunächst sieht die Piste vertrauenerweckend aus, schließlich kommt man jedoch nur noch zu Fuß weiter, außerdem sind gut 300 Stufen zu überwinden.

Atháni
Αθάνι

★
Engremní
Εγκρεμνοί

★★
Pórto Katsíki
Πόρτο Κατσίκι

Unproblematisch ist dagegen die Fahrt zum Strand Pórto Katsíki, der für seine malerische Szenerie berühmt ist; er ziert Plakate, die für die Ionischen Inseln werben (► Foto. S. 220). Dementsprechend voll ist es hier im Juli und August, außerhalb dieser Zeit ist der imposante Küstenstrich weniger stark besucht. Parken kann man auf dem Felsplateau oberhalb des Strands. Steintreppen führen hinab zu einer kleineren Kies-Sand-Bucht unterhalb **hoher weißer Felswände**. Die größere Bucht liegt hinter einem Felsvorsprung, der durchs etwa 50 – 80 cm tiefe Wasser erreichbar ist, manchmal muss man schwimmen. Achtung: Bei starkem Wellengang ist der Aufenthalt an dem schmalen Strand gefährlich! Weite Teile des Strands liegen am Vormittag im Schatten; für Fotos eignet sich am besten der Nachmittag und frühe Abend. Für die ca. 40 km von Lefkáda-Stadt muss man eine Stunde Fahrzeit rechnen. Bequemer erreicht man Pórto Katsíki per Ausflugsboot von Vasilikí aus.

Der legendenumwobene Leukadische Felsen an der Südspitze von Lefkáda

Sehr reizvoll, aber anstrengend ist der Abstecher zum ★★ **Kap Lefkáta** (Kap Doukáto, Akrotírio Lefkatás. Von Pórto Katsíki fährt man 5 km zurück, dann weist bei einem Aussichtspunkt ein Schild den Weg nach rechts zum von hier noch 11 km entfernten Kap Lefkáta. Zunächst kommt man auf der Piste relativ zügig vorwärts, dann wird sie schlechter, bei vorsichtiger Fahrweise ist sie jedoch mit dem Pkw zu bewältigen. Von der erwähnten Abzweigung braucht man für die 22 km hin und zurück 60 bis 90 Minuten. Nach 7 km teilt sich die

Piste. Links führt sie zu einem Gehöft und zum verfallenen Kloster Ágios Nikólaos. Man hält sich rechts und erreicht nach vielen Kurven das Kap. Ein Leuchtturm krönt die 72 m hohe, leuchtend weiße Klippe. Südlich in der Ferne sieht man Kefalloniá.

Von dem in der Antike als »Leukadischer Felsen« bezeichneten Kap soll sich der Sage nach **Sappho**, die größte Dichterin des griechischen Altertums, aus unglücklicher Liebe zu dem schönen Jüngling Phaon gestürzt haben. Darauf bezieht sich ein weiterer Name des Landvorsprungs: Kávo tis Kyrías, Kap der Herrin. Diese hübsche Legende war in der Antike weit bekannt und ist uns nur durch den griechisch-römischen Historiker Strabo überliefert, der aus einer Komödie von Menander zitiert. Schon damals galt der Sprung vom Leukadischen Felsen in der Literatur als Symbol für rauschhaft-ekstatische Selbstvergessenheit, wie man sie in der Verliebtheit erfährt. Dazu passt, dass Phaon – der Name bedeutet »der Leuchtende« – eine Sagenfigur ist. Wo heute der Leuchtturm aufragt, stand vermutlich ein **Apollon-Tempel**, der in der Antike weithin bekannt war. Seefahrer, die das Kap wegen der gefährlichen Strömungen fürchteten, brachten Apoll Opfer dar. Sogar Menschenopfer sind überliefert; auch Verbrecher wurden hier in die Tiefe gestoßen. Überlebten sie den Sturz, waren sie frei. Um ihre Überlebenschancen zu erhöhen, wurden ihnen Federn oder lebende Vögel umgebunden, die den Sturz verlangsamen sollten. Heute machen Gleitschirme den Sprung ungefährlich.

Süden und Osten von Lefkáda

L 7

✶ Vasilikí Βασιλική

Über das urige Dorf Ágios Pétros, das ein wenig von Tourismuskuchen abbekommen will, erreicht man Vasilikí (430 Einw.), den neben Nydrí bedeutendsten Ferienort der Insel. Besonders junge Surfer schätzen Vasilikí, da es **ideale Windbedingungen** und viele Leihmöglichkeiten bietet; manchen gilt es als bestes Revier Europas. Wer in der Hauptsaison hierher kommen will, muss seine Unterkunft frühzeitig buchen. Der Ort hat sogar Atmosphäre: alte, mit Holz verkleidete Häuser, an der Straße um den netten Hafen reiht sich eine Taverne an die andere. Westlich von Vasilikí erstreckt sich ein wenig attraktiver, 2 km langer Kies-Sand-Strand, viel malerischer ist die Sandbucht von **Agiofýlli** südlich des Orts. Man erreicht sie zu Fuß in ca. 30 Minuten oder bequemer per Boot (bei geeignetem Wetter fährt morgens ein Boot dorthin, am Nachmittag werden die Badegäste wieder abgeholt). Ein Bootszubringerdienst besteht auch zum Strand **Pórto Katsíki**. Fähren verbinden in den Sommermonaten Vasilikí mit Fiskárdo auf dem südlich benachbarten Kefalloniá.

Sývota Σύβωτα

Von Vasilikí gelangt man durch eine recht fruchtbare Landschaft über Kontárena und Marandochóri nach Sývota. Diese schöne, **tief eingeschnittene** Bucht ist bei Seglern sehr beliebt, am Wochenende

Die Tavernen im hübschen Sývota sind bekannt für guten, fangfrischen Fisch.

trifft man auch Ausflügler aus Lefkáda-Stadt und vom Festland an. Der kleine Kiesstrand ist wenig einladend, im Gegensatz zum natürlichen Hafen.

Póros, Mikrós Gialós Πόρος, Μικρός Γιαλός

Oberhalb der östlichen Nachbarbucht ziehen sich die Häuser von **Póros** am steilen Hang hinauf. Hier scheint die Zeit stehen geblieben zu sein. Ein Spaziergang führt zur Platía und hinauf zu den Resten eines Turms, nach Ansicht des Archäologen W. Dörpfeld vermutlich ein Wachtturm aus dem 4. Jh. v. Chr. Von Póros kurvt die Straße hinunter zur Küste, zum hübschen, im Sommer sehr frequentierten Kiesstrand **Mikrós Gialós** mit Tavernen, Campingplatz und einigen Appartementanlagen.

Géni Γένι

Die Hauptstraße windet sich bald in Richtung Nydrí hinunter zum Meer. Am Ortsanfang von Vlychó zweigt rechts die Straße zur **Halbinsel Géni** ab, die eine herrliche Bucht umschließt. Vom Parkplatz am Ende der Straße geht man zurück zum Wegweiser »Agía Kyriakí«,, ihm folgend erreicht man in 5 Min. das Grab von **Wilhelm Dörpfeld** (► S. 44, 53) und seine Villa (Privatbesitz, nicht zugänglich), schließlich die Kapelle Agía Kyriakí am nördlichsten Punkt der Halbinsel gegenüber von Nydrí. Die Taverne Bella Vista an der Straße zum **Desimi-Strand** (südlich der Géni-Halbinsel, Kies) bietet einen schönen Blick über den kleinen Golf.

Vlychó Βλυχό

Vlychó ist bekannt für seinen Bootsbau; hier kann man sehen, wie traditionelle Fischerboote (Kaikis) gebaut oder repariert werden.

Nydrí Νυδρί

Dass sich Nydrí (1000 Einw.) zum beliebtesten Ferienzentrum der Insel entwickeln konnte – die Klientel kommt haupsächlich aus Großbritannien und Schweden – verdankt es vor allem seiner seiner reizvollen Lage. Der Ort, der eigentlich nur aus der Durchgangsstraße und dem Hafen-Strand-Bereich besteht, verfügt über kleinere Hotels und Appartementhäuser. Am schmalen, akzeptablen Kiesstrand geht es in der Saison sehr lebhaft zu, ebenso auf der Hauptstraße. Etwas geruhsamer sitzt man in einem der Lokale am Hafen; hier verkündet das Denkmal für Aristoteles Onassis (► Berühmte Persönlichkeiten) die Tugenden des visionären Unternehmers. Natürlich werden alle möglichen Wassersportarten angeboten, vom Parasailing über Banana Rides bis zum Wasserskifahren. Fährverbindungen bestehen nach Kefalloniá, Itháki und Meganísi. Sehr beliebt sind die Bootsausflüge zu den vorgelagerten Inseln (►S. 237 f., in der Saison am Vortag buchen).

An der Hauptstraße von Nydrí

Am südlichen Ortsrand verweisen Schilder (»Early Bronze Age Tumuli«) auf Ausgrabungen rechts und links der Straße. **Wilhelm Dörpfeld** nahm hier 1912 Grabungen vor, um nachzuweisen, dass sich an dieser Stelle die Hauptstadt des in der »Odyssee« beschriebenen Ithaka befand. Belegen konnte er seine These zwar nicht, er stieß aber auf Gräber und eine Wasserleitung aus der Zeit zwischen 1900 und 1500 v. Chr.; von den 33 Gräbern, die Dörpfeld freilegte, sind nur noch vier zu erkennen.

★ Wasserfall

Wichtigste Sehenswürdigkeit von Nydrí ist der ca. 3 km westlich gelegene kleine Wasserfall (von der Hauptsstraße mit »Katarráktes« bzw. »Waterfall« beschildert). Ca. 50 m vom Ende der Zufahrsstraße sprudeln (im Frühjahr) Wassermassen über Felsen und sammeln sich in einem kleinen Teich. Der **wildromantische Pfad** weiter in die Schlucht verläuft oberhalb des Bachbetts an einer Wasserleitung und endet nach etwa 10 Min. unter **hohen Felswänden**. Wenn der Bach viel Wasser führt, bilden sich hier kleine Wasserfälle. Einige Tümpel bieten sogar Fröschen Lebensraum, deren Gequake die malerische Szenerie unterstreicht.

Vafkerí Βαυκερή

Sehr schön ist der Ausflug von Ráchi hinauf nach Vafkerí (8 km), einem seit dem 16. / 17. Jh. bestehenden Dorf, das nach Zeiten des Niedergangs wieder recht gepflegt aussieht (schlichte Taverne). Man genießt herrliche Ausblicke auf Nydrí und die vorgelagerten Inseln. Nach Karyá (►S. 235) führt eine merkwürdig großzügige Straße. Ein Schuft, wer da an die verschlungenen Wege von EU-Geldern denkt.

Bei Nydrí fühlt man sich an einen der Seen Oberitalien versetzt.

Zwischen Nydrí und Lefkadá (16 km) zieht die Straße an der wenig interessanten Küste entlang. Die beiden langgestreckten Orte Nikiána und Lygiá, die über einige Hotels und Campigplätze verfügen, bilden ebensowenig eine Ausnahme wie die kleinen Kiesstrände. In Lygiá konzentriert sich das Leben auf den kleinen Fischerhafen mit seinen Tavernen, von dem man aufs Festland und die von den Türken errichtete F**estung Ágios Geórgios** sieht. Kurz hinter dem Ortsende von Lygiá führt rechts ein Sträßchen zu den letzten Salinen von Lefkáda und zum einstigen **Fort Aléxandros**, benannt nach Zar Alexander I. und zu Anfang des 19. Jh.s von den Russen erbaut.

Nikiána
Νικιάνα

Lygiá
Λυγιά

Fort Aléxandros

Etwa 2 km weiter nördlich liegen links der Hauptstraße auf einem Hügel die Reste der alten Siedlung Nérikos. Bereits im 2. Jt. v. Chr. war dieses Gebiet besiedelt. Von der Vergangenheit zeugen spärliche Reste einer gewaltigen **Stadtmauer** und einiger Säulen. Wilhelm Dörpfeld legte ein antikes Theater frei, von dem kaum noch Spuren erhalten sind.

Nérikos
Νήρικος

Das Zentrum von Lefkáda

L 7

Lefkáda besteht nicht nur aus Küste und Stränden; eine Tour durch das bergige Innere der Insel vermittelt großartige Eindrücke. Etwa 13 km südwestlich des Hauptorts liegt Karyá, das nicht wie viele andere Orte von der Mehrheit seiner Bewohner verlassen wurde. Das Herz und das »Wohnzimmer« des großen Dorfs – es hat noch knapp

✶
Karyá
Καρυά

1000 Einwohner – ist die von großen **Platanen beschattete Platía**, hier haben Restaurants ihre Tische aufgestellt, hier findet man alles, was man zum Leben so braucht. An der Hauptstraße bieten Läden Webwaren und Stickereien an; wenn man ein wenig sucht, findet man auch wirklich schöne Stücke aus lokaler Produktion. Am nördlichen Ortsrand ist die Zufahrt zum **Hotel Karya Village** (Tel. 26450 41030, Fax 210 643 0119, 22 Z., DZ 55 €) und dem kleinen privaten **Volkskunstmuseum** beschildert, das Einblick die traditionelle Kunst der Stickerei gewährt. Der Kulturverein organisiert in den Sommermonaten ein **großes Festival**; Hauptereignis ist die traditionelle lefkadische Hochzeit mit heimischen Trachten, die am 11. August nachgestellt wird. Das ist aber nicht nur etwas zum Schauen, sondern ein zweitägiges Fest mit allem Drum und Dran.

Platýstoma , Aléxandros Πλατύστομα, Αλέξανδρος

Ein Sträßchen führt zu den Orten Platýstoma und Aléxandros, die in einem sehr hübschen, friedlichen **Hochtal** liegen. Eine Reihe von Häusers sind verlassen und verfallen, aber es gibt Zeichen für neuen Aufschwung. Auch das idyllische, winzige Kollyváta wird zum Feriensitz umgestaltet. Das nahe **Kloster Ágios Geórgios** wurde vermutlich um 1500 gegründet, der letzte Abt starb 1964. Einen Spaziergang wert ist die **Rote Kirche** (Kókkini Enklisía) südöstlich von Platýstoma, die auf ein Kloster von 1478 zurückgeht (Reste erhalten). Der Weg zweigt von der Straße nach Perigiáli ab.

Das propere Dorf Karyá im bergigen Inselinneren

Englouví
Εγκλουβή

Hält man sich an der Straßengabelung südlich von Karyá rechts, erreicht man nach 5 km Englouví, das höchstgelegene Dorf der Insel (730 m ü. d. M., 200 Einw.). Viele Bewohner sind abgewandert; in der heute geschlossenen Schule wurden vor dem Zweiten Weltkrieg 200 Kinder unterrichtet. Englouví ist bekannt für seine **Linsen**, die als die besten Griechenlands gelten. Will man sehen, wo sie kultiviert werden, muss man im Ort (sehr schmale Straße!) wenden und dem Schild nach **Ágios Donátos** folgen. Nach etwa 2 km erreicht man die landwirtschaftlich genutzte Hochebene mit der Kapelle des hl. Donatos – eine großartige Szenerie. An seinem Patronatsfest werden aus einer riesigen Schüssel Linsen verteilt. Sehr schön, vor allem am Spätnachmittag, ist die Wanderung von Englouví nach Vafkerí (wildromantische Naturpiste), zum verlassenen **Kloster Agíon Asomáton** und an Ágios Nikólaos vorbei zurück nach Englouví (ca. 2.30 Std.).

✶✶
Eláti
Ελάτη

Nach Süden führt das schmale Sträßchen hinauf zu den Gipfeln des Bergs Eláti in einer beeindruckenden **wilden Szenerie**; mit Steinmauern sind kleine Flächen abgeteilt und landwirtschaftlich, v. a. zum Weinbau, genützt, für Schäfer gibt es steinerne Hütten. Die Straße auf den **Mnimáti** (1157 m, Antennenanlage) ist gut ausgebaut, weiter südlich führt am **Stavrótas** (1158 m) eine Piste vorbei. Man gelangt durch die karge Landschaft hinunter nach Ágios Ilías auf 620 m Höhe. Eine Piste verbindet Ágios Ilías mit dem Küstenort Vlychó. Sehr kurvig, aber asphaltiert ist die Straße hinunter nach **Sývros**, von dem man entweder nach Vasilikí an der Südküste oder in weitem Bogen nach Vlychó fahren kann. Unterhalb von Sývros lohnt die Klosterkirche Ágios Ioánnis sto Rodáki einen Abstecher, die auf dem Fundament eines antiken Tempels steht. Ist sie offen, sollte man die Malereien an der Ostwand des Altarraums beachten.

Ágios Ilías
Άγιος Ηλίας

Ágios Ioánnis
Άγιος Ιωάννης

Nachbarinseln von Lefkáda

L 7

Zwischen der Südostküste von Lefkáda und dem Festland liegen neun kleinere, teils unbewohnte Inseln, die zum Verwaltungsbezirk Lefkáda gehören. Von Nydrí aus werden die meisten von Ausflugsbooten angesteuert; weiter entfernt sind Kálamos und Kastós.

Madourí
Μαδουρή

Nur ein 800 m breiter Kanal trennt Madourí von Lefkádas Ostküste. Die Insel befindet sich in Privatbesitz, Boote dürfen nicht anlegen. Von Nydrí aus ist die Villa zu sehen, die der Dichter und Politiker Aristoteles Valaoritis (►Berühmte Persönlichkeiten) bewohnte.

Skorpiós
Σκορπιός

Mit einem sehr bekannten Namen ist Skorpiós verbunden: Sie gehörte dem griechischen Geschäftsmann **Aristoteles Onassis** und ist noch heute im Besitz der Familie. Der 1975 verstorbene Reeder, sein Sohn Alexander und seine Tochter Christina sind hier beigesetzt.

Familienangehörige besuchen nur noch selten die Insel, ein Stab von Angestellten hält die Villen in Ordnung. Boote dürfen auf Skorpios nicht anlegen. Aus der Ferne kann man die Badestrände »besichtigen«, an denen sich unter anderen Maria Callas und Jacqueline Kennedy sonnten, und am Nordufer dürfen die Boote zu einem Badestopp ankern.

Meganísi Μεγανήσι

Die mit 18 km² größte der Inseln ist Meganísi (»Große Insel«), das mit Ausflugsbooten und mehrmals täglich von Nydrí aus mit der Fähre (in 45 Min.) zu erreichen ist. Außer den Tagesausflüglern von Lefkáda kommen kaum Touristen nach Meganísi; einige Privatzimmer werden vermietet, in Katomeri gibt es das angenehme **Hotel Meganisi** (DZ 50 – 70 €, Tel. 26450 51240, Fax 26450 51639, mit Pool und gutem Restaurant). In den drei Orten, die durch eine asphaltierte Straße miteinander verbunden sind, leben etwa 1100 Menschen, im Winter sind es deutlich weniger. Die Entfernungen sind so gering, dass man die bis 267 m hoch ansteigende Insel gut zu Fuß erkunden kann; sonst kann man Minibusse oder Taxis benützen.

Die Fähre läuft zuerst **Pórto Spília** an, den Hafen von Spartochóri, dann den Hauptort **Vathý**. Einen knappen Kilometer ist **Katoméri** entfernt; von dort führen Straßen zum Kap Eliá sowie zu den Stränden Fanári und Limonári (im Sommer fährt sogar ein »Badebus«). In weniger als 1 Std. erreicht man auf der Höhenstraße das hübsche Dorf **Spartochóri**; der Hafen mit kleinem Strand und Taverne – hier tafelt man urig direkt auf dem Kiesstrand – liegt 10 Min. tiefer. Besser geeignet für eine Badepause ist der Kiesstrand **Ágios Ioánnis** etwa 3 km südwestlich von Spartochóri, zu dem ein Feldweg führt.

Bei Bootsausflügen von Nydrí aus werden häufig zwei Höhlen an der Südwestküste der Insel angesteuert. Die **Papaníkoli-Höhle** ist so groß, dass manche Ausflugsschiffe hineinfahren. Ihren Namen verdankt sie einem griechischen U-Boot, das 1941 von hier aus die deutschen Besatzer attackierte.

Kálamos Κάλαμος

Nahe der akarnanischen Küste liegt die 24 km² große Insel Kálamos, die mit Ausflugsbooten von Nydrí aus oder vom Festland (Mýtikas) zu erreichen ist. Die verkarstete, bergige Insel ragt bis 740 m hoch aus dem Meer. Wenige Besucher verirren sich hierher, in den Buchten ankern einige Jachten. Die gut 500 Einwohner erwirtschaften ihren Lebensunterhalt mit Viehhaltung, Oliven-, Wein- und Gemüseanbau. Hauptort ist Kálamos (Privatzimmer) an der Südküste; in der Nähe liegt der schöne Kiesstrand Ágra Pedía.

Kastós Καστός

Noch geruhsamer lebt man auf der winzigen Nachbarinsel Kastós, die gern von Jachten angelaufen wird und über schöne Strände verfügt. Nur 120 Menschen, meist Fischer, leben noch ständig auf dem 7 km² großen Eiland. Mit seinen Olivenbaumhainen, hübschen Buchten, einigen verstreuten Häuschen und der Hafenmole bietet es ein recht verträumtes Bild.

Ausflug aufs Festland

L 7

Préveza
Πρέβεζα

Etwa 24 km nordöstlich von Lefkáda-Stadt liegt die Hafenstadt Préveza (20 000 Einw.) am Nordufer der 350 m breiten und 4 m tiefen Einfahrt in den **Ambrakischen Golf** (Golf von Arta). Seit 2002 unterquert man den Kanal in einem mautpflichtigen Tunnel. Unterwegs passiert man den **Flughafen Aktion**. Die reizvolle, orientalisch anmutende kleine Altstadt von Préveza lädt zum Bummel ein.

✶ **Nikópolis**
Νικόπολη

Von Préveza lohnt der Abstecher zum 6 km nördlich gelegenen Ruinengelände von Nikópolis (zugänglich tägl. 8.30 – 15.00 Uhr). Gegründet wurde die **Siegesstadt** 31 v. Chr. von Octavian, dem späteren Kaiser Augustus. Nachdem Octavian und Antonius 42 v. Chr. die Caesarmörder Brutus und Cassius geschlagen hatten, schwang sich Antonius im Bund mit der ägyptischen Königin Kleopatra zum Herrn der Osthälfte des Römischen Reichs auf. Zur Entscheidungsschlacht kam es am 2. September des Jahres 31 v. Chr., wobei die von Agrippa geführte Flotte Octavians die im Ambrakischen Golf liegende Flotte von Antonius und Kleopatra vernichtete (**Seeschlacht von Aktion**). Das anschließend gegründete Nikópolis wurde zwangsweise mit Einwohnern aus der Umgebung, darunter auch Bewohnern aus Lefkáda, bevölkert und bot mit Theater, Aquädukt, Stadtmauer, Thermen etc. das Bild einer kompletten römischen Stadt. Ihre eigentliche Blüte erlebte die Stadt jedoch erst in frühbyzantinischer Zeit, im 6. Jh. n. Chr.; aus dieser Epoche stammen die meisten erhaltenen Baureste. Eindrucksvoll ist die gewaltige, von Toren und Türmen unterbrochene Stadtmauer, die stellenweise noch die ursprüngliche Höhe hat. Von einigen frühchristlichen Basiliken überdauerten Grundmauern und Bodenmosaiken die Zeiten. Das restaurierte Odeion wird für **Aufführungen antiker Dramen** genutzt. Im **Museum** sind Funde aus Nikópolis ausgestellt, das bis zur Zerstörung durch die Bulgaren im 11. Jh. bestand.

✶ **Küste von Páleros bis Astakós**

Unvergleichlich schön ist die menschenleere Festlandsküste östlich von Lefkáda: nur karge Macchia, weiße Kalkfelsen und Meer, kleine Buchten und der Blick hinüber nach Lefkáda, Itháki und Kefalloniá. Bisher kaum berührt vom Tourismus sind die drei Orte Páleros, Mýtikas und Astakós. Besonders idyllisch ist Mýtikas, am weitesten »entwickelt« ist Páleros durch den Jachttourismus.

PAXÍ · ANTÍPAXI

Paxí · Παξοί

E 5/6

Das etwa 15 km südlich von Korfu gelegene Paxí (auch als Paxos bezeichnet) ist die kleinste der sieben großen Ionischen Inseln, dank der überaus malerischen Landschaft, den schönen Badebuchten und guten Tauchrevieren zählt es jedoch zu den attraktivsten Zielen des Archipels.

Paxí ist touristisch gut erschlossen, von der »großen Menge« aber verschont geblieben und verfügt so über eine sehr angenehme, gelassene Atmosphäre. Außer etwa 2400 Einwohnern zählt man in der Saison noch einmal so viele Urlauber – vorrangig sind es vor allem Briten und Italiener, die ihre Ferien auf der grünen Insel verbringen. Dazu kommen viele Ausflügler von Korfu und von Parga auf dem Festland; in den Monaten Juli / August geht es daher vor allem im Hauptort Gáios und in Lákka sehr lebhaft zu, ruhiger ist es in Longós. Für die Hochsaison sollte man sich eine Unterkunft frühzeitig reservieren, die Kapazität ist recht begrenzt. In den Weilern im Inneren der Inseln trifft man jedoch nur wenige Fremde an. Ende August / September findet das **Paxos Festival** statt, bei dem junge Musiker aus ganz Europa Werke erarbeiten und aufführen. Die 10 km lange und max. 4 km breite Insel ist hügelig, die höchste Erhebung ragt 248 m über den Meeresspiegel auf. **Uralte Olivenbäume** mit dunklen, knorrigen Stämmen – etwa 300 000 –, akzentuiert von schlanken Zypressen, prägen das Bild der Landschaft. Häufig reichen die terrassierten, mit Steinmauern unterteilten Olivenhaine, die ein qualitätvolles Öl liefern, bis ans Meer hinunter. Die Westküste ist durch pittoreske, bis zu 185 m hohe Klippen (mit

Paxí · Antípaxi Orientierung

Im Hafen von Gáios

grandiosen Aussichtspunkten) und Höhlen gekennzeichnet. Hr leben noch einige der vom Aussterben bedrohten **Mittelmeer-Mönchsrobben** (► S. 20). Die Ostküste fällt hingegen sanft zum Meer hin ab und weist eine Reihe sehr schöner, intimer Kiesstrände auf.

Geschichte

Dem Mythos zufolge waren Korfu und Paxí einst miteinander verbunden. Durch den Wurf seines Dreizacks trennte Poseidon das kleinere Paxí ab, um ein ruhiges Plätzchen zu haben, wo er sich mit seiner Gemahlin Amphitrite vergnügen konnte. Im Wesentlichen teilte Paxí die Geschichte der Nachbarinsel Korfu; Korfu und Paxí sind die einzigen Orte des heutigen Griechenlands, die nie türkisch besetzt waren. Ab Anfang des 15. Jh.s stand es unter venezianischer Herrschaft. 1537 machte der in türkischen Diensten stehende Admiral Chaireddin Barbarossa die Siedlungen dem Erdboden gleich. Im 15. / 16. Jh. geriet Paxí durch Piratenüberfälle und drückende Abgabenlasten an den Rand der Verelendung. Dann brachten die subventionierte Anpflanzung von Olivenbäumen und die Entwicklung des Handels durch die Venezianer eine gewisse Blüte. Ein Meilenstein in der Geschichte von Paxí war die Revolte des Jahres 1810. Die Blockade der französischen Häfen durch die britische Flotte hatte zu einer schlimmen Hungersnot geführt. Die gegen die autoritär regierenden Franzosen ohnehin aufgebrachte Bevölkerung wagte einen Aufstand, der blutig niedergeschlagen wurde. Die britische Zeit war dann eine Epoche der Konsolidierung; die Wasserversorgung wurde erheblich verbessert, Straßen und Häfen wurden ausgebaut und Schulen eingerichtet. Erzherzog Ludwig Salvator, der höchst unkonventionelle

PAXÍ ERLEBEN

AUSKUNFT

Auf Paxí gibt es keine Touristeninformation und keine Touristenpolizei.

VERKEHR

Das wichtigste und sehr beliebte Verkehrsmittel ist der Bus, der zwischen den drei größeren Orten bis zu 7-mal täglich verkehrt und überall angehalten werden kann. Taxis gibt es genügend. Um die schönen Sandstrände an der Westküste zu erreichen, mietet man am besten ein Moped oder einen Motorroller. Von Gáios und Lákka werden Ausflugsfahrten angeboten; außerdem werden Boote vermietet, oder man lässt sich im Taxiboot zu abgelegenen Stränden chauffieren.

ESSEN

► Gáios

Mambo
Am Hafe
Das gut besuchte Restaurant gilt als der beste Platz für das abendliche Dinner. Sehr freundlicher Service, mittleres Preisniveau.

Alexandros
Am Hafen
Gute griechische Küche; Einheimische und Gäste gleichermaßen kommen vor allem zum Fischessen hierher.

Authentiko
Im Ortszentrum genießt man unter Weinlaub hervorragende traditionelle griechische Gerichte.

► Lákka

Nautilus
Am Hafen
Solide griechische Küche bei mittlerem Preisniveau (Fisch ist allerdings, wie immer, teuer). Tische unter alten Olivenbäumen.

ÜBERNACHTEN

► Gáios

Paxos Club Apartments
Tel. 26620 32450, Fax 26620 32097
Kat. B, 43 App., 100 – 140 €
Ca. 1 km von Gáios landeinwärts gelegener, relativ luxuriöser Komplex von 1993 mit allen »notwendigen« Einrichtungen. Selbstversorger-Studios für 1 – 3 Personen und Appartements für bis zu 5 Personen, Restaurant in einem Haus von 1880.

► Agenturen

Die meisten Unterkünfte – Privatzimmer, Ferienwohnungen und -häuser – können über Agenturen gemietet werden.

CV Travel
►S. 109

Gaios Travel
Fax 26620 31823

Paxos Magic Holidays
Fax 26620 32122

Paxos Sun Holidays
Fax 26620 31341

Planos Holidays
Fax 26620 31530

Routsis Holidays
Fax 2662 31161
www.forthnet.gr/routsis-holidays

Cousin des österreichischen Kaisers Franz Joseph, hielt sich 1884/1885 hier auf; in dieser Zeit entstand sein lebendiges Porträt der Inseln, das 1887 in Wien erschien.

Gáios
Γάιος

Gáios oder Paxí (1300 Einw.), wie der Hauptort der Insel auch genannt wird, liegt an einer Bucht an der Südostküste. Das vorgelagerte Eiland Ágios Nikólaos ist gerade mal 100 m entfernt, so dass man den **Eindruck eines Flusshafens** hat. Fähren und Tragflächenboote von Korfu, Igoumenítsa und Brindisi legen ca. 1,5 km nördlich des Zentrums an; von dort gelangt man per Bus oder zu Fuß in etwa 20 Min. in den Ort. Ausflugsboote machen dagegen an der alten Mole fest. An der **Uferstraße** und am **Hauptplatz** ist die Auswahl an Tavernen groß. Ein Denkmal an der Uferpromenade erinnert an den Freiheitskämpfer Georgios Anemogiannis, dem es gelang, ein im Hafen von Gáios liegendes türkisches Kriegsschiff in Brand zu stecken. Das ehemalige Schulhaus an der Hafenfront beherbergt das **volkskundliche Museum** (geöffnet Mai bis Okt. 19.30 – 20.30 Uhr), das alte Haushaltsgeräte, Werkzeug und einheimische Trachten zeigt, darüber hinaus ein Exemplar des bedeutendsten Buchs, das je über Paxos geschrieben wurde: »Paxos und Antipaxos im Jonischen Meer« von **Ludwig Salvator** (1887). Die Hauptstraße Panagioti Kanga (mit dem besten Café des Orts, dem Kalimera) führt vom Ufer zu einem Platz mit der Bushaltestelle.

! *Baedeker* TIPP

Paxí zu Fuß

Paxí ist wie geschaffen, um es es zu Fuß zu durchstreifen. Die hohen alten Olivenbäume gewähren auch zur heißesten Zeit angenehmen Schatten, im Frühling blühen die Wildblumen. Viele wunderbare kleine Buchten sind nur zu Fuß erreichbar, im Binnenland stößt man auf kleine Kirchen, verlassene Bauernhäuser und Olivenpressen. Ein zuverlässiger Begleiter ist die »Bleasdale Walking Map«, die regelmäßig akualisisert wird (auf Paxí zu bekommen).

Vorgelagerte Inseln

Auf der unbewohnten Insel Ágios Nikólaos sind die Reste einer venezianischen Festung von 1423 erhalten. Das weiter draußen liegende Inselchen Panagía ist Standort einer der hl. Jungfrau geweihten Kirche und beim großen Fest Mariä Entschlafung (15. August) das Ziel einer Bootsprozession. Beide Inseln erreicht man mit dem Taxiboot.

Longós
Λογγός

Von der Straße zum 5 km nördlich von Gáios gelegenen Longós zweigen Zufahrten zu einer Reihe zauberhafter kleiner Buchten ab. Etwa 280 Menschen leben in dem Fischerdorf, das sich um eine sehr hübsche Bucht zieht. Hier geht es auch in der Saison recht geruhsam zu, in urigen Tavernen kann man die Zeit vergessen. In der alten Fabrik nördlich des Dorfs wurden früher Olivenöl und Seife hergestellt. Die nahe Bucht Glyfáda gilt als eine der schönsten der Insel.

Lákka
Λάκκα

Lákka (400 Einw.), das **Wassersportzentrum** der Insel, liegt im Norden an einer tief ins Land reichenden Bucht mit herrlich klarem Wasser. Surfer, Segler und Taucher kommen hier auf ihre Kosten. Abends trifft man sich in einer der Bars und Tavernen auf der romantischen Platía. Vom Leuchtturm führt ein Weg zum Kiesstrand von Pláni hinab; Baden ist allerdings nur bei ruhigem Meer möglich. Weitere reizvolle Buchten erreicht man mit kleinen Booten.

DER HERRSCHER DER INSELN

Der Olivenbaum ist ein guter Diener und ein strenger Herr, ein lebendiges Wesen, um das man sich kümmern muss wie um einen Menschen.

Dies ist das Credo der Bauern von Korfu und Paxí, schließlich war das aus Oliven gewonnene Öl über Jahrhunderte hinweg ihre Haupteinnahmequelle. Seit der Antike ist der Ölbaum die **wichtigste Kulturpflanze Griechenlands**, die Olive gilt als heilig, als Symbol für Frieden und Fruchtbarkeit. Vom Orient aus trat der Ölbaum seinen Siegeszug durch die Mittelmeerländer an. In Griechenland gehört Olivenöl immer noch zu den bedeutendsten landwirtschaftlichen Produkten; im ganzen Land zählt man an die 130 Millionen Olivenbäume. Unter den Olivenölexporteuren nimmt Griechenland nach Spanien und Italien den dritten Platz ein. Korfu und Paxí wären ohne die Olive undenkbar. Die **Venezianer**, einst Herrscher über weite Teile Griechenlands, schätzten das Öl von den Ionischen Inseln und bezahlten für jeden neu gepflanzten Olivenbaum in Gold. Als sie nach ihrer rund 400 Jahre währenden Herrschaft abzogen, soll es allein auf Korfu vier Millionen Olivenbäume gegeben haben; die meisten, die heute auf den Ionischen Inseln stehen, gehen noch auf venezianische Zeiten zurück.

Vom Baum zum Öl

Der Olivenbaum mit seinen knorrigen, bizarr verdrehten Ästen und seinem dunkelgrünen, silbrig glänzenden ausladenden Blätterdach benötigt viel Platz. Doch anders als Getreide und Gemüse begnügt er sich mit einem wenig fruchtbaren Boden; sein Laub ist immergrün, auch wenn im Sommer monatelang kein Regen fällt oder im Winter Temperaturen um den Gefrierpunkt herrschen. Etwa 40 Jahre dauert es, bis ein Ölbaum Frucht trägt, dafür kann er mehrere hundert Jahre alt werden. Die **Olivenernte** findet ab November statt, wenn die grünen Früchte langsam violett werden. In diesem Stadium sind sie sehr aromatisch, würzig und besonders nährstoffreich. Aus den schwarzen, vollreifen Oliven, die bis ins Frühjahr hinein geerntet werden, gewinnt man ein weniger aromatisches, leichtes, doch harmonisches und sehr bekömmliches Öl. In vielen Mittelmeerländern werden die Oliven von Hand gepflückt. In Griechenland ist dies nur in Ausnahmefällen üblich. Auf den Ionischen Inseln breitet man Netze unter den Bäumen aus und wartet, bis die Früchtchen von allein

Bei der Olivenernte ist der Einsatz der ganzen Familie gefordert.

hinunterfallen. Oder man hilft mit einem Stock nach und schlägt die Oliven vom Baum herunter, wobei aber viele Triebe beschädigt werden und die Bäume bei der nächsten Ernte nicht mehr so gut tragen. Ein geringer Teil kommt nicht in die Ölmühle, sondern in die Salzlake (und später im Dorfsalat oder als Meze auf den Tisch). Der Großteil der Ernte wird gepresst. Einen Teil liefern die Bauern im Frühjahr bei der Genossenschaft ab, einen Teil pressen sie selbst. Wenn die Ernte gut ist und keine Schädlinge die Früchte befallen haben, lässt sich aus 7 Litern Oliven 1 Liter Öl gewinnen. Wie beim Weißwein ist es wichtig, dass man möglichst wenig Zeit bis zum Pressen verstreichen lässt; in der Regel werden die Früchte noch am Tag der Ernte verarbeitet. Das **kalt gepresste Öl** ist das wertvollste und wird als Speiseöl verwendet. Die Maische kann dann ein- bis zweimal heiß gepresst und anschließend noch raffiniert werden. Das Resultat wird in der Industrie verwendet, z. B. als Maschinenöl.

Ein wertvoller Saft

Schon im Altertum benützte man Olivenöl als Lichtquelle, und heute noch werden die Öllämpchen in den griechischen Kirchen mit Olivenöl gespeist. Auch zu Seifen und Salben wurde und wird Olivenöl verarbeitet. Sogar als **Medizin** taugt das Öl: Bis noch vor wenigen Jahrzehnten wurde es, mit Oregano versetzt, als Allheilmittel verwendet. Das meiste Öl wird jedoch als Speiseöl eingesetzt, zum Kochen, als Hauptbestandteil der Salatsauce und auf Brot gestrichen. Olivenöl ist zwar licht-, wärme-, luft- und feuchtigkeitsempfindlich, doch in einer fest verschlossenen Flasche an einem dunklen, kühlen Ort aufbewahrt hält es sich bis zu eineinhalb Jahre. In der modernen Ernährungswissenschaft genießt das Olivenöl hohes Ansehen. Es ist nicht nur leicht verdaulich, sondern senkt mit seinem hohen Anteil **ungesättigter Fettsäuren** auch den Cholesterinspiegel und damit das Risiko von Herz- und Kreislaufkrankheiten. Infolge des hohen Gehalts an Antioxidanzien ist das Olivenöl gegen Erhitzung resistent, es spaltet sich nicht in gesundheitsschädliche Substanzen auf, wie es bei tierischen und anderen pflanzlichen Fetten der Fall ist. Vielleicht auch deshalb zählt man in den Mittelmeerländern weniger Krebskranke als in anderen Teilen Europas. Immerhin verbrauchen die Griechen pro Kopf 18 l Olivenöl im Jahr. Die Olivenbauern der Ionischen Inseln jedenfalls wissen den Wert ihrer Bäume zu schätzen: »Der Olivenbaum ist unser Leben, das ist der Baum, den wir haben, um zu überleben.«

Die pittoreske Westküste von Paxí

Binnenland Hübsche, ursprüngliche Dörfer mit venezianisch anmutenden Häusern und kleinen Kirchen sind Magaziá (mit Kafenion und Tavernen) und Bogdanátika. Östlich von Magaziá, an der Straße nach Fountána, steht der größte Olivenbaum der Insel.

★ **Westküste** Nur vom Meer her zugänglich ist die Höhle Ypapánti im Nordwesten der Insel unterhalb von Vasilátika. Im Zweiten Weltkrieg diente sie als Versteck für U-Boote. Weiter südlich ist die Petríti-Höhle das Ziel von Ausflugsbooten. Ihrer spektakulären Farbeffekte wegen wird sie mit der Blauen Grotte von Capri verglichen. Von der hohen Klippe Trýpitos – einem großen Felsentor – ca. 2 km südlich von Gáios hat man einen schönen Ausblick auf Antípaxi.

Nachbarinseln Paxí im Südosten vorgelagert ist das Eiland **Mongonísi** (Μογγονήσι), das man über einen Damm oder per Ausflugsboot von Gáios aus erreicht. Hier gibt es einen prächtigen, kinderfreundlichen Sandstrand und eine gute Taverne. Vor der Ostküste von Mongonísi liegt das noch kleinere **Kaltsonísi** (Καλτσονήσι). Auf dem grünen Inselchen steht eine dem hl. Spyrídon geweihte Kapelle, deren älteste Teile in das 17. Jh. zurückgehen.

Wunderschöner (fast) weißer Sand auf Antípaxi

★ Antípaxi · Αντίπαξοι

E 5/6

Südliche Schwesterinsel

Ein etwa 2 km breiter Meeresarm trennt Paxí von der südlichen Schwesterinsel Antípaxi. Das nur 6 km² große, felsige Inselchen ragt bis zu 107 m hoch auf und ist mit Rebstöcken überzogen. Die etwa 20 ständigen Bewohner produzieren einen guten, schweren Wein und betreiben Schafzucht. In der Saison verkehren Boote von Paxí aus, mit der Abgeschiedenheit ist es dann vorbei. Die schönen Strände, besonders **Vríka** und **Voutoúmi** an der Nordostküste, locken immer mehr Urlauber an. Die Tavernen schließen, wenn die Tagesausflügler wieder entschwunden sind, einige Privatzimmer und Ferienhäuser sind zu mieten. Einen Laden gibt es nicht.

ZÁKYNTHOS · Ζάκυνθος

Schon die Venezianer schätzten die schöne Landschaft von Zákynthos, das sie »Fiore di Levante« nannten, die »Blume des Ostens«. Wegen ihrer üppig grünen Vegetation, der langen Sandstrände und vieler romantischer Buchten ist die Insel nach Korfu das beliebteste Ferienziel des Ionischen Archipels.

Charakter der Insel

Nur knapp 20 km trennen Zákynthos (auch Zakinthos geschrieben), die südlichste Insel des westgriechischen Archipels, von der Peloponnes. Mit 406 km² Fläche und 123 km Küste ist Zákynthos die drittgrößte der Ionischen Inseln; mit einigen kleinen Nachbarinseln bildet sie den gleichnamigen Verwaltungsbezirk mit 39 000 Einwohnern. Geografisch ist die Insel deutlich dreigeteilt. Den Westteil bildet ein Karstgebirge (im Vrachiónas 756 m hoch), der Südostteil – die Halbinsel Skopós – ist ein üppig grünes Hügelland. Dazwischen breitet sich eine große, fruchtbare Ebene aus, die »Risa« (»Wurzel«), die intensiv landwirtschaftlich genützt wird. Die Nord- und die Westküste fallen mit großartigen hohen Felswänden zum Meer ab. Im Osten findet man Buchten mit Sandstränden, nach Süden hin öffnet sich die weite Bucht von Laganás, das größte und frequentierteste Urlaubsgebiet von Zákynthos – in Spitzenzeiten zählt man im Süden der Insel über 100 000 Urlauber. Seit Mitte der 1960er-Jahre entwickelte sich der Tourismus zum wichtigsten Wirtschaftzweig; bis dahin waren Landwirtschaft – Obst, Gemüse, Viehzucht – und Fischerei die Haupteinnahmequellen. Heute wird Landwirtschaft nur für den Eigenbedarf betrieben; wichtigste Erzeugnisse sind Oliven, Zitrusfrüchte, Sultaninen und Wein. Die Beliebtheit als Ferienziel betrifft allerdings nur den Pauschaltourismus, der an einigen Punkten eine wenig angenehme Ausprägung erfahren hat. Individualurlauber sind in der Wahl des Standorts und des Badeplatzes eingeschränkt; als Ersterer bietet sich auch Zákynthos-Stadt an, für schöne Tage am Strand die Skopós-Halbinsel im Südosten und die Nordostküste. An den Sandstränden im Süden legt die Unechte Karettschildkröte (*Caretta caretta*) im Sommer ihre Eier ab. Diese Strände haben sich jedoch zu Tourismuszentren entwickelt, und der Lebensraum der Schildkröten ist höchst bedroht (►Baedeker Special S. 260).

← Absolut atemberaubend: Schiffswrack-Strand

Zákynthos Orientierung

Geschichte

Schon seit Homers Zeiten trägt die Insel ihren Namen, der sich von der wilden Hyazinthe (*Hyacinthus orientalis*) herleiten soll. Früh von Achäern und Arkadiern besiedelt, entwickelte sich Zákynthos zu einem Handelszentrum, der seinen Einfluss bis zur Iberischen Halbinsel ausdehnen konnte, wo es die Kolonie Sagunt gründete. 455 v. Chr. zwang der Athener Admiral Tolmides die Insel zum Anschluss an Athen. Nach dem Peloponnesischen Krieg trat sie dem Attischen Seebund bei, 217 v. Chr. wurde sie von den Makedoniern und 191 v. Chr. von den Römern erobert. Unter ihrer Herrschaft besaß Zákynthos eine weitgehende Selbstverwaltung, es musste den römischen Besatzern lediglich Soldaten stellen und Steuern abführen. Im 12. Jh. wurde die Insel von den Normannen erobert, 1209 dem italienischen Adelsgeschlecht der Orsini zu Lehen gegeben. Den Osmanen gelang es 1479, sich der Insel zu bemächtigen, aber schon 1481 / 1482 mussten sie die Herrschaft an die Venezianer abtreten, in deren

Highlights Zákynthos

Zákynthos-Stadt
Der Hauptort der Insel ist durchaus einen näheren Blick wert.
► Seite 254

Skopós-Halbinsel
Die schönsten, wenn auch kleinen Sandstrände der Insel
► Seite 258

Kap Kerí und Kambí
Atemberaubende Punkte der Westküste
► Seite 264 / 269

Blaues Wasser, weißer Fels
An den Klippen der Nordostküste entlang zur Blauen Grotte
► Seite 266

Schiffswrack-Strand
Nur per Boot zu erreichen ist der großartigste Strand der Insel.
► Seite 268

Macherádo und die Rísa
Grün, so weit das Auge reicht
► Seite 270

Besitz sie bis 1797 blieb. Nachdem Kreta 1669 von den Osmanen vollends erobert worden war, ließen sich viele Künstler auf Zákynthos nieder; auf diese Weise entwickelte sich v. a. hier die Ionische Malerschule. Nach russischen und französischen Episoden wurde Zákynthos 1809 britisch, die Vereinigung mit Griechenland erfolgte 1864. Bei einem Erdbeben 1953 wurde die alte Bausubstanz nahezu vollständig zerstört. Zákynthos, das auf Italienisch Zante heißt, war die Heimat des italienischen Dichters Ugo Foscolo (1778 – 1827) sowie der griechischen Dichter Dionysios Solomos (1798 – 1857; ►Berühmte Persönlichkeiten), des Schöpfers der griechischen Nationalhymne, und Andreas Kalvos (1792 – 1869), ebenfalls Freiheitsdichter.

Vom Bóchali-Hügel eröffnet sich ein großartiger Blick über die Stadt Zákynthos.

ZÁKYNTHOS ERLEBEN

AUSKUNFT

Auf Zákynthos gibt es keine offizielle Touristeninformation. Touristenpolizei S. 93

VERKEHR

Vom Fährhafen Ágios Nikólaos im Norden kommt man ohne eigenes Fahrzeug nur mit einem Taxi weiter, ebenso vom Flugplatz bei Kalamáki. Vom Busbahnhof in Zákynthos-Stadt (Filita 42) sind die Touristenzentren der Insel mehrmals am Tag zu erreichen. Wer mit dem Auto unterwegs ist, besorgt sich in Zákynthos-Stadt sein Fährticket am besten bei der Zakynthos Shipping Cooperative am Hafen (Lomvardou 40).

ESSEN

▶ Kalamáki

Stanis
An der Straße nach Laganás oberhalb der Küste
Die Taverne Stanis gibt's gleich zweimal. In beiden Lokalen wird eine gute Auswahl griechischer und internationaler Speisen angeboten.

▶ Kambí

Kallas
Im Dorfzentrum speist man in einem hübschen Hinterhof.

▶ Kerí

Lighthouse
Kühn über dem Meer gelegen, mit dem besten Blick auf die Klippen. Die Spezialität ist Fleisch vom Grill.

▶ Zákynthos-Stadt (s. Plan S. 254)

① ② *Arekia / Alivizos*
Odos D. Roma
Das Arekia ist eine kleine, sehr schlichte Taverne an der Uferstraße nach Kryonéri, bekannt für die Kantádes und die Arékia, die abends ab etwa ab 22 Uhr gesungen werden. Auch im benachbarten bürgerlicheren Alivizos wird Musik gemacht, Küche und Service sind dort manchmal nachlässig. Beide Lokale sind überraschend wenig touristisch.

③ *To Spiti tou Lata*
Bóchali
Auf einer Terrasse hoch über der Stadt mit herrlichem Blick über diese sowie traditioneller Musik. Gute Qualität bei gehobenen Preisen.

④ *Panorama*
Bóchali
Gepflegtes Restaurant mit gehobenen Preisen. Auch hier genießt man von der schattigen Terrasse eine herrliche Aussicht. Wein vom Fass.

ÜBERNACHTEN

▶ Argási

Mirabelle
Tel. 26950 26435, Fax 26950 23336
www.mirabellehotel.gr
Kat. C, 27 Z., 30 – 80 €
Freundliche Zimmer mit Balkon oder Terrasse, familiäre Atmosphäre. Mit Garten, Pool und Bar. Der Strand ist etwa 100 m entfernt, das Ortszentrum 500 m.

▶ Marathiá

Villas Cavo Marathiá
Tel. 26950 22120, Fax 26950 42957
www.vcm.gr
DZ 100 – 160 €
Ganz im Süden herrlich auf dem Kap westlich der Laganás-Bucht gelegene, geschmackvoll gestaltete Ferienresidenz mit großzügigen Studios für 2 – 5 Leute und Meerwasserpool. Überaus freundliche Betreuung, man spricht deutsch.

▸ Plános

Caravel Zante
Tel. 26950 45261, Fax 26950 45548
Kat. A, 165 Z.
Moderner Komplex aus 4 Häusern zwischen Olivenhainen und einer schönen Sandbucht in Richtung Tsilivi, gut ausgestattete, angenehme Zimmer mit Blick aufs Meer oder zum Garten. Restaurant mit griechischer und internationaler Küche, Taverne am Strand mit Grill. Zwei Meerwasserpools, Tennis und weitere Sportmöglichkeiten.

▸ Tragáki

Iberostar Plagos Beach
Tel. 26950 62800, Fax 26950 62900
Kat. A, 161 Z., DZ/HP 85 – 200 €
Relativ luxuriöser Komplex am Amboula-Strand mit Restaurant, Pool etc.; von den meisten Zimmer hat man Blick aufs Meer.

▸ Vasilikós

Aquarius
Tel. 26950 35300, Fax 26950 35303
www.hotelaquarius.gr
Kat. B, 24 Z., 50–100 €
Kleines Hotel, ruhig in einem Pinienhain gelegen, zu Fuß 10 Minuten von Vasilikós entfernt. Sehr hübsche, gut ausgestattete Zimmer, zum Teil mit Balkon.

Liuba Bungalows
Tel. 26950 35372, Fax 26950 35481
www.liuba-houses.gr
35 – 60 €
Hübsche Anlage mit Studios für 2 – 4 Personen, in wunderbar ländlicher Umgebung am Ende der Skopos-Halbinsel gelegen. Zehn Minuten sind es zu Fuß zum Gerakas-Strand.

Porto Zorro
Tel. 26950 35304, Fax 26950 35087
www.portozorro.gr
Kat. C, 36 Z., 40 – 60 €
Einziges Hotel am hübschen Strand, schlichte, aber angenehme Zimmer mit Balkon zum Meer. Mit großer ordentlicher Taverne.

▸ Xirokastelo

Fiore Beach
Tel. 26950 35468
www.zanteweb.gr/apartments/kaminia-beach
45 – 60 €
Am Kamínia-Strand bietet die freundliche Inhaberfamilie gut ausgestattete, sehr preiswerte Studios, ein Restaurant und eine schattige Liegewiese mit Strandbar. Auch die Dépendance Villa Fiore unterhalb der Hauptstraße ist sehr angenehm. Neben dem Fiore Beach liegt das vergleichbare Levantino Apartments.

▸ Zákynthos-Stadt (s. Plan S. 254)

① *Diana*
Tel. 26950 28547
Fax 26950 45047
www.dianahotels.gr
Kat. A, 51 Z., 50 – 80 €
Am Markusplatz gelegenes, gediegenes modernes Mittelklasse-Hotel, das v. a. von Geschäftsreisenden genützt wird. Ganzjährig geöffnet.

② *Palatino*
Kolokotroni 10 / Kollyva
Tel. 26950 27780
Fax 26950 45400
Kat. B, 26 Z., 100 – 110 €
Modernes, ganzjährig geöffnetes Hotel nördlich des Stadtzentrums. Die gut ausgestatteten Zimmer haben Balkon und Schallschutzfenster.

③ *Alba*
Lambrou Ziva 38
Tel. 26950 26641
Fax 26950 26642
Kat. B, 15 Z., 65 – 80 €
Kleines, angenehmes Hotel nahe der Kirche Kyría ton Angelón.

★ Zákynthos-Stadt

O 10

Stadtbild Im Osten der Insel dehnt sich an einer weiten Bucht die Hauptstadt Zákynthos (11 250 Einw.) aus, die von den Einheimischen auch »Chóra« genannt wird. Stattliche Gebäude mit Arkaden, große Plätze und malerische Gassen bestimmen das Bild. Fast alle Bauten wurden nach dem Erdbeben 1953 neu errichtet. Abgesehen von zwei, drei Museen besitzt Zákynthos-Stadt keine herausragenden »Sehenswürdigkeiten«; schön ist jedoch die Lage, außerdem hat sich die Stadt eine »normale« griechische Atmosphäre (mit ihren Schattenseiten) bewahrt. Außer Frachtschiffen und Jachten legen im Hafen die vom Festland (Kyllíni) kommenden Fähren an. Hauptschlagadern sind die von Hotels, Restaurants und Souvenirläden gesäumte Uferstraße – die als Promenade jedoch wenig taugt, schon gar nicht abends – und die relativ ansprechende Einkaufsstraße Odos Alexandrou Roma mit ihren Kolonnaden.

Solomos-Platz Als Ausgangspunkt für einen Rundgang bietet sich die **Platía Solómou** am Nordeck des Hafens an. Vor allem in den frühen Abendstunden ist der große, von repräsentativen Gebäuden gesäumte Platz ein beliebter Treffpunkt. Beherrscht wird er vom Denkmal (1902) des auf Zákynthos geborenen Nationaldichters **Dionysios Solomos**. Im Sockel sind die Verse aus der zweiten Strophe von Solomos'

Zákynthos Orientierung

Essen
① Arekia
② Alivizos
③ To Spiti tou Lata
④ Panorama

Übernachten
① Diana
② Palatino
③ Alba

»Hymne an die Freiheit« eingraviert: »Aus dem Opfertod der Griechen / entsteht dies heilige Gut, / sei gegrüßt, oh sei gegrüßt, / Du Freiheit.« Näher am Wasser erinnert eine Figur im Neo-Jugendstil an den griechischen Freiheitskampf.

Ágios Nikólaos

Die kleine Kirche nahe dem Ufer ist dem hl. Nikolaus geweiht, dem Schutzheiligen der Seeleute. Die Glockenwand des 1561 – damals auf einem Inselchen – errichteten venezianischen Sakralbaus fungierte einst auch als Leuchtturm. Nach dem Erdbeben 1953 wurde die Kirche in alter Form wieder aufgebaut.

Bibliothek

Im stattlichen neoklassizistischen Nachbarbau ist außer weiteren kulturellen Einrichtungen die Bibliothek untergebracht. Das **historische Archiv** und eine kleine Gemäldesammlung sind auch für Touristen interessant. Zahlreiche Fotos dokumentieren die verheerenden Auswirkungen des **Erdbebens von 1953**. In einem eigenen Raum werden verschiedene Exponate zu Besatzung und Widerstand im Zweiten Weltkrieg aufbewahrt.

★★ Museum Zákynthos

Im Norden wird der Platz vom Museum für sakrale Kunst begrenzt (geöffnet Di.–So. 8.30–15.00 Uhr), das eine reiche Sammlung von Ikonen, Ikonostasen, Fresken usw. von byzantinischer Zeit bis ins 19. Jh. besitzt. Wie nirgendwo sonst kann man hier die **Entwicklung der Ionischen Schule** nachvollziehen und mit der byzantinischen Malerei vergleichen (► S. 47). In der Ikonostase aus der Ágios-Dimítrios-Kirche in Kola (1690; Stirnwand des ersten Raums) sind beide Richtungen vereint. Während die Mariendarstellung dem traditionellen byzantinischen Typus verhaftet ist, trägt die Ikone mit Christus als Weltenherrscher (Pantokrator, von M. Damaskinos) naturalistischere, ja überraschend beschwingte Züge. Die Türen der Ikonostase zeigen die frühen Päpste Kelems, Silvester und Leo. Weiterhin bedeutend sind v. a. Werke von M. Damaskinos, E. Tzanes, P. Doxaras, J. Stratis Plakotos, N. Doxaras, N. Koutouzis und N. Kantounis. Beeindruckend sind auch die Fresken aus der Kirche Ágios Andréas (17. Jh.) in Volímes und die 7,55 m lange »Prozession mit den Reliquien des hl. Charalambos« von Ioannes Korais von 1756, auf der in strikter Isokephalie (alle Köpfe auf gleicher Höhe) die damaligen sozialen Gruppen der Insel dargestellt werden. Historische Fotos und ein Modell vermitteln ein Bild von der Stadt vor dem Erdbeben von 1953.

Ikonostase der Ágios-Dimítrios-Kirche

Markus-Platz Über die Platia Dimokratias gelangt man zur nördlich gelegenen **Platía Agíou Márkou**. Seit dem 16. Jh. ist der dreieckige Platz Zentrum des sozialen Lebens in Zákynthos (historische Darstellung ► S. 40), an der sich Cafés und recht gute Restaurants aneinanderreihen. Im **Solomos-Museum** (geöffnet tägl. 9.00 – 14.00 Uhr) sind seit 1968 die beiden größten griechischen Dichter des 19. Jh.s, Dionysios Solomos (1798 – 1857) und Andreas Kalvos (1792 – 1869), in marmornen Sarkophagen beigesetzt; am Eingang ist eine »Reliquie« von nationaler Bedeutung zu sehen; ein Stück der Steineiche vom Strani-Hügel, unter der Solomos 1823 den Text der späteren Nationalhymne und »Die freien Belagerten« schrieb. In den weiteren Räumen sind persönliche Gegenstände, Porträts und Manuskripte der beiden Dichter und von Ugo Foscolo zu sehen; darüber hinaus gewinnt man einen guten Einblick in die reiche Kulturgeschichte der Insel.

St. Markus Die römisch-katholische Sankt-Markus-Kirche nebenan wurde 1518 geweiht. Nur wenige Kunstschätze im Innern überdauerten die Erdbeben der vergangenen Jahrhunderte. Das Gemälde über dem Altar wird **Tizian** oder einem seiner Schüler zugeschrieben. Wenige Schritte

Mitrópolis nordöstlich steht die Bischofskirche (Mitrópolis). Die dreischiffige Basilika wurde in den 1980er-Jahren in traditionellem Stil ausgemalt.

Kyría ton Angelón Etwas weiter nördlich (Odos L. Karrer) ist die Kirche Unserer Lieben Frau von den Engeln zu finden. Sie wurde 1687 im plateresken Stil errichtet und nach dem Erdbeben von 1953 wieder aufgebaut.

Der Campanile von San Marco in Venedig war unverkennbar Vorbild für das Wahrzeichen der Stadt, den Turm der Kirche Ágios Dionýsios.

Schöne **Sandsteinreliefs** schmücken die Fassade. Von den kostbaren Ikonen im Innern sei besonders die Mariendarstellung von Panagiotis Doxaras erwähnt.

Odos A. Roma

Vom Markusplatz führt die belebte Straße des 21. Mai – in ihrem weiteren Verlauf heißt sie Odos Alexandrou Roma – in den Süden der Stadt. Außer vielen guten Geschäften gibt es (bei der Nomarchía, d. h. der Bezirksverwaltung) einige appetitliche Pastetenbäckereien. In der parallelen Odos Foskolou stand einst das Geburtshaus des griechisch-italienischen Dichters **Ugo Foscolo** (1778 – 1827; ► Berühmte Persönlichkeiten). Daran erinnert eine auf einem Marmorsockel ruhende Engelsfigur.

✶ Ágios Dionýsios

Den Südteil des Hafens dominiert der Glockenturm von Ágios Dionýsios. Das dem Schutzheiligen der Insel geweihte Gotteshaus wurde 1948 fertiggestellt und überstand das Erdbeben von 1953 wie durch ein Wunder unbeschädigt. Im Innern, insbesondere im Tonnengewölbe des Schiffs, finden sich zahlreiche, in den 1980er-Jahren entstandene Gemälde mit Szenen aus dem Leben des Heiligen, der 1547 auf Zákynthos geboren wurde. Er war zunächst Mönch auf den Strofaden-Inseln südlich von Zákynthos und wurde als Bischof nach Ägina berufen, trat dann aber von seinem Amt zurück und wirkte als Abt im Kloster Anafonítria auf Zákynthos. Er starb am 17. Dezember 1624 und wurde 1703 heiliggesprochen. In einer Seitenkapelle werden seine sterblichen Reste in einem großartigen **silbernen Sarkophag** aufbewahrt, dem bedeutendsten Werk seiner Art in Griechenland. Zweimal im Jahr, am 24. August und am 17. Dezember, werden sie in einer feierlichen Prozession durch die Straßen der Inselhauptstadt getragen.

✶ Museum für sakrale Kunst

In einem Flügel des benachbarten »Heiligen Klosters der Strofaden und von Ágios Dionýsios« ist das Museum für sakrale Kunst untergebracht, in dem außer Silberschmiedearbeiten, liturgischen Gewändern, alten Manuskripten und Büchern einige kostbare Kunstwerke zu sehen sind: eine Panagía Thalassamáchousa (13. Jh.), eine Panagía Pantochará und – besonders beeindruckend – die mehrere Meter lange **Dionysios-Prozession** von Nikolaos Koutouzis (1766). Geöffnet im Sommer 8.00 – 23.00, sonst 9.00 – 20.00 Uhr.

Britischer Friedhof

Auf dem zu Beginn des 19. Jh.s angelegten Britischen Friedhof sind unter schlichten Grabplatten Verwaltungsbeamte, Kaufleute und Soldaten beigesetzt, an »höhere« Persönlichkeiten erinnern monströse neoklassizistische Grabmäler. Er ist von der Uferstraße (Dionysiou Roma) mit »British Cemetery« beschildert und am Ende der Sackgasse zu finden. In der Nähe bei der Kirche Ágios Geórgios ton Filikón liegt der Jüdische Friedhof, der bereits seit dem 13. Jh. existiert. Er wird nicht mehr gepflegt, auf den überwucherten Grabsteinen sind die meisten Namen nicht mehr zu entziffern.

Jüdischer Friedhof

✶ **BóchaliΜπόχαλη**

Auf dem Höhenzug, der die Stadt einrahmt, erstreckt sich der Vorort Bóchali mit den Ruinen der **venezianischen Festung**. Zu Fuß nimmt man zunächst die Odos Argassari westlich der Nomarchía, geht dann halblinks hinauf zur Kirche Pikridiótissa und weiter zum Restaurant Panorama. Die Fahrstraße hingegen führt am sehenswerten **Schifffahrtsmuseum** vorbei zu einer Kreuzung, dort links und zur Kirche **Panagía Chrysopigí**, von der man einen schönen Blick über die Stadt hat (für Fotos sind die späteren Nachmittagsstunden am besten). An ganz klaren Tagen – die es in der Regel nur im Winter gibt – kann man die Küste der Peloponnes erkennen. Die äußerlich nüchterne Kirche birgt Kunstschätze aus dem 1953 zerstörten Vorgängerbau, darunter die kunstvoll geschnitzte Ikonostase. Eine mit einem silbernen Oklad gefasste Ikone soll die Jahreszahl 848 und die Signatur Panisalkos tragen. Weiter oben laden Restaurants und ein Café ein; der großartige Ausblick ist im Preis inbegriffen, am Abend erklingen »Kantades«, die typischen zakynthischen Lieder.

Festung

Schließlich gelangt man zur Festung (geöffnet Di.– So. 8.00 – 14.30 Uhr, im Sommer bis 19.00 Uhr), deren Mauern größtenteils aus venezianischer Zeit stammen, wie der Löwe von San Marco mehrfach signalisiert. Drei Burgtore sicherten die mittelalterliche Stadt. Neben Wohnhäusern und Magazinen gab es in der inneren Burg acht orthodoxe und vier katholische Kirchen. Relativ gut erkennbar sind nur noch die Gefängnisgewölbe.

✶ **Stráni-Hügel**

Eine schöne Aussicht eröffnet auch der Strani-Hügel (Lófos Stráni, Zufahrt von der nach Bóchali führenden Straße). Auf einer Aussichtsplattform steht die Büste des Dichters Solomos, der gern hier weilte; hier entstand unter anderem seine »Hymne an die Freiheit« (1823), die den Text für die griechische Nationalhymne lieferte.

✶ Skopós-Halbinsel

O 10

Die Halbinsel Skopós südöstlich von Zákynthos-Stadt ist mit ihrer hügeligen, bewaldeten Landschaft einer der schönsten Teile der Insel; eine Reihe angenehmer Sandstrände laden zum Urlauben ein.

Argási Αργάσι

Argási (3 km südöstlich von Zákynthos-Stadt, 800 Einw.) hat zwar nur einen mittelmäßigen, schmalen Strand, entwickelte sich aber zu einem großen **Urlaubszentrum**, das vorwiegend Briten anzieht; im Vergleich mit anderen Ferienorten der Insel besitzt es eine etwas akzeptablere Atmosphäre. An der Durchgangsstraße reihen sich wie üblich Bars, Restaurants, Discos und Souvenirläden. Am Strand sind die Reste einer venezianischen Brücke erhalten. Im Ort zweigt ein Weg zum Aquädukt von Vrisákia ab, einer 15 m hohen Wasserleitung aus britischer Zeit.

Kleine, naturbelassene Strände an der Ostküste der Skopós-Halbinsel

Kamínia
Pórto Zóro

Die kleine Sandbucht Kamínia 6 km südlich von Zákynthos-Stadt ist ein netter, ruhiger Platz; hinter dem Strand wird noch der Acker bestellt. Sehr angenehm kann man hier im Fiore Beach urlauben (► S. 253) Einer der schönsten Strände an der Nordküste der Skopós-Halbinsel ist 2 km weiter südöstlich Pórto Zóro, an dem es zumindest außerhalb der Hochsaison noch relativ geruhsam zugeht.

Ágios Nikólaos
Άγιος Νικόλαος

Anders die Szenerie in Ágios Nikólaos am Ostende der Skopós-Halbinsel. Den 400 m langen Sandstrand säumen Hotels und Appartementbauten. Hier kann man, ohne Schildkröten zu gefährden, unter einem vielfältigen Wassersportangebot wählen. Der südlich benachbarte Mavrátzis-Strand wird vom Komplex der Louis-Hotels Royal Palace, Imperial und Palazzo di Zante eingenommen. Das gehobene Urlaubsparadies in Disneyland-Venezianik unterstreicht seinen Ghetto-Charakter mit Festungsmauern und schreckerregendem Burgtor.

Skopós
Σκοπός

Etwa 6 km südöstlich von Zákynthos zweigt rechts die Straße zum Berg Skopós (485 m) ab. Einen **zauberhaften Ausblick** – nicht umsonst nannten die Venezianer den Berg »Belvedere« – hat man vom Gipfel mit dem Kloster Panagía tis Skopiótissas (1624), das bis auf die Kirche verfallen ist.

Dáfni
Δάφνη

Hinter Argási verläuft die Hauptstraße in einiger Entfernung vom Meer. Bald weist ein Schild zum Strand Dáfni an der Südküste, einem der Schildkröten-Laichplätze (► Baedeker Special S. 260); er ist nur über eine sehr holprige Piste erreichbar.

Pórto Róma
Πόρτο Ρώμα

Viel Grün rahmt die kleine Bucht Pórto Róma ein. Am Sand-Kies-Strand geht es noch ein wenig geruhsamer zu als in Ágios Nikólaos; einige Pensionen und Appartementhäuser stehen zur Verfügung.

VOM AUSSTERBEN BEDROHT

Die große Attraktion auf Zákynthos sind die langen, flachen Strände mit feinem Sand – nicht nur für Urlauber, sondern auch für Meeresschildkröten, die hier ihre Eier ablegen. Ein Konflikt, in dem die urtümlichen Reptilien die Verlierer sind.

Die Unechte Karettschildkröte (*Caretta caretta*), die eine Panzerlänge von 1,2 m erreicht und bis zu 140 kg schwer wird, ist die einzige Meeresschildkröte, die in Griechenland Eier ablegt, und die Bucht von Laganás, die praktisch die ganze Südküste von Zákynthos einnimmt, einer ihrer wichtigsten Brutstrände.

Rätselhafte Tiere

Bis heute geben die Meeresschildkröten, die seit 200 Millionen Jahren existieren, der Wissenschaft Rätsel auf. Über das Leben der Jungtiere im Meer ist so gut wie nichts bekannt, vor allem aber verblüfft der **Orientierungssinn** der Tiere, die nach 20 und mehr Jahren mit einer Genauigkeit von 50 bis 100 m den Strand wiederfinden, an dem sie das Licht der Welt erblickt haben. Unechte Karettschildkröten unternehmen – bei einer Schwimmgeschwindigkeit von ganzen 2 bis 3 km/h – gigantische Rundreisen: In Florida markierte Tiere wurden eineinhalb Jahre später vor den Azoren gesichtet, eine vor den Azoren markierte Caretta fand man später vor Sizilien. Zoologen der Universität Frankfurt konnten 1998 nachweisen, dass die extreme **Bindung der Tiere an ihren Geburtsort** sogar in der DNS verankert ist (wie die Information dorthin gelangt, wird allerdings noch lange ein Rätsel bleiben), so dass jeder Strand, ja Strandabschnitt seine eigene Population hat. Fällt ein Nistplatz auf Dauer aus, wird also eine ganze genetische Linie ausgelöscht.

Das Leben an Land

Jedes Jahr zwischen Ende Mai und Ende August nähern sich die Schildkrötenweibchen dem Strand, um nach einem geeigneten Ort zu suchen. Sie wuchten sich am frühen Abend mit äußerster Anstrengung den Strand hinauf – genau so weit, dass die Eier während der ganzen Brutzeit nicht vom Wasser erreicht werden können –, graben ein armtiefes Loch und pressen dann in rund 15 Minuten 100 bis 120 tischtennisballgroße Eier aus ihrem Legeorgan, die eine weiche, lederartige Hülle besitzen. Dann schaufelt das Weibchen das Loch

Die Unechte Karettschildkröte ist zur Eiablage auf naturbelassene, ungestörte Strände angewiesen.

wieder zu und stampft den Sand darüber mit den Hinterflossen fest. Zwei bis drei Mal pro Saison suchen die Muttertiere den Strand auf, um Eier abzulegen. Bis zur nächsten »Kampagne« nehmen sie sich allerdings Zeit: zwischen zwei und vier Jahre, manche sogar neun Jahre. Aus rund 80 % der Eier schlüpfen nach 55 Tagen Brutzeit im warmen Sand etwa 6 cm kleine Schildkröten, die in der Nacht dem Wasser zustreben, wobei sie sich am hellsten Punkt der Umgebung orientieren – normalerweise ist das der Meereshorizont. Von 1000 Jungen überleben aufgrund der natürlichen Feinde bis zum fortpflanzungsfähigen Alter nur etwa zwei Tiere, genug, um die Population zu erhalten.

Die Menschen

Die größte Gefahr droht der *Caretta caretta* jedoch von den Menschen. Die Brutgebiete in der Bucht von Laganás sind stark frequentierte Badestrände; häufig geht es dort auch nachts zu wie auf einem Rummelplatz. Im Wasser können die Tiere von den Propellern der (unter Missachtung der Schutzbestimmungen fahrenden) **Motorboote** getötet oder verletzt werden. An Land schrecken sie der **Lärm und die Lichter** von Hotels, Restaurants und Straßen, so dass sie wieder ins Meer zurückkehren und ihre Eier im Wasser ablegen, wo sie sich nicht entwickeln können. In den Sand gestoßene **Sonnenschirme** zerstören Nester. **Fahrzeuge** vom Motorroller bis zum Bulldozer, außerdem die Pferde, auf denen Urlauber über die Strände galoppieren, verfestigen den Sand und machen das Schlüpfen der Jungtiere unmöglich. Sandburgen, Liegestühle und andere Hindernisse versperren den Jungen den Zugang zum Wasser, künstliches Licht lockt sie landeinwärts, wo sie zugrunde gehen. Auch gut gemeinte Hilfe schadet; denn Schildkröten-Babys müssen den Weg allein finden, damit sie sich später an ihren Geburtsort erinnern können. Und natürlich stellen die Tiere eine **Touristenattraktion** dar, die rücksichtslos genützt wird – »go and see the turtles« wird als ein Hauptzeitvertreib bei einem Zákynthos-Aufenthalt genannt. Die Zahl der eierlegenden Weibchen in der Bucht von Laganás ist mittlerweile auf weniger als die Hälfte gesunken; einige Strandteile sind für die Schildkröten gänzlich verloren.

Die griechische Regierung hat zwar auf die massiven Proteste griechischer und internationaler Naturschützer reagiert: In mehreren Erlassen seit 1980 wurden die Meeresschildkröten als »gefährdet« eingestuft und die Ausweitung des Tourismus verboten; Ende 1999 wurde die Bucht zum **Marine National Park** mit drei unterschiedlich rigide **geschützten Zonen** erklärt. Im Ostteil (Zone A) zwischen dem Kap Gérakas und Kalamáki sind dabei in einem breiten Bereich jede Bebauung und bis hinaus zur Insel Pelouzo jeder Bootsverkehr verboten; das Land hinter dem Strand von Sekánia wurde vom **Worldwide Fund for Nature** gekauft, um eine Bebauung zu verhindern. In der Zone B, etwa zwischen Kalamáki, Laganás, Marathonísi und Pelouzo, dürfen Booe max. 6 kn schnell fahren, Ankern und Anlegen ist untersagt. Doch in Wirklichkeit hat sich so wenig geändert, dass der **Europäische Gerichtshof** Anfang 2002 die griechische Regierung offiziell rügte. Die Landbesitzer, deren Interessen seit über 20 Jahren durch die Verbote behindert sind, beschuldigen die Regierung, in dieser ganzen Zeit nicht für einen Ausgleich durch Grundstückstausch oder finanzielle Entschädigung gesorgt zu haben (wobei es um große Summen ginge). Andererseits wurden am Dáfni-Strand von 1984 bis 1992, als das Bauverbot bereits bestand, sieben feste Gebäude errichtet, davon vier Restaurants und Bars. Die örtlichen Politiker tun gegen illegale Aktivitäten genauso wenig wie die Polizei. Im Gegenteil, selbst die Arbeit des Nationalparks versucht man zu torpedieren. Darüber hinaus schreitet die »Erschließung« legalen Baulands mit Hotels und Straßen an der ganzen Bucht massiv fort, so dass der Druck auf die Strände weiter zunimmt – so sehr, dass schon Urlauber aus Platzmangel fliehen! Trotzdem arbeiten die Naturschützer mit großem Engagement weiter. Die Mitarbeiter und freiwilligen Helfer von **ARCHELON** (www.archelon.gr) informieren in Kiosken in Laganás und Gérakas sowie in den Hotels, sichern Nester und bewachen nachts die Strände.

Wer unbedingt hier seine Ferien verbringen will, sollte wenigstens – und auf jeden Fall – einige **Verhaltensregeln** beachten:

– Als Niststrände ausgewiesene Abschnitte sind nur von morgens 7 Uhr bis abends 19 Uhr zugänglich; der Sekánia-Strand ist gänzlich tabu.

– Niststrände dürfen mit keinerlei Fahrzeugen befahren werden, auch Pferde sind verboten.

– Sonnenschirme dürfen nur an dafür ausgewiesenen Stellen bei Gérakas, Kalamáki und Laganás aufgestellt werden, und zwar nur in einem 5 m breiten Streifen an der Wasserlinie.

– Keinen Müll welcher Art auch immer zurücklassen.

– Keine Löcher in den Sand buddeln und keine Sandburgen bauen.

– Schildkrötenkinder nicht anfassen und nicht ins Wasser tragen.

– Die Gitter, mit denen Nester geschützt werden, unangetastet lassen.

Gérakas
Γέρακας

Wirklich schön ist der ca. 500 m lange, unverbaute Gérakas-Strand ganz im Südosten der Skopos-Halbinsel. Er ist jedoch ebenso wie die sich weiter westlich erstreckenden Sandbuchten Laichplatz der Unechten Karettschildkröte.

Um die Bucht von Laganás

O 10

Kalamáki
Καλαμάκι

In Kalamáki, 7 km südlich von Zákynthos-Stadt neben dem Flugplatz gelegen, beginnt ein Feriengebiet, das sich über etwa 8 km entlang der Laganás-Bucht erstreckt. Der von Felsen eingerahmte Sandstrand von Kalamáki bietet ein recht hübsches Bild, was man vom Hinterland mit seinem stillosen Wildwuchs an Hotels, Läden und Bars nicht sagen kann. Auf das Baden sollte man hier verzichten, da das Sickerwasser einer Mülldeponie in die Bucht gelangt.

Laganás
Λαγανάς

Die Straße zwischen Kalamáki und Laganás wurde – mit zweckentfremdeten EU-Mitteln – auf 13 m verbreitert und ist von den üblichen, teils halbfertigen Betonbauten gesäumt, Hotels und Appartementhäuser liegen im ungepflegten Brachland verstreut. Laganás selbst ist eine gesichtslose Ansammlung von Beherbergungs-, Verköstigungs- und Vergnügungsbetrieben, Supermärkten, Souvenirläden und Ausflugsbüros. Dass es sich zum größten Urlaubsort der Insel entwickelte, liegt an dem Sandstrand, der den Golf säumt. In den Sommermonaten herrscht hier Tag und Nacht Highlife der unangenehmsten Sorte. Und angesichts der Flut von Sonnenschirmen, Liegen und Wassersportgerät kann man sich kaum vorstellen, dass sich auch nur noch eine Schildkröte zur Eiablage hierher verirrt.

Es gibt durchaus attraktivere Plätze für die »schönsten Wochen des Jahres« als Laganás.

Sarakína
Σαρακίνα

Im Hinterland von Laganás steht nahe der Hauptstraße, die Zákynthos-Stadt mit Kerí verbindet, die Ruine des ehemals venezianischen Herrenhauses Sarakína. Es wurde durch das Erdbeben von 1953 zerstört; dennoch bekommt man einen Eindruck von den Landsitzen, die es bis Mitte des 20. Jh.s auf Zákynthos in größerer Zahl gab. Ebenso wie der in Sarakína waren viele rot gestrichen und hatten weiße Fensterumrahmungen. Die hier gelegene Taverne zählt mit ihren Folkloreveranstaltungen zu den Standard-Ausflugszielen von Laganás (kostenloser Bus).

Ágios Sóstis
Άγιος Σώστης

Auch nicht ruhiger als in Laganás geht es in Ágios Sóstis zu. Ihm ist das gleichnamige Inselchen vorgelagert, das durch das Erdbeben von 1633 vom »Festland« getrennt wurde. Auf einem Steg kann man hinüberspazieren und sich abends in der Disco beschallen lassen, deren Lärm weithin zu hören ist.

Marathonísi
Μαραθωνήσι

Per Boot erreicht man die Insel Marathonísi, deren Umriss kurioserweise einer Schildkröte ähnelt. Auch hier gibt es einen schönen Sandstrand, den man kaum für sich alleine hat. Marathonísi ist ein Eiablageplatz der *Caretta caretta* und sollte gemieden werden.

Límni Keríou
Λίμνη Κερίου

Südlich von Ágios Sóstis wandelt sich das Landschaftsbild. Knorrige, uralte Olivenbäume säumen, unterbrochen von Weingärten, die Straße. An der kleinen Bucht mit Kies-Sand-Strand gibt es Hotels, Supermärkte, Restaurants und eine Tauchbasis. Von der Straße weist das Schild »Herodoto's Spring« zu einer der Pechquellen von Kerí, die schon in der Antike bekannt waren. Am Grund des kleinen Brunnens sammelt sich die teerähnliche Substanz, die man vom Altertum bis ins 20. Jh. zum Abdichten von Booten benutzte.

! Baedeker TIPP

Villas Cavo Marathias

Gut, dass es im Süden von Zákynthos nicht nur Laganás gibt, sondern auch diese herrlich am Kap Marathia gelegene Ferienresidenz mit großzügigen, geschmackvollen Studios für 2 – 5 Leute und Meerwasserpool. Überaus freundliche Betreuung, man spricht deutsch.

Kerí
Κερί

Von Límni Keríou führt die Straße südlich durch eine karge Landschaft hinüber zum Bergdorf Kerí, das am Südwesthang des 413 m hohen Skopós liegt (einen zweiten Berg dieses Namens gibt es südöstlich der Inselhauptstadt). Enge, gepflasterte Gassen sind von alten Häusern gesäumt, die das Erdbeben 1953 überstanden haben. Am Osterdienstag wird hier Kirchweih mit Musik und Tanz gefeiert.

✶✶ Kap Kerí

Vom Dorfplatz ist die Straße zum 2 km entfernten Kap Kerí mit seinem Leuchtturm beschildert. Den den besten Blick auf die atemberaubenden Klippen hat man vom empfehlenswerten Restaurant Lighthouse (griechisch To Fanári). Vom Parkplatz am Ende der Straße links am Zaun (nicht überklettern!) entlanggehend sieht man nach Süden, weiter unten (Vorsicht, nicht überall durch Zaun gesichert) nach Norden.

Der Norden von Zákynthos

O 10

Den Teil von Zákynthos mit den eindrücklichsten landschaftlichen Highlights lernt man bei einer Rundfahrt durch den Norden kennen, v. a. den als Postkartenmotiv berühmten Schiffswrack-Strand und die Blaue Grotte. Eine Rundfahrt lässt sich an einem Tag bewältigen; für einen Bootsausflug entlang der bizarren Felsküste sollte man mindestens einen halben Tag einplanen.

Tsiliví
Τσιλιβή

Nördlich von Zákynthos-Stadt passiert man den Vorort **Krionéri** (Strandbad) und gelangt dann nach **Tsiliví**, dem ersten einer Reihe von Touristenorten an der Ostküste. Wegen der stadtnahen Lage ist der Strand meist gut besucht, außerdem konzentriert sich hier das **Nachtleben**. Auch das benachbarte **Plános** hat sich vom beschaulichen Fischerdorf zum Urlaubsort entwickelt. Die Strände sind nicht sehr attraktiv, aber selbst in der Nebensaison gut besucht. Im weiteren Verlauf der Küstenstraße führen mehrfach schmale Stichstraßen zu reizvollen Kies- oder Sandbuchten.

Plános
Πλάνος

★
Áno Gerakári
Άνω Γερακάρι

Nach ca. 12 km hält man sich links und fährt südlich nach Áno Gerakári. Am höchsten Punkt des Orts steht eine dem hl. Nikolaus geweihte Kirche, von deren Vorplatz aus man eine **grandiose Sicht** über weite Teile der Insel hat. Von der ersten Kirche an dieser Stelle, die 1590 erwähnt wird, sind nur Reste der Ikonostase erhalten.

Nächster Ort ist Alykés (Αλυκές), trotz des wenig reizvollen Strands und einer ebensolchen Umgebung eines der Urlaubszentren der Insel, vor allem britische Gäste halten sich hier auf. Der Ortsname bedeutet »Salinen«, tatsächlich wurde hier seit dem Mittelalter Salz gewonnen. Die Salinen wurden Anfang der 1990er-Jahre wegen Unrentabilität aufgegeben, die noch vorhandenen Teiche bieten Stechmücken willkommenen Lebensraum. An venezianische Zeiten erinnert die Steinbrücke, die das Tal des Skourti überspannt.

Alykés tut (fast) alles für den Touristen

Katastári
Καταστάρι

Unweit südlich von Alykés liegt – unterhalb des Vrachiónas, des mit 756 m höchsten Bergs von Zákynthos – das größte Dorf der Insel, Katastári (1300 Einw.). In der großen modernen, doppeltürmigen Kirche **Panagía i Katastári** sind Kunstschätze aus Kirchen zusammengetragen, die beim Erdbeben 1953 zerstört wurden.

Kokkínou, ein hübscher Platz mit guten Fischtavernen

Kloster Ioánnis Pródromos

Bei der Weiterfahrt in nordwestlicher Richtung passiert man nach 2 km die Zufahrt zum idyllisch gelegenen Kloster Ioánnis Pródromos. Eine Mauer umschließt den verlassenen Komplex mit einer einschiffigen Kirche und hübscher Glockenwand.

Makrýs Gialós Μακρύς Γιαλός

Kokkínou

Durch eine immer einsamer werdende karge, doch sehr schöne Landschaft windet sich die Straße an der Küste entlang. Besonders hübsch sind die Kiesstrände **Xíngia** und **Makrýs Gialós**; dahinter taucht das pittoresk auf einem felsigen Landvorsprung gelegene kleine Fischerdorf Kokkínou auf.

Ágios Nikólaos Άγιος Νικόλαος

Vom ziemlich trostlosen Fischerhafen Ágios Nikólaos (in den Fahrplänen wird er teils als Skinári bezeichnet) verkehren die **Fähren** zur nördlichen Nachbarinsel Kefalloniá. **Ausflugsboote** fahren in etwa 1 Std. zur Blauen Grotte (man kann sie auch vom Leuchtturm Skinári aus ansteuern, ►S. 267). Vorgelagert ist das Inselchen Ágios Nikólaos mit den Ruinen eines Klosters von Ende des 15. Jh.s. und den Resten eines venezianischen Wachtturms.

✶ **Blaue Grotte Γαλάζιο Σπήλαιο**

Vorbei an bizarren Felsen fahren die Boote von Ágios Nikólaos nordwärts zur Blauen Grotte (griech. Galázio Spíleo, engl. Blue Cave) nahe dem Kap Skinári. Lautlos gleitet man durch Felstore hindurch und in Höhlen hinein, die die Brandung ausgewaschen hat. Die 1897 entdeckte Blaue Grotte hat zwei Kammern. Das Wasser leuchtet intensiv in den **unterschiedlichsten Blautönen** und lässt auch jeden eingetauchten Gegenstand blau erscheinen. Am spektakulärsten ist die Wirkung in den Morgenstunden, dann ist ein einzigartiges Farbenspiel von dunklem Grün bis Azurblau zu erleben.

Eindrucksvolle Felstore an der Nordostküste

Über die abgeschiedene Ortschaft Koríthi erreicht man das Kap Skinári, den äußersten Nordzipfel der Insel. Nur zehn Minuten brauchen die Boote von hier zur Blauen Grotte. Auch Ausflugsfahrten zum Schiffswrack-Strand werden angeboten.

Kap Skinári
Ακρωτήριο Σκινάρι

Von Koríthi sind es 9 km bis Volímes. Das Land ist karg und rauh, nur mühsam können dem Boden Erträge abgerungen werden. Die 950 Bewohner haben sich daher weitere Erwerbsquellen erschlossen; am Straßenrand werden Spitzendecken und kitschige Schildkröten-Teppiche angeboten. In Méses Volímes ist die Kirche ist die Kirche **Agía Paraskeví** von 1633 mit prächtiger barock-klassizistischer Ausstattung sehenswert.

Volímes
Βολίμες

In Volímes zweigt eine Piste zum am Meer gelegenen verlassenen Kloster des hl. Andreas ab. Am Glockenturm liest man die Jahreszahl 1641. Die Fresken und Ikonen aus der schlichten Kirche wurden nach 1953 in das Museum Zákynthos im Hauptort gebracht. Geht man von hier weiter Richtung Meer, bietet sich ein schöner Ausblick. Das erste Kloster stand auf dem der Küste vorgelagerten Inselchen, aus Furcht vor den Piraten verlegte man es ins Land.

Andreas-Kloster
Μονή Αγίου Ανδρέου

Wenige Kilometer südwestlich von Volímes befindet sich inmitten einer hübschen Landschaft nahe der Küste das einfache Kloster Ágios Geórgios Krimnón. Ehedem weiß gekalkte Mauern umschließen den nicht mehr bewohnten Komplex. Zur Verteidigung gegen Seeräuber wurde 1562 der runde Turm errichtet. Westlich der schlichten Kirche steht das ehemalige Gästehaus. Unterhalb der Klosteranlage führt ein Weg zur Höhle des hl. Gerásimos; der Schutzheilige der Insel Kefalloniá lebte hier als Einsiedler (►S. 24, 164).

Ágios Geórgios Krimnón
Άγιος Γεώργιος Κρημνών

✶✶ Schiffswrack-Strand Navágio Ναυάγιο

Etwas nördlich des Klosters führt eine Straße zur Küste. Unterhalb des Parkplatzes eröffnet eine über den Abgrund gebaute Plattform den grandiosen Blick auf den Schiffswrack-Strand, der nach dem in den 1970er-Jahren gestrandeten Frachter benannt ist (Foto S. 248). Hohe **weiße Felswände** rahmen die Sandbucht, das Wasser des Meeres leuchtet in **intensivem Türkis**: ein unglaublich beeindruckendes Bild (die besten Lichtverhältnisse für ein Foto hat man am Nachmittag). Ein Pfad verläuft an der Steilküste entlang (Vorsicht!) in nördlicher Richtung zu einem kleinen Kap hinunter, das ebenfalls großartige Ausblicke bietet. Der Strand selbst ist nur vom Wasser her erreichbar. Ausflugsboote steuern die Bucht von verschiedenen Orten an; die Fahrt entlang der pittoresken Küste dauert bis zu 1 Std., ab etwa 10 Uhr ist der Strand sehr bevölkert. Mehr Platz hat man am Nachmittag, wenn die meisten Boote wieder abgefahren sind.

✶ Anafonítria Αναφωνήτρια

Anafonítria (7 km südlich von Volimés, 200 Einw.) ist mit seinen verwinkelten Gassen und weiß getünchten Häusern ein beliebtes Ausflugsziel. Besucht wird es auch wegen des gleichnamigen **Klosters**, das im 15. Jh. gegründet wurde und heute verlassen ist. Neben dem Tor ragt der Wehrturm mit sechs Pechnasen auf, mit denen sich die Mönche gegen Angreifer verteidigten. In späterer Zeit fungierte der Turm als Glockenträger. Die dreischiffige **Basilika** gilt als älteste Kirche der Insel. Ist sie offen, sollte man sich die Wandmalereien aus dem 17. Jh. ansehen. Die mit Gold und Silber verkleidete **Marienikone**, die als wundertätig gilt, soll 1453 von Konstantinopel nach Zákynthos gekommen sein, nachdem die Türken die Hauptstadt von Byzanz eingenommen hatten. Das Schiff mit der Ikone strandete der Legende nach vor der Küste von Zákynthos, die Ikone wurde an Land gespült. In langen Dürreperioden brachten die Einheimischen die Ikone in die Inselhauptstadt, damit sie Regen bewirken solle. Der Schutzheilige von Zákynthos, **Dionysios** (►S. 257), verbrachte seine letzten Lebensjahre als Abt in diesem Kloster. Seine Zelle an der Westfassade der Kirche wurde 1957 neu errichtet und ist heute nur eine sehr schlichte Kapelle.

Schlichte Klosterkirche Anafonítria

Pórto Vrómi Πόρτο Βρώμη

Südlich von Anafonítria passiert man die hübschen Dörfer **Mariés** und **Éxo Chóra**. Hier zweigt eine Straße nach **Pórto Vrómi** ab. In der tief ins Land reichenden schönen Bucht starten Ausflugsboote zum Schiffswrack-Strand.

✶✶ Kambí Καμπή

Kurz hinter Éxo Chóra lohnt ein Abstecher hinunter nach Kambí: Die einfachen Tavernen an der bis zu **300 m hohen Steilküste** bieten grandiose Aussicht, und der Sonnenuntergang ist traumhaft. Natürlich muss man dies in der Saison mit vielen Busausflüglern teilen. Das Dorf selbst liegt idyllisch am Rand einer fruchtbaren Ebene, umgeben von Weingärten, Feldern und Ölbäumen. Den besten Blick hat man vom höchsten Punkt der Steilküste, den ein großes **Betonkreuz** zur Erinnerung an die Opfer des griechischen Bürgerkriegs krönt. Die Taverne dort ist bekannt für gute Grillgerichte. Auf dem Weg vom Dorf zum Steinkreuz passiert man eine **mykenische Grabstätte**.

Limniónas Λιμνιώνας

Im östlichen Nachbarort Ágios Léon zweigt eine Straße nach Südwesten zur Küste ab. Vom kleinen Hafen Limniónas am Ende des Fjords starten Ausflugsschiffe zu Fahrten entlang der zerklüfteten **pittoresken Küste**. Angesteuert wird dabei auch das Inselchen **Karakonísi** wenige Kilometer südöstlich. An einem Ende des Eilands hat das Meer ein ca. 15 × 15 m großes Loch aus dem Gestein gewaschen.

Loúcha, Gýri Λούχα, Γύρι

Nordöstlich von Ágios Léon dehnt sich ein einsames Bergland aus. In den Dörfern Loúcha und Gýri – sie existieren seit dem 15. Jh. – scheint die Zeit stehen geblieben zu sein; die meisten Häuser stammen noch aus der Zeit vor dem Erdbeben 1953. Heute leben nur mehr wenige Menschen hier, die nach wie vor Getreide, Futterpflanzen und Wein anbauen. Die Reste einiger Windmühlen künden davon, dass der Getreideanbau früher bedeutend war. In der Taverne in Gýri sind am Wochenende oft Arékia zu hören, die italienisch geprägten Lieder der Insel.

Die »Risa« – zu deutsch »Wurzel« –, die grüne Mitte von Zákynthos

Moní Yperagáthou

Eine Piste verbindet Loúcha mit dem östlich gelegenen Kiliómeno. Über sie erreicht man das im 17. Jh. gegründete, seit langem verfallene **Kloster Yperagáthou**.

Kiliómeno
Κοιλιώμενο

Von Kiliómeno – der Bau des schönen Glockenturms wurde 1893 begonnen – fährt man über Lagópodo mit schönem Blick auf die zentrale Ebene der Insel (►Foto S. 289), die intensiv landwirtschaftlich genützt wird, nach Macherádo. Zwischen den beiden Orten hat das **Weingut Komoutos** seinen Sitz, das älteste Griechenlands (1638 gegründet; geöffnet tägl. 9.00 – 13.00, 17.00 bis 20.00 Uhr; Tel. 26950 92284). Unmittelbar vor Macherádo passiert man den skurrilen

Eleftherotría-Kloster

Komplex des Nonnenklosters Panagía tis Eleftherotrías, das erst 1961 gegründet wurde; drinnen kann man eine Sammlung von Steinen aus heiligen Stätten in aller Welt bewundern. Der Ort (900 Einw.)

✶
Macherádo
Μαχαιράδο

wird vom **Glockenturm der Kirche Agía Mávra** beherrscht, einem der schönsten von Zákynthos; seine besonders melodisch klingenden Glocken sollen auf der ganzen Insel zu hören sein. Die äußerlich schmucklose Kirche besitzt etliche Kunstschätze, insbesondere eine geschnitzte, vergoldete **Ikonostase** in üppigstem Barock. In einem ebenso gestalteten Schrein vor der Ikonostase steht eine **Ikone der Agía Mávra** aus dem 16. Jh.; ihren »Silbermantel« (Oklad) erhielt sie im 19. Jahrhundert. Aus Dankbarkeit für die Erhörung ihrer Gebete haben die Gläubigen das Heiligenbild mit Schmuck behängt. Die Gemälde an den Wänden stammen von Pelekas, die an der Decke von N. Latsis. Das Fest der hl. Mavra am 1. Sonntag nach Pfingsten zählt zu den prächtigsten auf der Insel. Von Macherádo sind es 10 km zurück nach Zákynthos-Stadt.

! *Baedeker* TIPP

Zakynthische Keramik

Auf der Fahrt von Macherádo nach Zákynthos sollte man in die Töpferei Sigouris Golemis schauen, die sehr hübsche Keramik herstellt, teils nach byzantinischen Motiven und Techniken. Einen Verkaufsraum gibt es auch in Zákynthos-Stadt (Odos Alexandrou Roma 18).

Nachbarinseln von Zákynthos

0 10

Strofaden

Die Strofaden sind zwei winzige unbewohnte Eilande, die etwa 50 km südlich von Zákynthos bis 15 m hoch aus dem Meer ragen. Von Zákynthos-Stadt und Laganás werden manchmal Bootsausflüge dorthin angeboten. Unter dem Namen »Schwimmende Inseln« wurden die beiden Eilande Arpína und Stomfáni in der Antike erwähnt. Die größere Insel **Arpína** wird von den festungsartigen Gebäuden eines Klosters beherrscht, das im 13. Jh. gegründet wurde, im Mittelalter weithin bekannt war und bis Mitte des 20. Jh.s bewohnt wurde. Es war mehrfach Ziel von Piratenangriffen. Nach seiner Zerstörung in der ersten Hälfte des 15. Jh.s wurde es um 1440 in seiner heutigen

Form wieder errichtet. Doch auch dadurch konnten Piratenangriffe nicht abgewehrt werden. Bei einem Überfall 1530 wurden alle Mönche getötet. In den folgenden Jahrhunderten lebten zeitweilig bis zu 40 Mönche auf dem winzigen abgeschiedenen Flecken. Grundwasser war ausreichend vorhanden, und das Land war fruchtbar genug, um etwas Landwirtschaft zu betreiben. Der berühmteste der hier wirkenden Mönche war der später heiliggesprochene **Dionysios**, der Schutzpatron von Zákynthos. Er starb 1624 auf Zákynthos, wurde aber auf seinen Wunsch hin auf der Strofadeninsel beigesetzt. Im Jahre 1717 brachte man die Gebeine des Heiligen zurück nach Zákynthos. In Griechenland sind die Strofaden auch als Vogeljagdgebiet bekannt. Viele Zugvögel machen im Frühjahr und Herbst hier Station, um neue Kräfte für ihren weiten Flug zu sammeln. Von den Jägern werden sie dann zu Tausenden abgeschossen.

Ausflug aufs Festland

O 10

Kyllíni Κυλλήνη

Die Zákynthos mit dem Festland (Peloponnes) verbindenden Fähren legen in Kyllíni (Fahrtdauer ca. 90 Minuten) an. Der kleine Hafenort im Norden der gleichnamigen Halbinsel besitzt selbst keine Sehenswürdigkeiten, eine Attraktion sind jedoch die kilometerlangen Sandstrände, die sich nach Süden anschließen.

✶ Chlemútsi Χλεμούτσι

Das 5 km südlich von Kyllíni gelegene Dorf Kástro wird von der Burg Chlemútsi überragt. Die fränkische Burg ist einer der **besterhaltenen Festungskomplexe auf der Peloponnes**. Vom Haupttor im Nordwesten gelangt man in die ca. 180 × 70 m messende Vorburg, deren Bebauung – Mannschaftsunterkünfte und Magazine – bis auf Fundamente verschwunden ist. An die hohe, bis 8 m dicke Außenmauer der sechseckigen Hauptburg sind ringsum zweistöckige Räume gebaut; links vom Eingang die ebenfalls zweistöckige Kapelle (später Pulvermagazin), rechts der 60 m lange Palas mit Speise- und Versammlungssaal im Obergeschoß. Von der Plattform hat man einen herrlichen Ausblick.

✶✶ Olympia Ολυμπία

Eine der bedeutendsten Ausgrabungsstätten Griechenlands, das zum Unesco-Welterbe gehörende Olympia, ist von Zákynthos aus in einem Tagesausflug als Schiffs-Bus-Tour oder mit dem eigenen Fahrzeug zu erreichen. Es liegt etwa 70 km südöstlich des Hafenorts Kyllíni, eingebettet in eine hübsche Hügellandschaft. Zugänglich ist das Gelände April – Okt. 8.00 – 19.00, sonst 8.30 – 15.00 Uhr.
Seit 776 v. Chr. wurden hier die **Olympischen Spiele** ausgetragen. Sie entstanden wahrscheinlich aus einem religiösen Kult. Ihr Ende kam im Jahr 393 n. Chr., als der byzantinische Kaiser Theodosius I. in einem Edikt den heidnischen Kult verbot. Bei den ersten Spielen wurde zunächst nur eine Disziplin, der Stadionlauf, ausgetragen. Erst

Vor dem Heraion wird seit 1936 die Olympische Flamme entzündet.

mit den 25. Spielen, als das vierspännige Wagenrennen eingeführt wurde, war der Kanon der Sportarten im Wesentlichen festgelegt. Davor waren unter anderem Ringkampf, Pentathlon (Fünfkampf) und Boxen hinzugekommen. Der Ablauf des Wettstreits hatte lange Zeit streng rituellen Charakter. Teilnehmen durfte nur, wer ca. 30 Tage vor Beginn der Spiele eintraf und sich in einer Art Klausur auf das Fest vorbereitete. Auch dass die Athleten nackt zum Wettkampf antraten, verweist auf kultische Bedeutung. Seit 1875 wurden im Gebiet der antiken Sportstätte Ausgrabungen vorgenommen. Eine direkte Auswirkung der Freilegung war die Wiederbegründung der Olympischen Spiele, die ersten Spiele der Neuzeit fanden 1896 in Athen statt.

Das Grabungsgelände erstreckt sich östlich des Orts Olympía, der sich erst ab Ende des 19. Jh.s entwickelte. Von der Kasse kommend, passiert man zunächst das Quadrat der **Palaistra** (3. Jh. v. Chr.), die Trainingsfläche für Faust- und Ringkämpfe. Dahinter stehen die Mauern einer byzantinischen Basilika, errichtet im 5. Jh. auf den Fundamenten der **Werkstatt des Phidias**. Südlich schließt sich das **Leonidaion** an, das in der zweiten Hälfte des 4. Jh.s v. Chr. von Leonidas aus Naxos als Unterkunft für die Ehrengäste errichtet wurde. In römischer Zeit wurde es so umgebaut, dass die Wohntrakte einen luxuriösen Innenhof mit Grün- und Wasseranlagen umgaben.

Durch ein römisches Tor aus Muschelkalk betritt man dann den Heiligen Bezirk. Links erheben sich die mächtigen Ruinen des zwischen 470 und 456 v. Chr. errichteten **Zeus-Tempels**. Auf dem erhaltenen dreistufigen Unterbau erhoben sich 36 Säulen von je 10,53 m Höhe und einem unteren Durchmesser von 2,23 m. Das fensterlose Innere des Tempels barg das Kultbild des Phidias, das zu den Sieben Weltwundern zählte. Dieses Werk aus Gold und Elfenbein zeigte Zeus auf einem reich geschmückten Thron sitzend. Es wurde im Jahr 393 n. Chr. nach Konstantinopel gebracht und ist seitdem verschollen.

Nördlich des Zeus-Tempels steht der älteste Tempel von Olympia, das um 600 v. Chr. errichtete **Heraion**. Schäfte und Kapitelle dieses dorischen Tempels sind sehr unterschiedlich – neben massiven archaischen Formen sind schlankere aus späterer Zeit zu sehen –, denn man hat die ursprünglichen Holzsäulen nach und nach ausgewechselt.

Das **Stadion** am Ostrand des Heiligen Bezirks wurde im Zustand des 4. Jh.s v. Chr. wiederhergestellt. Man sieht die Startschwelle für den Doppellauf (im Westen) und für den Stadionlauf (im Osten). Die Zuschauertribünen waren zu allen Zeiten Erdböschungen ohne steinerne Sitzreihen (vielleicht gab es Holztribünen); nur die Kampfrichter hatten ihre Steintribüne auf dem Südwall und die Demeter-Priesterin, die als einzige Frau bei den Spielen anwesend sein durfte, auf dem Nordwall.

Sehr sehenswert ist das **Museum** (geöffnet April – Okt. Mo. 10.30 bis 18.00, Di.– So. 8.00 – 18.00 Uhr, sonst Mo. 10.30 – 17.00, Di.– So. 8.30 – 15.00 Uhr). In der Vorhalle geben Modelle einen Eindruck vom antiken Olympia. Die Museumsräume gruppieren sich um den Saal V mit den Giebelfiguren und Metopen vom Zeus-Tempel.

REGISTER

Abkürzungen

I Itháki
K Korfu
Ke Kefalloniá
L Lefkáda
P Paxí
Z Zákynthos

a

ACE-Notruf **93**
Acharávi (K) **212**
Achilleion (K) **196**
ADAC **93**
Adam, Sir Frederick **186**
Aëtós (I) **138**
Afiónas (K) **210**
Agía Evfimía (Ke) **161**
Agía Kyriakí (L) **233**
Agía-Kyriakí-Bucht (Ke) **159**
Agía-Paraskeví-Bucht (Ke) **161**
Ágii Déka (K) **197**
Ágios Geórgios (Festung) **235**
Ágios Geórgios Argyrádon (K) **204**
Ágios Geórgios Págon (K) **210**
Ágios Górdis Sinarádon (K) **205**
Ágios Ilías (L) **237**
Ágios Ioánnis (I) **139**
Agios Ioánnis (L) **237**
Ágios Léon (Z) **269**
Ágios Márkos (K) **207**
Ágios Matthéos (K) **205**
Ágios Nikítas (L) **230**
Ágios Nikólaos (P) **243**
Ágios Nikólaos (Z) **259, 266**
Ágios Pétros (L) **232**
Ágios Spyrídon (K) **212**
Ágios Spyrídon (Ke) **159**
Ágios Stéfanos (K) **213**
Ágios Sóstis (Z) **264**
Ágios-Andréas-Kloster (Ke) **168**
Ágios-Andréas-Kloster (Z) **267**
Ágios-Geórgios-Krimnón-Kloster (Z) **267**
Ágios-Górdis-Strand (K) **204**
Ágni (K) **213**
Agrílion-Kloster (Ke) **163**
Akrotírio Lefkatás (L) **231**
Aktion **33**
Aktion, Seeschlacht von **33, 223**
Alalkomenai (I) **139**
Albanien **216**
Aléxandros (L) **236**
Alykés (K) **203**
Alykés (Z) **265**
Anafonítria (Z) **268**
Análipsi-Halbinsel (K) **193**
Anemómylos (K) **193**
Angelókastro (K) **208**
Angónas (Ke) **159**
Áno Gerakári (Z) **265**
Áno Korakiána (K) **207**
Anogí (I) **144**
Anreise **64, 81**
Antípaxi **247**
Antísamos (Ke) **163**
Apotheken **88, 94**
Architektur **45**
Arékia **50**
Argási (Z) **258**
Aréthusa-Quelle (I) **137**
Argostóli (Ke) **152**
Argínia (Ke) **167**
Arílla (K) **210**
Arkoudíla (K) **204**
Arpína **270**
Ärztliche Hilfe **87**
Ásos (Ke) **160**
Astakós **239**
Atháni (L) **231**
Athéras (Ke) **159**
Atroú-Kloster (Ke) **165**
Ausflüge **67**
Auskunft **68**
Autofähren **81**
Autoput **64**
Ávythos (Ke) **165**

b

Badesaison **70**
Badestrände **69**
Banken **87, 94**
Barbáti (K) **213**
Bastátika (K) **204**
Behindertenhilfe **72**
Benítses (K) **202**
Bernières, L. de **90, 156**
Bildende Kunst **45**
Blaue Grotte (Z) **266**
Blue Cave (Z) **266**
Bóchali (Z) **258**
Botschaften und Konsulate **68**
Boúkaris (K) **202**
Britisches Protektorat **39**
Bustouren **67**
Busverkehr **65, 112**
Butrint (Albanien) **216**
Byron, Lord George **53, 168**

c

Canal d'Amour (K) **210**
Chalikiópoulos-See (K) **195**
Chalikoúnas (K) **205**
Chlemútsi (Peloponnes) **271**
Chlomós (K) **202**
Chortáta (L) **231**
Corfú **35**

d

Dáfni (Z) **259**
Dafnoúdi (Ke) **160**
Dasiá (K) **207**
Dexiá-Bucht (I) **138**
Diapontische Inseln **215**
Diskotheken **92**
Dodona **219**
Domáta (Ke) **169**
Dörpfeld, Wilhelm **53, 134, 194, 224, 233**
Dragotiná (K) **204**
Drakonéra **145**
Drongaráti-Höhle (Ke) **163**
Durrell, Lawrence **54, 212**

e

Echinaden **145**
Ein- und Ausfuhrverbote **66**
Einreisebestimmungen **65**
Einkaufen **97**
Einwohner **21**
Eisenbahn **65**
Eláti (L) **237**
Eleftherotría-Kloster (Z) **270**
Elektrizität **73**
Elisabeth, Kaiserin von Österreich **54, 198**
ELPA **93**
Englouví (L) **237**
Engremní (L) **231**
Énos (Ke) **164**
Eptánisa **13, 39**
Erdbeben **15, 43, 134**

Eríkousa **215**
Érmones (K) **209**
Essen und Trinken **73**
Euro **87**
Evropoúli (K) **206**
Éxo Chóra (Z) **268**
Exogí (I) **143**

f

Fähren **64, 81**
Fahrzeugpapiere **65**
Faneroméni-Kloster (L) **230**
Fauna **19**
Feiertage **23, 84**
Ferienwohnungen **109**
Fernsehen **91**
Feste **84**
Fiskárdo (Ke) **160**
FKK **70**
Flora **18**
Flugverkehr **64**
Fort Aléxandros (L) **235**
Foscolo, Ugo **55**
Fotografieren **89**
Fremdenverkehr **26**
Fríkes (I) **144**

g

Gáios (P) **243**
Galázio Spíleo (Z) **266**
Gardíki (K) **205**
Gastoúri (K) **197**
Geld **87**
Geldautomaten **87**
Geologie **15**
Gerásimos-Kloster (Ke) **163**
Geschäftszeiten **94**
Geschichte **28**
Gesundheit **87**
Glyfáda (K) **209**
Glyfáda (P) **243**
Golf **110**
Géni-Halbinsel (L) **233**
Gérakas (Z) **263**
Gouviá (K) **206**
Griechisch-orthodoxe Kirche **23**
Griechische Zentrale für Fremdenverkehr **68**
Griechisches Alphabet **99**
Guiscard, Robert **160, 179**
Gýra (L) **230**
Gýri (Z) **269**

h

Heilige **24**
Heiligenfeste **85**
Höchstgeschwindigkeiten **114**
Homer **55, 131, 140**
Hotels **108**

i

Igoumenítsa **216**
Ikosimía (Ke) **166**
Ilias **30, 140**
Internetadressen **69**
Ioánnina **218**
Ionische Schule **47, 189**
Ithaka **131**
Itháki **131**

k

Kaisers Brücke (K) **196**
Kaiser's Throne (K) **210**
Kalamáki (Z) **263**
Kalámi (K) **213**
Kalamítsi (L) **230**
Kálamos **238**
Kaligáta (Ke) **169**
Kaltsonísi **246**
Kambí (Z) **269**
Kamínia (Z) **259**
Kanóni (K) **195**
Kantades **51**
Kap Asprokávos (K) **204**
Kap Drástis (K) **211**
Kap Kerí (Z) **264**
Kap Lefkáta (L) **231**
Kap Skinári (Z) **267**
Kapodistrias, Ioannis **39, 56, 181, 206**
Karakonísi **269**
Karavómylos (Ke) **162**
Karettschildkröte, Unechte **20, 260**
Karyá (Ke) **161**
Karyá (L) **235**
Kassiópi (K) **212**
Kastós **238**
Kástro Agíou Georgíou (Ke) **167**
Katastári (Z) **265**
Katavóthres (Ke) **155**
Katharón-Kloster (I) **145**
Káthisma-Strand (L) **230**
Káto Kateliós (Ke) **166**
Kávos (K) **203**
Kefalloniá **147**
Kefallonia-Tanne **18, 164**
Kefalonian Robola Cooperative **164**
Kérkyra **171**
Kerí (Z) **264**
Kilíómeno (Z) **270**
Kióni (I) **144**
Kipouréon-Kloster (Ke) **159**
Kleidung **88**
Klima **16**
Klimátia (K) **212**
Kokkínou (Z) **266**
Koliéri (I) **144**
Kollyváta (L) **236**
Komitáta (Ke) **161**
Komméno-Halbinsel (K) **208**
Kontokáli (K) **206**
Korfu **171**
Korfu-Stadt **180**
Korissía-Lagune (K) **205**
Koríthi (Z) **267**
Kouloúra (K) **213**
Kounópetra (Ke) **158**
Kourkoumeláta (Ke) **168**
Krane (Ke) **157**
Krankenversicherung **66**
Kreditkarten **87**
Kretische Schule **47**
Kricket **110**
Kumquats **25**
Kunstgeschichte **45**
Kunsthandwerk **97**
Kyllíni (Peloponnes) **271**
Kynopiástes (K) **197**
Kýthira **10**

l

Ladenschlusszeiten **94**
Laganás (Z) **263**
Lákithra (Ke) **169**
Lákka (P) **243**
Lakónes (K) **208**
Ländervorwahlen **95**
Landkarten **89**
Landschaften **15**
Landwirtschaft **20, 25**
Laskaratos, Andreas **157**
Lássi-Halbinsel (Ke) **155**
Lazareto (I) **136**
Lefkáda **221**
Lefkáda-Stadt **224**

Lefkás **221**
Léfki (I) **139**
Lefkímmi (K) **203**
Lepanto, Seeschlacht von **38, 145**
Lesseps, Baron Matthieu de **181**
Liapádes (K) **209**
Límni Keríou (Z) **264**
Límni Korissíon **205**
Limniónas (Z) **269**
Literaturempfehlungen **90**
Lixoúri (Ke) **157**
Longós (P) **243**
Lépeda (Ke) **157**
Lourdáta (Ke) **167**
Loúcha (Z) **269**
Ludwig Salvator, Erzherzog **243**
Lygiá (L) **235**

m

Macherádo (Z) **270**
Madourí **237**
Magaziá (P) **246**
Maitland, Sir Thomas **185**
Makrádes (K) **208**
Makryótika (Ke) **161**
Makrýs Gialós (Ke) **156**
Makrýs Gialós (Z) **266**
Marathia-Plateau (I) **137**
Marathonísi (Z) **264**
Mariä Entschlafung **24**
Mariés (Z) **268**
Markópoulo (Ke) **166**
Marmorhöhle (I) **137**
Mathráki **215**
Mavilis, Lorenzos **57, 134**
Mavráta (Ke) **167**
Mazarakáta (Ke) **168**
Mäuseinsel (K) **195**
Medien **91**
Medizinische Versorgung **87**
Meeresschildkröten **260**
Meganísi **238**
Mégas Lákkos (Ke) **158**
Melissáni-Höhle (Ke) **162**
Merovígli (I) **131**
Mesongí (K) **202**
Metaxas, Ioannis **57**
Metaxáta (Ke) **168**
Mietfahrzeuge **114**
Mikrós Gialós (L) **233**
Milos-Strand (L) **230**
Miniés (Ke) **157**
Mobiltelefon-Notruf **93**
Mon Repos (K) **194**
Mongonísi **246**
Monumento Caduti (Ke) **156**
Moraítika (K) **202**
Morosini, Francesco **191**
Musik **49**
Myrtiótissa-Bucht (K) **209**
Mýrtos-Bucht (Ke) **159**
Mýtikas **239**

n

Nachtleben **92**
Napier-Leuchtturm (Ke) **156**
Nationalhymne **50**
Naturschutz **20**
Navágio-Strand (Z) **268**
Nekromanteion Ephyras **217**
Nerikos (L) **235**
Nikiána (L) **235**
Nikópolis **239**
Níritos (I) **131**
Nisáki (K) **213**
Notrufe **93**
Nydrí (L) **234**
Nýmfes (K) **211**
Nymphengrotte (I) **137**

o

Odyssee **30, 131, 140**
Odysseus **140, 224**
Öffnungszeiten **94**
Olivenbäume **25**
Olympia **271**
Onassis, Aristoteles **57, 234, 237**
Ostern **23**
Othonische Inseln **215**
Othoní **215**
Oxiá **145**

p

Palaiópolis (K) **193**
Paleochóra (I) **137**
Paleokastrítsa (K) **207**
Paleó Períthia (K) **214**
Páleros **239**
Palíki-Halbinsel (Ke) **157**
Panagía-tis-Skopiótissas-Kloster (Z) **259**
Panagía-Arkoudílas-Kloster (K) **204**
Panagía-Theotókou-Kloster (K) **207**
Pannenhilfe **93**
Pantokrátor (K) **171, 213**
Paramónas (K) **205**
Párga **217**
Partsch, Joseph **91**
Paxos **240**
Paxí **240**
Paxí-Stadt (P) **243**
Pélekas (K) **210**
Perachóri (I) **136**
Pérama (K) **195**
Pernarákia-Kloster (I) **143**
Perouládes (K) **211**
Personalpapiere **65**
Pesáda (Ke) **168**
Petalás **145**
Petaní (Ke) **159**
Petrití (K) **203**
Petríti-Höhle (P) **246**
Pilikáta (I) **139**
Píso Aëtós (I) **139**
Plános (Z) **265**
Platrithiás (I) **143**
Platýs Gialós (Ke) **156**
Platýstoma (L) **236**
Pólis-Bucht (I) **143**
Pontikonísi (K) **195**
Póros (Ke) **165**
Póros (L) **233**
Pórto Katsíki (L) **231**
Pórto Róma (Z) **259**
Pórto Vrómi (Z) **268**
Pórto Zóro (Z) **259**
Post **94**
Préveza **239**
Préveza-Aktion (Flughafen) **64, 239**
Priester **23**
Privatzimmer **109**
Promillegrenze **113**
Pyrgí (K) **207**

r

Radfahren **110**
Radio **91**
Ratzaklí (Ke) **166**
Reiseschecks **87**
Reisezeit **17, 96**
Religion **22**

Republik der Sieben Inseln **39**
Restaurants **74**
Risa (Z) **249**
Róda (K) **211**
Rópa-Ebene (K) **172, 209**

s

Same (Ke) **162**
Sámi (Ke) **162**
Sappho **232**
Sarakína (Z) **263**
Sarakíniko-Bucht (I) **136**
Saranda (Albanien) **216**
Scheckkarten **87**
Scheria **178**
Schiffsausflüge **67**
Schiffswrack-Strand (Z) **268**
Schildkröten **20, 165, 249**
Schlangenwunder **167**
Schliemann, Heinrich **58, 90, 134**
Schule Homers (I) **143**
Schulenburg, Johann Matthias Reichsgraf von der **36, 38, 59, 179, 181**
Serenada **51**
Sidári (K) **210**
Sieben Inseln **39**
Sikelianos, Angelos **59**
Sinarádes (K) **206**
Sirtaki **51**
Sisíon-Kloster (Ke) **167**
Skála (Ke) **165**
Skopós (Berg, Z) **259**
Skopós-Halbinsel (Z) **258**
Skorpiós **237**
Sokráki (K) **207**
Solomos, Dionysios **60, 189**
Souvenirs **97**
Sparterá (K) **204**
Spartýlas (K) **213**
Speisekarte **104**
Speisen **73**
Spielcasino Korfu **92**
Sport **110**
Sprachführer **99**
Stavrós (I) **139**
Stavrótas (L) **221**
Stomfáni **270**
Stráni-Hügel (Z) **258**
Strinýlas (K) **214**
Strofaden **270**
Strom **73**
Surfen **111**
Sývota (L) **232**
Sývros (L) **237**

t

Tanken **114**
Tauchen **111**
Tavernen **74**
Taxi **113**
Taxiarchón-Kloster (I) **137**
Telefon **95**
Tennis **111**
Tetrapolis **31**
Theodora, byzantinische Kaiserin **188**
Theotókou-Themáton-Kloster (Ke) **161**
Thiáki **131**
Tourismus **26**
Touristenpolizei **93**
Travliáta (Ke) **167**
Trinkgeld **89**
Troumbéttas-Pass (K) **210**
Tsiliví (Z) **265**
Tzanáta (Ke) **165**

u

Umweltschutz **20**
Unterkunft **108**

v

Vafkerí (L) **234, 237**
Valaoritis, Aristoteles **60**
Vardianí **158**
Varý (Ke) **161**
Vasilikádes (Ke) **161**
Vasilikí (L) **232**
Vathý (I) **135**
Vegetation **18**
Venezianische Herrschaft **35**
Veranstaltungskalender **84**
Verkehrsvorschriften **113**
Verwaltung **21**
Vídos (K) **190**
Vlachérna-Kloster (K) **195**
Vlychó (L) **233**
Volímes (Z) **267**
Volksmusik **50**
Volkstänze **51**
Vrachiónas (Z) **265**
Vrisákia-Viadukt (Z) **258**

w

Wassersport **111**
Wassertemperaturen **70**
Wein **25, 77**
Weingüter **80**
Wilhelm II. **61, 210**
Wirtschaft **25**
Wolf, Friedrich August **55**

x

Xi (Ke) **158**

y

Ypapánti-Höhle (P) **246**
Yperagáthou-Kloster (Z) **270**
Ýpsos (K) **207**

z

Zakinthos **249**
Zákynthos Marine National Park **261**
Zákynthos-Stadt **254**
Zeit **115**
Zeitungen **92**
Zygós (K) **207**

BILDNACHWEIS

Abend S. 4 links, 6, 8 / 9, 10, 12 oben, 12 unten, 18, 20, 27, 30, 36, 40, 44, 52, 62 / 63, 63, 71, 81, 97, 111, 116 / 117, 117, 118, 123 oben, 125 rechts oben, 125 links oben, 125 Mitte, 125 unten, 126 links unten, 126 rechts unten, 135, 138, 143, 145, 146, 151, 153, 156, 161, 164, 166, 169, 170, 176, 178, 183, 187, 189, 190, 202, 203, 204, 209, 220, 225, 227 links, 229, 233, 234, 236, 251, 256, 260, 263, 265, 268, 269
Archiv für Kultur und Gschichte S. 55 oben, 55 unten, 56, 58, 59, 61, 140, 199
Arcadion, Korfu S. 184
ArtHotel Perantzada, Itháki S. 136
Borowski S. 123 unten, 141, 231
Corfu Chandris S. 175
Griechisches Generalkonsulat München S. 60
Hackenberg S. 1, 5, 9, 14, 22, 24, 37, 51, 121 oben, 121 unten, 129, 186, 188, 195, 197, 206, 208, 211, 213, 218, 272
HB/Fabig S. 11 oben, 11 Mitte, 11 unten, 12 Mitte, 13, 46, 48, 76, 86, 123 Mitte, 126 links oben, 126 rechts oben, 131, 137, 158, 162, 192, 200, 235, 241, 246, 248, 255, 259, 267
Hicker S. 196, 266
Bildagentur Huber S. 4 rechts (J. Huber), 130 (Ripani), 217, 247 (J. Huber)
IFA Bilderteam S. 261 (Eichler)
Ihlow S. 7, 121 Mitte, 128 / 129, 179, 180, 193, 214
laif S. 75
Lüke S. 227 rechts
Metaxás, Kefalloniá S. 78, 79
Pasdzior S. 16, 245
Scala, Florenz S. 28
Zantiotis, Zákynthos S. 264

Titelbild: Bilderberg / Ellerbrock - Kloster Vlacherna

VERZEICHNIS DER KARTEN & GRAFISCHEN DARSTELLUNGEN

Top-Reiseziele **2 / 3**
Klima **17**
Lage in Griechenland **26**
Tour über die Ionischen Inseln **119**
Tour 1 Korfu **121**
Tour 2 Lefkáda **123**
Tour 3 Kefalloniá **125**
Tour 4 Zákynthos **126**
Itháki (Übersichtskarte) **132**
Kefalloniá (Übersichtskarte) **148**
Argostóli (Stadtplan) **154**
Korfu (Übersichtskarte) **172**
Korfu-Stadt (Stadtplan) **182**
Lefkáda (Übersichtskarte) **222**
Lefkáda-Stadt (Stadtplan) **228**
Paxí (Übersichtskarte) **240**
Zákynthos (Übersichtskarte) **250**
Zákynthos-Stadt (Stadtplan) **254**

IMPRESSUM

Ausstattung:
151 Abbildungen, 19 Karten und grafische Darstellungen, eine große Reisekarte
Text:
Dr. Bernhard Abend, Birgit Borowksi, Achim Bourmer
Bearbeitung:
Dr. Bernhard Abend
Kartografie:
Franz Huber, München; MAIRDUMONT Verlag, Ostfildern (Reisekarte)
Gestalterisches Konzept:
independent Medien-Design, München (Kathrin Scheme)l
Sprachführer in Zusammenarbeit mit Ernst Klett Sprachen GmbH, Stuttgart, Redaktion PONS Wörterbücher
Chefredaktion:
Rainer Eisenschmid, Baedeker Ostfildern

4. Auflage 2005
Völlig überarbeitet und neu gestaltet
Urheberschaft:
Karl Baedeker Verlag, Ostfildern
Nutzungsrecht:
MAIR DUMONT GmbH & Co KG, Ostfildern

Printed in Germany
ISBN 3-8297-1057-7
Gedruckt auf 100 % chlorfrei gebleichtem Papier

BAEDEKER VERLAGSPROGRAMM

- Ägypten
- Algarve
- Amsterdam
- Andalusien
- Athen
- Australien
- Bali
- Baltikum
- Barcelona
- Belgien
- Berlin
- Bodensee • Oberschwaben
- Brasilien
- Bretagne
- Brüssel
- Budapest
- Bulgarien
- Burgund
- Chicago • Gr. Seen
- China
- Costa Blanca
- Costa Brava
- Dänemark
- Deutsche Nordseeküste
- Deutschland
- Djerba • Südtunesien
- Dominikanische Republik
- Dresden
- Elba
- Elsass • Vogesen
- Finnland
- Florenz
- Florida
- Franken
- Frankfurt am Main
- Frankreich
- Französische Atlantikküste
- Fuerteventura
- Gardasee
- Germany (engl.)
- Gomera
- Gran Canaria
- Griechenland
- Griechische Inseln
- Großbritannien
- Hamburg
- Harz
- Hongkong
- Formentera
- Indien
- Irland
- Island
- Israel
- Istanbul
- Italien
- Italien • Norden
- Italien • Süden
- Italienische Adria
- Italienische Riviera
- Japan
- Jordanien
- Kalifornien
- Kanada
- Kanada • Osten
- Kanada • Westen
- Kanalinseln
- Kenia
- Köln
- Kopenhagen
- Korfu
- Ionische Inseln
- Korsika
- Kos
- Kreta
- Kroatische Adriaküste • Dalmatien
- Kuba
- Kykladen
- La Palma
- Lanzarote
- Lissabon
- Loire
- Lombardei • Mailand • Oberit. Seen
- London

- Madeira
- Madrid
- Malaysia
- Malediven
- Mallorca
- Malta • Gozo • Comino
- Marokko
- Mecklenburg-Vorpommern
- Menorca
- Mexiko
- Moskau
- München
- Namibia
- Nepal
- Neuseeland
- New York
- Niederlande
- Norwegen
- Oberbayern
- Österreich
- Paris
- Peking
- Polen
- Portugal
- Prag
- Provence • Côte d'Azur
- Rhodos
- Rom
- Rügen • Hiddensee
- Sachsen
- Salzburger Land
- San Francisco
- St. Petersburg
- Sardinien
- Schottland
- Schwäbische Alb
- Schwarzwald
- Schweden
- Schweiz
- Seychellen
- Sizilien
- Skandinavien
- Slowenien
- Spanien
- Sri Lanka
- Stuttgart
- Südafrika
- Südengland
- Südtirol • Dolomiten
- Sylt
- Syrien
- Teneriffa
- Tessin
- Thailand
- Toskana
- Tschechien
- Tunesien
- Türkei
- Türkische Mittelmeerküste
- Umbrien
- Ungarn
- Usedom
- USA
- USA • Nordosten
- USA • Südstaaten
- USA • Südwesten
- Venedig
- Vietnam
- Washington DC • Capital Region
- Weimar
- Wien
- Zypern

LIEBE LESERINNEN, LIEBE LESER,

ein herzliches Dankeschön, dass Sie sich für einen Baedeker Allianz Reiseführer entschieden haben. Er wird Sie zuverlässig auf Ihrer Reise begleiten und Sie nicht im Stich lassen.
Natürlich beschreibt er die wichtigen Sehenswürdigkeiten, aber er empfiehlt auch die nettesten Kafenions, dazu Hotels für den großen und kleinen Geldbeutel, gibt Tipps für Restaurants, Shopping und für vieles mehr, was eine Reise zum Erlebnis macht. Dafür hat Redakteur Bernhard Abend Sorge getragen. Er ist für Sie regelmäßig nach Korfu gereist und hat all seine Erkenntnisse in diesen Reiseführer gepackt.

Trotzdem: Die Erfahrung zeigt, dass Fehler und Änderungen nach Drucklegung, für die der Verlag keine Haftung übernehmen kann, nicht ausgeschlossen werden können. Für Kritik, Berichtigungen und Verbesserungsvorschläge sind wir Ihnen außerordentlich dankbar. Schreiben Sie uns, mailen Sie uns oder rufen Sie an:

▶ **Verlag Karl Baedeker GmbH**
Redaktion
Postfach 3162
D-73751 Ostfildern
Tel. (0711) 4502-262, Fax -343
E-Mail: info@baedeker.com

Besuchen Sie uns auch im Internet unter www. baedeker.com. Hier finden Sie jeden Monat den aktuellen Reisetipp der Redaktion und das gesamte Verlagsprogramm. Hier können Sie auch lesen, wer Karl Baedeker war und wie er seinen ersten Reiseführer geschrieben hat. Mit seinen über 175 Jahren ist der Karl Baedeker Verlag der älteste Reiseführer-Verlag der Welt.

www.baedeker.com

ZU GEWINNEN: STADTREISE NACH LONDON

Unter allen Einsendungen verlost der Verlag am Jahresende – unter Ausschluss des Rechtswegs – eine Städtekurzreise für zwei Personen nach London.
Freuen Sie sich auf ein spannendes Wochenende in London. Natürlich ist ein Baedeker Allianz Reiseführer London auch dabei!